文化产业绿色发展研究
——经济增长、网络游戏与城市群

施卫东 著

·南京·

内容简介

本书系统研究了文化产业绿色发展理论和政策,文化产业绿色发展与经济增长、网络游戏产业和城市群关系,以及文化产业绿色发展的最新研究成果等,具有较强的理论性和实证性,内容丰富,是一本反映文化产业绿色发展研究前沿的著作。首先,可为相关部门总结全国文化产业绿色发展及演变规律,使其深入了解城市间文化产业绿色发展融合情况,从而为推动区域文化产业绿色发展融合一体化与协调发展提供理论依据与现实材料;其次,可帮助政府及文化产业机构针对制约文化产业生产率增长的不利因素制定相应政策,并为采取有针对性的措施有效提高文化产业效率和水平提供理论依据与现实材料,从而进一步发挥文化产业的产业结构升级效应,推动文化产业的集聚化与良性发展,进而带动产业结构的转型升级与经济的可持续发展。

本书适用于高等院校的本科生和研究生的经济管理类和艺术设计类课程的教学和研究,也可供政府及文化产业机构相关研究及管理人员参考。

图书在版编目(CIP)数据

文化产业绿色发展研究:经济增长、网络游戏与城市群 / 施卫东著. —南京:东南大学出版社,2024.2
 ISBN 978-7-5766-0544-0

Ⅰ.①文… Ⅱ.①施… Ⅲ.①文化产业—产业发展—研究—中国 Ⅳ.①G124

中国版本图书馆 CIP 数据核字(2022)第 247861 号

文化产业绿色发展研究:经济增长、网络游戏与城市群
Wenhua Chanye Lüse Fazhan Yanjiu: Jingji Zengzhang、Wangluo Youxi yu Chengshiqun

著 者:	施卫东
出版发行:	东南大学出版社
社 址:	南京四牌楼 2 号 邮编:210096 电话:025 - 83793330
网 址:	http://www.seupress.com
出 版 人:	白云飞
电子邮件:	press@seupress.com
经 销:	全国各地新华书店
印 刷:	广东虎彩云印刷有限公司
开 本:	700 mm×1 000 mm 1/16
印 张:	19
字 数:	362 千字
版 次:	2024 年 2 月第 1 版
印 次:	2024 年 2 月第 1 次印刷
书 号:	ISBN 978-7-5766-0544-0
定 价:	68.00 元

本社图书若有印装质量问题,请直接与营销部调换。电话(传真):025 - 83791830

责任编辑:刘庆楚 责任校对:张万莹 封面设计:王 玥 责任印制:周荣虎

目 录

1 绪论 ··· 001
  1.1 相关概念界定 ·· 001
    1.1.1 文化产业 ·· 001
    1.1.2 文化产业绿色发展 ·· 002
  1.2 文献综述 ·· 003
    1.2.1 文化产业与产业关联 ·· 003
    1.2.2 文化产业与经济增长 ·· 005
    1.2.3 文化产业与绿色发展 ·· 008
  1.3 本书研究框架 ·· 013
  参考文献 ·· 015

第1部分 文化产业绿色发展与经济增长研究

2 文化产业发展对经济增长的影响研究 ······································ 023
  2.1 绪论 ··· 023
  2.2 文献综述 ·· 025
    2.2.1 文化产业 ·· 025
    2.2.2 文化产业的经济特征 ·· 025
    2.2.3 文化产业影响国民经济增长的机理分析 ······················ 026
    2.2.4 小结 ··· 026
  2.3 文化产业对经济增长的影响机理分析 ································ 026
    2.3.1 文化产业提升国民经济的总产出水平 ························· 026
    2.3.2 发展文化产业有利于解决就业问题 ···························· 028
    2.3.3 小结 ··· 029
  2.4 文化产业对经济增长的动态计量分析：基于时间序列数据 ······ 029
    2.4.1 指标选取 ·· 029
    2.4.2 单位根检验 ·· 029
    2.4.3 协整分析 ·· 030

  2.4.4 格兰杰因果检验 ·· 031
  2.4.5 小结 ··· 032
 2.5 结论与建议 ·· 032
 参考文献 ·· 033

3 文化创意产业发展对产业结构升级的影响研究——以江苏为例 ··· 035
 3.1 绪论 ··· 035
 3.2 文献综述 ·· 036
  3.2.1 文化创意产业 ·· 036
  3.2.2 文化创意产业和产业升级 ··························· 036
  3.2.3 小结 ··· 038
 3.3 实证研究 ·· 038
  3.3.1 指标的选取 ··· 038
  3.3.2 模型的构建 ··· 039
  3.3.3 平稳性检验 ··· 039
  3.3.4 最优滞后阶数选择 ··································· 040
  3.3.5 VAR 回归 ·· 040
  3.3.6 格兰杰因果关系检验 ································ 041
  3.3.7 VAR 模型的稳定性检验 ··························· 042
  3.3.8 脉冲结果分析 ·· 042
  3.3.9 小结 ··· 043
 3.4 结论与建议 ·· 044
 参考文献 ·· 045

4 文化产业集聚对经济增长高质量发展的影响研究 ··············· 047
 4.1 绪论 ··· 047
 4.2 文献综述 ·· 048
  4.2.1 文化产业集聚 ·· 048
  4.2.2 经济高质量发展 ····································· 048
  4.2.3 文化产业集聚对经济高质量发展的影响机理 ····· 049
  4.2.4 小结 ··· 050
 4.3 变量说明和数据来源 ······································ 050
  4.3.1 变量说明 ·· 050
  4.3.2 数据来源 ·· 053
  4.3.3 小结 ··· 053

    4.4 实证分析 ………………………………………………………… 053
        4.4.1 回归结果与分析 ………………………………………… 053
        4.4.2 文化产业聚集地区异质性和行业异质性检验 …………… 054
        4.4.3 小结 …………………………………………………… 056
    4.5 结论与建议 ……………………………………………………… 056
    参考文献 ……………………………………………………………… 057

5 文化产业集聚对绿色经济效率的影响研究 …………………………… 059
    5.1 绪论 ……………………………………………………………… 059
    5.2 文献综述 ………………………………………………………… 060
        5.2.1 产业集聚与经济增长 …………………………………… 060
        5.2.2 产业集聚与环境质量 …………………………………… 060
        5.2.3 产业集聚与绿色经济效率 ……………………………… 061
        5.2.4 小结 …………………………………………………… 061
    5.3 指标选择、模型构建及数据来源 ……………………………… 061
        5.3.1 指标选择 ………………………………………………… 061
        5.3.2 模型构建 ………………………………………………… 062
        5.3.3 数据来源 ………………………………………………… 063
        5.3.4 小结 …………………………………………………… 063
    5.4 实证分析 ………………………………………………………… 063
        5.4.1 描述性统计 ……………………………………………… 063
        5.4.2 估计结果分析 …………………………………………… 065
        5.4.3 小结 …………………………………………………… 067
    5.5 结论与建议 ……………………………………………………… 067
    参考文献 ……………………………………………………………… 068

6 文化创意产业细分行业发展效率异质性研究 ………………………… 070
    6.1 绪论 ……………………………………………………………… 070
    6.2 文献综述 ………………………………………………………… 071
    6.3 指标选择和模型构建 …………………………………………… 072
        6.3.1 指标选择 ………………………………………………… 072
        6.3.2 模型构建 ………………………………………………… 073
        6.3.3 小结 …………………………………………………… 073
    6.4 实证研究 ………………………………………………………… 073
        6.4.1 文化创意产业细分行业发展效率异质性的DEA研究 …… 073

6.4.2 文化创意产业相关行业就业吸纳能力与企业全年营业收入
　　　　影响因素的回归分析···078
　　6.4.3 小结···079
6.5 结论与建议··080
参考文献··081

第 2 部分 文化产业绿色发展与网络游戏研究

7 网络游戏产业链、盈利模式与治理变革研究·····························085
　7.1 绪论··085
　7.2 文献综述··085
　　7.2.1 网络游戏产业研究···085
　　7.2.2 网络游戏发展模式研究···086
　　7.2.3 网络游戏产业政策研究···087
　　7.2.4 小结···087
　7.3 网络游戏产业链分析···088
　　7.3.1 网络游戏发展现状···088
　　7.3.2 产业链分析··091
　　7.3.3 小结···093
　7.4 主要盈利模式··093
　　7.4.1 P2P 模式···093
　　7.4.2 F2P & Item mall 模式··094
　　7.4.3 B2P 模式···094
　　7.4.4 小结···094
　7.5 网络游戏产业治理变革··095
　　7.5.1 文化经济的政策结构性因素·····································095
　　7.5.2 中国网络游戏产业的动力因素··································097
　　7.5.3 "国家利益原则"下的网络游戏传媒管控····················100
　　7.5.4 小结···101
　7.6 结论与建议···101
　参考文献··103

8 网络游戏产业转型升级结构转变因素分析·································105
　8.1 绪论··105

8.2 文献综述 ······ 107
8.2.1 国外相关文献综述 ······ 107
8.2.2 国内相关文献综述 ······ 108
8.2.3 小结 ······ 111
8.3 网络游戏产业转型升级 SCP 范式分析 ······ 112
8.3.1 市场结构分析 ······ 112
8.3.2 市场行为分析 ······ 114
8.3.3 市场绩效分析 ······ 115
8.3.4 网络游戏产业转型升级机理分析 ······ 116
8.3.5 小结 ······ 117
8.4 变量来源与指标构建 ······ 118
8.4.1 理论分析 ······ 118
8.4.2 数据来源 ······ 118
8.4.3 结构转变方向度量 ······ 119
8.4.4 结构转变潜力度量 ······ 119
8.4.5 基于 C-D 函数的估计模型 ······ 120
8.4.6 小结 ······ 121
8.5 实证分析 ······ 121
8.5.1 时间序列数据分析结果 ······ 121
8.5.2 面板数据回归结果 ······ 122
8.5.3 实证结果和解释 ······ 123
8.5.4 小结 ······ 124
8.6 结论与建议 ······ 125
参考文献 ······ 126

9 网络游戏产业全要素生产率研究——以 A 股网络游戏板块上市公司为例 ······ 131
9.1 绪论 ······ 131
9.2 文献综述 ······ 132
9.2.1 全要素生产率 ······ 132
9.2.2 网络游戏产业 ······ 135
9.2.3 小结 ······ 136
9.3 模型设定与数据来源 ······ 136
9.3.1 索洛残差法 ······ 136

  9.3.2 DEA-Malmquist 模型 …… 137
  9.3.3 Tobit 模型 …… 138
  9.3.4 样本与数据 …… 138
  9.3.5 小结 …… 142
 9.4 实证分析 …… 142
  9.4.1 索洛残差法测算结果 …… 142
  9.4.2 DEA-Malmquist 模型测算结果 …… 145
  9.4.3 Tobit 模型估计结果 …… 146
  9.4.4 小结 …… 147
 9.5 结论与建议 …… 148
 参考文献 …… 149

10 网络游戏消费的影响因素研究——基于 Steam 平台数据的实证 …… 153

 10.1 绪论 …… 153
 10.2 Steam 平台热门游戏特征分析 …… 155
  10.2.1 游戏价格 …… 155
  10.2.2 发行天数 …… 156
  10.2.3 游戏评分 …… 156
  10.2.4 玩家游戏时长 …… 157
  10.2.5 是否为独立游戏 …… 157
  10.2.6 小结 …… 158
 10.3 影响游戏销量的因素分析 …… 158
  10.3.1 模型设定 …… 158
  10.3.2 变量解释及数据来源 …… 159
  10.3.3 小结 …… 160
 10.4 实证分析 …… 160
  10.4.1 不引入交叉项 …… 160
  10.4.2 引入交叉项 …… 161
  10.4.3 小结 …… 164
 10.5 结论与建议 …… 165
 参考文献 …… 166

11 网络游戏产业海外并购研究 …… 168

 11.1 绪论 …… 168

11.2 文献综述 170
  11.2.1 并购和海外并购的含义 170
  11.2.2 并购与海外并购的类型 170
  11.2.3 文献综述 170
  11.2.4 小结 172
11.3 网络游戏产业海外并购现状分析 172
  11.3.1 网络游戏产业的现状 172
  11.3.2 网络游戏产业的宏观环境分析 175
  11.3.3 网络游戏企业海外并购现状 176
  11.3.4 网络游戏企业海外并购存在的问题 177
  11.3.5 小结 178
11.4 并购案例分析——以腾讯并购 Riot Games 为例 178
  11.4.1 动因分析 178
  11.4.2 绩效评价 181
  11.4.3 小结 184
11.5 结论及建议 184
参考文献 185

12 网络游戏产业出口运行模式与路径研究 186
12.1 绪论 186
12.2 文献综述 187
  12.2.1 国外文献综述 187
  12.2.2 国内文献综述 188
  12.2.3 小结 189
12.3 网络游戏产业概述 189
  12.3.1 相关概念 189
  12.3.2 网络游戏的分类 190
  12.3.3 网络游戏的产业特点 190
  12.3.4 世界网络游戏产业发展现状 190
  12.3.5 小结 192
12.4 网络游戏产业出口现状分析 192
  12.4.1 出口现状 192
  12.4.2 政府扶持 193
  12.4.3 小结 196

12.5 网络游戏出口运营模式分析 ·· 196
　12.5.1 独立运营模式 ·· 196
　12.5.2 授权合作模式 ·· 197
　12.5.3 合作研发和联合运营模式 ······································ 197
　12.5.4 建立海外分公司模式 ·· 197
　12.5.5 平台运营模式 ·· 198
　12.5.6 完美世界公司案例分析 ·· 198
　12.5.7 小结 ·· 199
12.6 提升网络游戏产业出口路径研究 ···································· 199
　12.6.1 网络游戏产业出口问题分析 ···································· 199
　12.6.2 提升网络游戏产业出口路径 ···································· 202
　12.6.3 小结 ·· 204
12.7 结论与建议 ·· 204
参考文献 ·· 204

第3部分　文化产业绿色发展与城市群研究

13 影视产品出口影响因素实证研究 ·· 207
13.1 绪论 ·· 207
13.2 文献综述 ·· 208
　13.2.1 国外影视贸易研究现状 ·· 208
　13.2.2 国内影视贸易研究现状 ·· 209
　13.2.3 小结 ·· 211
13.3 相关理论分析 ·· 211
　13.3.1 相关概念界定 ·· 211
　13.3.2 相关理论分析 ·· 214
　13.3.3 小结 ·· 215
13.4 影视产品出口现状分析 ·· 216
　13.4.1 影视产品发展历程 ·· 216
　13.4.2 影视产品出口现状 ·· 217
　13.4.3 影视产品出口存在的问题 ······································ 221
　13.4.4 小结 ·· 223
13.5 影视产品出口影响因素理论分析 ···································· 224

  13.5.1 经济规模有限 ·· 224
  13.5.2 文化贸易壁垒的阻碍 ·· 225
  13.5.3 影视产品的制作技术有限 ···································· 225
  13.5.4 文化贴现 ··· 227
  13.5.5 小结 ·· 229
 13.6 影视产品出口影响因素实证分析——以出口北美为例 ·············· 229
  13.6.1 变量选取及数据描述 ·· 229
  13.6.2 模型构建 ··· 234
  13.6.3 实证分析 ··· 234
  13.6.4 小结 ·· 236
 13.7 影视产品出口强国发展历程 ·· 236
  13.7.1 西欧影视产品出口 ·· 237
  13.7.2 美国影视产品出口 ·· 238
  13.7.3 韩国影视产品出口 ·· 240
  13.7.4 小结 ·· 242
 13.8 结论与建议 ·· 242
 参考文献 ·· 247

14 文化创意产业与城市生态承载力协同发展研究——以长江流域城市群为例 ········· 251

 14.1 绪论 ··· 251
 14.2 文献综述 ··· 251
 14.3 研究方法 ··· 252
  14.3.1 指标体系构建 ··· 252
  14.3.2 数据来源 ··· 253
  14.3.3 综合功效函数 ··· 253
  14.3.4 小结 ·· 254
 14.4 文创-生态耦合协调分析 ·· 254
  14.4.1 长江流域文创-生态耦合度结果分析 ······················· 256
  14.4.2 长江流域文创-生态协调度结果分析 ······················· 256
  14.4.3 文创-生态耦合协调空间类型 ······························· 256
  14.4.4 小结 ·· 257
 14.5 结论与建议 ·· 257
 参考文献 ·· 257

15 文化产业集聚与城市化耦合的实证研究——基于三大城市群比较分析 ·············· 259
 15.1 绪论 ·· 259
 15.2 文献综述 ··· 260
  15.2.1 文化产业的相关研究 ··· 260
  15.2.2 城市化的相关研究 ·· 261
  15.2.3 文化产业与城市化关系的相关研究 ······························· 261
  15.2.4 文化产业与城市化的耦合机理 ···································· 262
  15.2.5 小结 ·· 263
 15.3 模型设定与数据说明 ··· 263
  15.3.1 数据选取 ·· 263
  15.3.2 评价指标体系构建 ·· 264
  15.3.3 耦合协调度模型 ··· 265
  15.3.4 数据处理与权重计算 ··· 266
  15.3.5 小结 ·· 268
 15.4 实证分析 ··· 268
  15.4.1 基础分析 ·· 268
  15.4.2 时序变动分析 ·· 270
  15.4.3 空间分异与互动分析 ··· 272
  15.4.4 小结 ·· 273
 15.5 结论与建议 ·· 274
 参考文献 ·· 275

本书重要参考文献 ··· 277
后　记 ·· 289

1 绪 论

1.1 相关概念界定

1.1.1 文化产业

《辞海》中对文化一词的定义为：广义指人类在社会实践过程中所获得的物质、精神的生产能力和创造的物质、精神财富的总和。狭义指精神生产能力和精神产品，包括一切社会意识形态：自然科学、技术科学、社会意识形态[1]。产业则被认为是社会分工不断发展的产物，它是具有某种同类属性经济活动的企业的集合[2]。因此产业本身即带有工业化、程序化特征，这与文化涉及意识形态、精神等方面的属性看似是极为相对的关系[3]，但也正因为如此，文化产业可以兼具物质形态和意识形态特征，既有物质生产，又有精神生产，是物质精神一体化的产物[4]。所以文化产业一词可以看作是人类社会在发展过程中产生的为满足精神需求所做出的努力并由此带来的一系列经济效应。

文化产业作为一个专业术语出现始于 20 世纪初霍克海默和阿道尔诺的《启蒙辩证法：哲学断片》一书。文化产业将文化这一虚拟资本和产业经济等实体资本相融合，形成了一种特殊的文化形态和特殊的经济模式。文化产业相较于其他产业模式，具有自身独特的个性，因此各国和学术界对于文化产业有不同的定义和理解。联合国教科文组织将文化产业定义为：一系列按照工业生产标准，将文化因素生产、再生产、储存、分配的经济活动。目前我国对于文化产业的概念理解趋于统一，根据国家统计局最新出台的《文化及相关产业分类（2018）》中的规定：我国统计意义上的文化及相关产业是指为社会公众提供文化产品和文化相关产品的生产活动的集合。该分类将文化及相关产业分为 9 个大类 43 个中类 146 个小类，总体分类情况如表 1.1.1 所示。

表 1.1.1　文化产业分类

大类	中类
新闻信息服务	新闻服务、报纸信息服务、广播电视信息服务、互联网信息服务
内容创作生产	出版服务、广播影视节目制作、创作表演服务、数字内容服务、内容保存服务、工艺美术品制造、艺术陶瓷制造
创意设计服务	广告服务、设计服务
文化传播渠道	出版物发行、广播电视节目传输、广播影视发行放映、艺术表演、互联网文化娱乐平台、艺术品拍卖及代理、工艺美术品销售
文化投资运营	投资与资产管理、运营管理
文化娱乐休闲服务	娱乐服务、景区游览服务、休闲观光游览服务
文化辅助生产和中介服务	文化辅助用品制造、印刷复印服务、版权服务、会议展览服务、文化经纪代理服务、文化设备(用品)出租服务、文化科研培训服务
文化装备生产	印刷设备制造、广播电视电影设备制造及销售、摄录设备制造及销售、演艺设备制造及销售、游乐游艺设备制造、乐器制造及销售
文化消费终端生产	文具制造及销售、笔墨制造、玩具制造、节庆用品制造、信息服务终端制造及销售

总的来说,文化产业既属于文化的一部分,又属于产业的一种类型,它具备满足人们精神需求的文化性特征,又具有可复制、可工业化生产、传播的产业化属性,文化产业既追求社会效益,又追求经济效益,通常被认为属于新兴产业的范畴。文化产业的出现及兴起是社会生产力高度发展下的产物,文化产业的发展有利于满足人民日益增长的对美好生活的向往和高层次的文化需求[5],已经受到社会各界的广泛重视。

1.1.2　文化产业绿色发展

绿色发展是随着人类社会经济的发展,人们意识到可持续的重要性,进而转变生产发展方式以谋求环境保护和经济增长的权衡,从而衍生出的新发展目标。绿色发展是一种以和谐、效率、持续为特征的经济发展方式,但也存在三种理解:第一种侧重绿色,即减少碳排放、应对气候变化等偏向环境保护的生产方式;第二种侧重经济发展,加以绿色点缀其中,如发展绿色清洁产业等;第三种则是兼顾环境与经济,强调生态和经济两者的协调统一[6]。

"双碳"(碳达峰与碳中和的简称)战略的提出为文化产业高质量发展提供了新思路与新方向,文化产业的内涵和外延正在发生巨大变革,文化产业面临新的发展机遇和挑战。绿色经济、生态经济、"双碳"战略的底层逻辑是一脉相承的，其核心内涵都是以尊重人类共同生存环境为前提，推动人类社会高质量发展。文化产业和绿色发展两者天生具有紧密联系。文化产业属于知识密集型产业，它的资源能耗较低、环境污染较小，是一种具有资源可循环重复使用特征的产业，具有强适应性、包容性、灵活性的特征。也就是说，文化产业如果要良性发展，必然离不开绿色发展理念。而绿色发展要顺应时代潮流，则必须与经济效益相结合，充分融入社会各产业中，那么文化产业便当仁不让成为绿色发展的一个展示舞台。文化产业绿色发展应运而生，其含义可以理解为坚持用绿色发展的理念来推动文化产业的发展，文化产业发展与绿色发展理念要保持内在一致性，基本内涵并不是指用低碳产业直接取代原有的文化产业，而是指利用"双碳"思维方式将传统文化产业转型升级，创新传统产业生产经营模式。"双碳"战略背景下的文化产业外延正不断演变，呈现出线下向线上发展、实体向虚拟转变、现场体验向沉浸体验进阶的演化路径[7]。这就要求将绿色发展理念融入文化产业发展的全过程中去，文化产业的发展则应充分体现绿色发展理念[8]，两者相辅相成，相得益彰。

1.2 文献综述

改革开放以来，我国实行对外开放政策的同时，也大力促进文化产业的发展。步入 21 世纪之后，随着社会经济的不断增长，文化产业更是有了新的发展，人们在追求物质财富的同时更加注重对精神财富的追求，文化的发展越来越受到社会的广泛关注。与此同时，学术界也对文化产业的发展进行了更加深入的研究，不再局限于以往对文化产业发展现状和特点、未来的发展趋势、文化产业的布局和相关政策等方面的研究，而是更加注重对数据的收集和实证的检验，对文化产业的具体发展情况做一个量化的分析，以更直观更加具体的数据模型来展现我国文化产业发展的现状。目前国内外学术界对文化产业的研究集中于文化产业与产业关联和文化产业与经济增长两个方面，但随着可持续发展的理念不断深入人心，文化产业与绿色发展的相关研究也在学术界引起了广泛讨论。

1.2.1 文化产业与产业关联

产业关联效应是指产业自身发展引起其他相关产业发展的作用效果，实质上是各产业相互之间的供给和需求关系。文化产业作为新兴朝阳产业，处于产业链的中后端，是经济发展的重点和趋势，对第三产业影响力较大，带动系数强。

国内外学者从产业关联效应视角分析文化产业对经济增长的影响。首先,从文化产业与传统产业关系视角研究。国外学者从文化产品和工业品之间的融合来研究其与传统产业间的关系。Lawrence 和 Phillips[9]认为,文化产品迅速发展的渠道之一是将文化产品的生产渗透到工业产品的制造中,提高工业产品的文化与设计的密集度,进而提升工业产品的竞争优势。国内学者从产业集群和产业融合两方面研究文化产业与传统产业的互动关系。产业集群方面,王亚川[10]认为文化产业集群有两种发展模式,即横向关联集群和纵向关联集群。郭新茹等[11]探究了文化产业集聚对经济高质量发展的异质性影响,在地理异质性方面,发现文化产业集聚在东部地区对经济高质量发展有正向影响,而对西部地区既有正向影响,又成负向作用;从文化产业类别异质性角度,发现不同文化产业类别的产业集聚对经济高质量发展的促进效果不同。产业融合方面,毛蕴诗、梁永宽[12]通过分析行业边界模糊理论,阐述信息产业与传统产业的融合趋势,借助信息技术等高技术产业的推动作用,拓展文化传播途径,加快文化传播速度,促使文化产业飞跃发展。其次,从文化产业与其他产业产业结构关系视角研究。蔡旺春[13]利用投入产出模型,从产业结构优化的视角,分析了我国文化产业关联效应及波及效应,认为文化产业具有很强的扩散效应,有利于产业结构优化,对中国经济发展具有显著的拉动作用。黄小军、张仁寿和王朋[14],郑仕华[15]分别以广东省和浙江省 2007 年的投入产出表分析各省的文化产业对经济增长的促进作用。综上,大多数学者均认为文化产业产生的产业关联效应会对经济增长产生促进作用。但也有部分学者认为文化产业管理模式较为低端,且发展战略刚性较强,难以对外部环境变化做出及时调整,转型能力不足,这些都会阻碍文化产业的产业集聚效应[16]。基于此,部分学者开始深入探讨文化产业集聚促进经济高质量发展的作用机制。从宏观角度来看,文化产业集聚可以促进当地产业结构升级,由此改善就业状况,并且可以与相关产业融合发展,达成共赢,形成更加完备的合作网络[17];从微观角度来看,产业集聚使得各文化企业之间交流互动变得更为容易,从而企业间形成关联作用,交易成本降低,形成规模效应[18]。

我国文化产业近年来的快速发展主要得益于国家政策的大力支持,但产业能否实现可持续发展和繁荣发展,最终取决于产业自身能否不断融合增强综合实力和形成核心竞争力,文化产业数字化过程产生的大量内容数据和行为数据,为大数据与文化产业深度融合创造了条件。侯兵、周晓倩以长江三角洲地区为例,对 16 个城市 2010—2014 年文化产业与旅游产业发展水平及两者融合发展情况进行测度,对各地文化产业和旅游产业融合发展水平进行分析和评价,发现长江三角洲地区文化产业和旅游产业发展水平逐年提升,两类产业在各地融合发展的差异性不大,但耦合协调度很低,文化产业发展水平较低、融合度低是普遍现象[19]。林秀琴从文化科技融合促进文化产业的业态创新和文化空间融合促进产业与城市的联动发展两个层面,对我国文化产业转型升级和发展趋势进行探讨,在内涵上表现为内容创造、技术研发、平台载体、资本组织、管理服务等各个层次的文化加值、创意提升和模式创新,在外延上表现为与其他各种产业形态宽领域、深层次的联动、融合[20]。徐翠蓉、张广海以2004—2015年国内文化产业增加值和旅游收入的时间序列数据为基础,构建回归模型,用两步协整检验法(E-G)检验文化产业发展和旅游经济增长之间的长期协整关系,用格兰杰因果模型检验文化产业发展与旅游经济增长之间的格兰杰因果作用关系,发现文化产业发展与旅游经济增长之间存在稳定的协整关系,并且二者之间存在双向格兰杰因果作用关系[21]。梁学成运用定性与定量相结合的分析方法,论证了文化产业园区与城市建设互动发展的共同影响因素;以西安曲江新区为例,提出并论证了文化产业园区和城市建设之间存在融合及正向互动发展关系,得出了文化产业园区发展和城市建设的直接与间接影响因素,以及两者之间的影响程度[22]。田富俊、储巍巍、刘彦运用灰色关联分析法,选取2008—2017年的数据,测算科技创新与文化产业两者之间的灰色关联度并进行实证分析,发现科技创新与文化产业的互为作用显著提升,并呈现融合发展态势,但部分要素的融合度尚未满足发展需要,需要优化科技创新与文化产业深度融合的政策环境,提高科技创新在文化产业发展中的要素价值,增加文化领域创新人才的有效供给,强化文化资源在融合发展中的市场开发[23]。许安明发现将数据和技术要素融入文化产业,在推动文化产业转型升级的同时,也促进了大数据技术创新,即大数据以数据要素投入文化产业,可降低生产成本,产生乘数效应;大数据以技术要素投入文化产业链的创新、生产、传播、消费等各环节,可提升资源配置效率和经济效率,深度融合过程中面临数据流通不畅、企业应用动力不足、行业垄断等现实困境[24]。

1.2.2 文化产业与经济增长

在20世纪中期之前,文化和产业的关系被认为是对立和互斥的,自1944年德国法兰克福学派第一次提出"文化产业"的理论之后,文化产业的发展问题及其与经济增长关系的问题成为该领域研究的重要课题[25]。国外学者从三个层面对文化产业的增长效应进行分析。第一个层面是子行业层面的增长效应分析,如文化产业中电影、有线电视、音乐等对经济的影响。Szenberg、Lee[26]和

Greco[27]分析了美国出版业，Hjorth-Andersen[28]分析了丹麦的出版业，这些学者分析了文化产业子行业对区域经济的促进作用。第二个层面是文化产业和经济增长的内在联系分析，利用时间序列数据或面板数据验证一国或一个区域文化产业发展对经济增长的促进作用，如Beyers[29]利用经济合作与发展组织（OECD）国家1980—1996年的数据进行实证分析，结果证明，文化产业发展是OECD国家经济增长的一个重要因素，Power[30]使用1970—1999年的时间数列数据，证明文化产业发展显著提高了瑞典的就业水平，促进了经济增长。第三个层面是深入分析文化产业促进经济增长的内在机制，主要是文化产业可以增加就业、促进劳动者素质提高、促进科技创新及增加资本积累等方面。Scott[31]研究显示，美国的文化产业在1992年创造了300万人的就业岗位，占总就业人数的2.4%，就业岗位的增加显然促进了经济增长；Kibbe[32]认为，文化产业发展在提高人力资本水平方面具有外部性，对经济的拉动作用要远大于对GDP的贡献率；Scott[33]采用2001年美国48个州的截面数据进行了实证研究，结果显示，美国文化产业的发展改变了企业的投资模式，促进了消费结构升级，拉动了经济增长。国内学者在理论方面深入分析了文化产业的增长效应。李怀亮、方英和王锦慧[34]系统总结了文化产业与经济增长的理论路径，从文化生产力论、文化资本论、文化产业促进传统产业的升级、文化产业推动区域经济增长四个方面研究文化产业与经济增长理论；周末、李东[35]从区域经济发展的视角，理论上阐述了文化产业发展与南京区域经济发展的关系，认为大力发展文化产业是推动南京区域经济高速、高效增长的重要选择，并提出了文化产业本土化的策略，改变了南京区域经济发展模式；胡静、顾江[36]，王琳[37]，冯子标、王建功[38]等从不同角度分析了文化产业发展对经济增长的效应。要判断文化产业对经济增长的影响路径，实证分析很必要。从文献检索结果看，目前国内外已有一些考察文化产业对经济增长影响实证研究的文献，与本书研究主题存在一定相关性。Throsby[39]利用投入产出分析法及一般均衡模型（CGE模型）等对文化产业的运作及其如何影响经济和社会进行了研究。国内学者方面，蔡小瑜、卜慧娟[40]，姜岳健[41]，陆立新[42]建立了文化投入与经济增长的自回归分布滞后模型，研究了文化产业发展对经济增长的动态影响关系，认为应加大对文化产业的投入与支持，促进文化产业的健康发展，从而推动我国经济的持续稳定增长和健康发展；李增福、刘万琪[43]首次使用灰色关联度方法分析了文化产业对经济增长和三大产业的影响，并将文化产业核心层、外围层、相关层对经济增长的影响进行比较分析，最后利用新古典经济增长模型对文化产业中投资、劳动和创新对经济增长的影响进行测度。研究表明，重视文化产业中文化制造业的发展、推动文创新对拉动经济增长具有重要意义。陈亚伟[44]同样对文化产业对经济增长的拉动作用持肯定态度,并从产业角度对比分析得出文化产业对第三产业的影响超过其对第一和第二产业的影响的结论。赵星等[45]基于柯布-道格拉斯生产函数构建计量经济模型,将全国139个大城市作为研究对象,实证检验了我国大城市中文化产业对经济增长的影响和地区差异化,结果表明文化产业发展确实显著拉动经济增长,且中部地区的文化产业对经济增长的促进作用较东西部更强。

随着文化产业对经济的影响加大,通过各种数量方法对文化产业和经济发展之间的绿色关系进行研究的成果较多,但是缺乏系统性和全面性研究,没有从整体角度全面探讨文化产业对经济发展的贡献。郑翀、蔡雪雄[46]以福建省2004—2013年海洋文化产业发展和经济增长的年度数据为基础,通过构建向量自回归模型(VAR)模型,对福建省海洋经济增长与海洋文化产业发展间的长期动态均衡关系进行了实证研究,发现福建省滨海旅游业的发展与海洋经济增长之间存在长期均衡关系,城镇居民可支配收入的增长提升了其对海洋文化产业的需求,对海洋经济增长有单向推动作用,海洋文化产业中的环境质量因子与海洋经济增长的相关性不明显。袁连升、傅鹏[47]基于我国省际面板数据在非线性模型下研究得出文化产业发展对经济增长具有促进作用,并且这种促进作用呈现出边际递增的趋势。而周世军、赵丹丹、史顺超[48]基于中国省际面板数据进行实证研究,发现文化产业集聚显著促进了经济增长,但随着集聚水平的提升而呈现边际递减趋势,位于倒U形曲线的左半支,并未对经济增长产生抑制作用;还发现中西部地区的文化产业集聚对于相邻地区的经济增长具有溢出效应,认为文化产业集聚尽管表现为空间上的聚集现象,但其分工并不会像制造业那样必须聚集在一起才能得以组织实施,在带来正外部性的同时,鲜会产生分工的交易费用,因此降低了拥挤效应产生的可能性,促进了经济持续增长。谭娜、黄伟[49]采用多期双重差分法考察了文化产业集聚政策对地区旅游经济增长的影响,发现相比对国际旅游经济的影响,文化产业集聚政策对国内旅游经济增长的带动作用更加明显,且这一带动作用呈现地区异质性,高度依赖于所在地区的经济发展程度、服务业发达程度及交通基础设施水平等条件的支撑。孙海欣[50]利用2003—2017年的中国省级面板数据,以固定效应模型和随机效应模型实证检验了文化产业发展对于经济增长质量的影响,发现各省份文化产业集聚的区位熵越高,则其经济增长质量总体指数越高,文化产业发展对于福利变化与成果分配、资源利用与生态环境代价的促进作用最为显著,对于经济增长结构、国民经济素质也表现出一定正面价值。张肃、李鑫鹏[51]基于我国31个省区市2013—2020年的面板数据,结合空间杜宾模型分析数字文化产业集聚与区域经济增长之间的关联,发现数字文化产业集聚具有明显的空间溢出效应,即数字文化产业集聚不仅能提升其自身所在区域的经济增长水平,同时还能有力促进相邻地区的经济增长。

1.2.3 文化产业与绿色发展

绿色发展的低能耗、低污染、可持续要求与文化产业的发展特性不谋而合,因此近年来对于文化产业的研究也逐渐涉及文化产业的绿色发展部分。在文化产业绿色发展的理论研究部分,李红忠[52]从文化产业与绿色发展之间的联系出发,深入分析了将绿色发展理念融入文化产业发展模式的动因,认为文化产业绿色发展可以实现产业发展的可持续性,可以推动我国经济发展模式转型,并且有利于社会生态文明建设。黄娟[53]阐述了我国文化产业绿色发展的基本思路,文化产业要走绿色发展道路,就要首先明确绿色发展的观念,构建文化产业绿色发展体系,支持培养绿色发展文化企业,从而加快构成绿色文化产业格局;同时要注重依托新兴技术,以科技作为文化产业绿色发展的引擎;此外要树立绿色文化产品消费观念,以绿色文化需求拉动文化产业绿色发展;最后需要加强绿色文化人才队伍建设以及绿色文化知识产权保护制度建设。李留新[54]提出文化产业绿色发展不仅要发展传统绿色文化产业,如影视、出版等产业,更要注重新兴、创意绿色文化产业发展,如游戏文化产业、动漫文化产业等,同时也应兼顾绿色文化相关产业,如绿色体育文化产业、绿色旅游文化产业等。在文化产业绿色发展的实证研究部分,车树林等[55]利用 2005—2014 年中国 30 个省区市的面板数据,基于 SBM-DDF 模型测度区域绿色发展效率,基于空间杜宾模型实证检验文化产业对绿色发展影响的空间溢出效应,结果表明,文化产业对区域绿色发展存在正向的空间溢出效应。张涛等[56]在运用超效率 SBM 模型测度我国 30 个省份文化产业绿色发展效率的基础上,发现我国东部地区、中部地区、西部地区文化产业绿色发展效率呈现出递减的特征,并构建了空间关联模型以研究文化产业绿色发展效率的结构特征,结果表明我国各省份的文化产业绿色发展效率存在空间关联但整体网络密度较低,经济发展水平、地理位置、人力资本这三方面的差异显著影响文化产业绿色发展效率的空间关联程度。陈晓玲[57]以长江经济带城市群为研究对象,实证探究了文化产业集聚对绿色发展效率的影响,并寻求文化产业对绿色发展效率提升的有效路径,认为文化产业集聚与绿色发展效率存在着倒 U 形关系,文化产业集聚促进绿色发展效率提升的空间外溢效应存在随地理距离的增加而减弱的特点。综上,新时代对生态文明建设的要求是绿色发展,而绿色发展必然要重点依托第三产业,文化产业作为第三产业的主力军,其对实现更好的绿色发展、走绿色发展道路有着深远的研究价值与现实意义。

不同于西方发达国家,我国经济发展起步较晚,随着我国第二产业的大力发展,社会经济水平的不断提高,人民生活已基本达到小康水平,但随之而来的环境污染问题越来越严重,国家开始加大对第三产业等相关服务业的发展,倡导绿色发展和低碳经济,文化产业慢慢受到重视。至21世纪,我国文化产业发展迅速,文化产业对经济发展的作用越来越明显,但是发展的同时,其中所隐藏的问题也日益凸显出来。对于文化产业的发展,我国还未形成一个系统的规制,文化产业如何进行合理的投入以达到最大的产出、最优的效率等相关问题越来越引起学术界的关注。大部分学者基于数据包络分析(DEA)模型根据相关的面板数据进行分析和研究,如侯艳红[58]就我国当前文化产业发展的现状和特点,以天津市为例,利用 DEA 模型,对我国的文化产业和文化企业绩效进行了实证分析。徐文燕等[59]根据全要素生产率研究方法,以江苏省为例,就江苏省 2004—2010 年的文化产业投入和产出的面板数据进行了分析和研究,结果表明,江苏省的文化产业整体发展效率水平较高,高于全国文化产业平均效率水平,但是存在个别年份投入和产出不匹配的问题,资源未得到充分有效的利用;阐述了存在的明显不合理现象,并且就影响这一结论的要素进行了分析并提出了相关的解决方案。王晔君[60]运用 DEA-Tobit 分析法测算 2003—2012 年文化产业的综合技术效率值、纯技术效率值和规模效率值,分析上海文化产业的效率结果,将其与其他省份进行对比分析,并从宏观因素、产业因素(专业化水平、文化需求)和本地化因素(文化人才、财政支持)方面分析了上海文化产业效率的影响因素。储余兵[61]利用两阶段的 DEA-Tobit 模型,采用 2010—2014 年的统计数据对安徽省各地市文化产业效率及其影响因素进行研究,从投入和产出方面选取 5 个相应指标对安徽省各地市文化产业效率进行测度和分析,发现安徽省各地市文化产业效率整体水平较低,地区之间差异较大;并从地区经济发展情况、文化需求方情况以及政府等相关部门对文化产业支持情况三大方面影响因素中,选取了 7 个相应指标对安徽省各地市文化产业效率的影响因素进行 Tobit 回归分析,发现安徽省文化产业效率受各地区宏观经济水平、各地区人民群众收入和支出水平、文化产业市场规模、各地区科技水平等因素的影响显著。索俊颖[62]选取规模报酬可变的 BCC 模型作为研究方法,以文化产业固定资产投资额和年末文化产业从业人员数量作为投入变量,以文化产业的增加值作为产出变量,测算 2004—2012 年文化产业的效率;以文化产业效率综合值作为因变量,建立 Tobit 模型进行回归分析,发现山西文化产业效率处于比较高的水平,大多数年份文资源的投入和产出得到合理利用,且发现纯技术效率是影响山西文化产业效率的重要因素。史世奎[63]基于2013—2017年云南各州市文化产业相关数据,采用SBM模型对该时间段云南各州市文化产业综合效率以及资本、劳动利用效率进行了测度,并运用ArcGIS软件对各州市文化产业综合效率的空间演进进行了可视化分析,还运用GML模型对云南各州市文化产业效率进行了动态分析,勾勒了各州市文化产业综合效率、技术效率和技术进步的演进路径。薛宝琪[64]针对河南省18个省辖市运用DEA-BCC模型对2012—2019年区域文化产业效率空间异质性特征进行研究,并运用Tobit模型对其影响因素进行分析,发现全省区域文化产业效率整体偏低且不稳定,仍有较大提升空间,全省区域文化产业发展不平衡,效率差异显著,全省区域文化产业效率空间异质性特征明显,资源禀赋、政策支持对其空间异质性影响为负且显著,市场需求影响为负但不显著,经济水平、信息化程度、科技水平、人力资源开发等因素影响为正且显著,资本投入影响为正但不显著。高雨竹[65]使用DEA-Malmquist方法动态分析了北京市的文化产业在2015—2018年间的效率变动情况,运用灰色关联分析了文化产业的综合技术效率和九个因素之间的影响关联度,发现北京市文化产业的规模报酬呈现递减的趋势,存在值得探讨的投入冗余,并且其综合技术效率呈现出大体上升的态势,但是其规模效率仍然存在一定的发展空间,效率的增长主要依靠技术进步的拉动,提升技术效率是发展北京市文化产业的关键所在。

  我国地域广阔,各地区之间经济发展不平衡,因此,文化产业作为经济发展的重要组成部分,也呈现出了相应的地区差异。目前,我国文化产业效率的地区差异主要如下:东部的文化产业效率最高,中部地区相对次之,西部地区文化产业效率最低,并且与东、中部地区差距甚大,区域文化产业发展不平衡,差距明显。王家庭、张容[66]对我国2004年31个省区市的文化产业进行了DEA模型的效率实证分析,得出我国各省区市文化产业技术效率低下,存在严重的区域差距,东部发展最优,中部次之,西部与东、中部存在较大差距的结论。蒋萍、王勇[67]以三阶段DEA模型研究了我国2008年31个省、区、市的文化产业投入和产出的效率水平,发现我国文化产业的效率水平偏低,主要是规模效率低下导致的;各省区市之间的文化产业效率水平存在明显的差距,地区发展不平衡,我国各省区市的文化产业效率受环境因素影响较为显著,其中东、中部地区文化产业效率水平受环境影响的程度小于西部地区。房研[68]将文化创意产业增加值、文化娱乐业固定资产投资等作为评价指标,利用因子分析法和DEA模型对2011年我国31个省区市进行了文化产业效率的投入产出分析。随后,又对比了2009—2011年我国31个省区市的文化创意产业技术效率,研究得出如下结论:

我国各省区市的文化创意产业效率偏低,三大效率即技术效率、纯技术效率、规模效率都呈现较低水平,未达到规模效益;我国文化创意产业效率还存在较为严重的地区差异,各地的表现大多是投入有余,产出不足。邓帆帆、周凌燕、林良金[69]利用 DEA 三阶段模型选取东南沿海地区 7 省 1 市的文化产业效率进行评估分析,并使用超效率模型在省域间进行效率得分排名,发现东南沿海地区文化产业效率整体较高,但受环境因素影响较大,且大部分处于规模报酬递减状态。郭淑芬、王艳芬、黄桂英[70]在运用 DEA-Malmquist 方法对 2009—2011 年中国各省区市文化产业效率值进行测度的基础上,利用多元回归模型分别探讨了影响东、中、西三大区域效率值的关键因素,发现中国各省域在 2009—2011 年间文化产业全要素生产率从高到低依次是东部、中部与西部,西部地区整体上呈正在缩小与东、中部地区差距的趋势,规模效率不高是导致当前西部文化产业全要素生产效率低下的重要原因,影响东、中、西三大区域效率的关键因素不同,依次分别是文化科研条件、文化市场需求、文化政策。肖惠妩[71]从总量、结构、趋势和区域四个方面,运用超效率 DEA 方法,并结合全要素生产率,从静态和动态两个方面对 2013—2015 年中国 31 个省区市文化产业效率水平进行测算。从上述可以看出,我国文化产业效率水平整体上偏低,区域文化产业效率水平发展不平衡,各地区之间存在明显的差异。

文化产业本身既蕴含新兴产业又包含传统业态,这种特征决定了其未来增长路径的复杂性,故有必要对我国文化产业效率进行全面的评价。王家庭、高珊珊[72]利用三阶段 DEA 模型,对 2004—2009 年我国 31 个省区市农村文化产业进行效率评估分析,发现农村文化市场机构个数、人均文化娱乐消费支出、人均收入、地理因素对各地区的农村文化产业发展有显著的影响;在剔除环境因素和随机干扰的影响后,各地区农村文化产业效率整体偏低,规模效率较低;中部地区农村文化产业效率较高,东部地区差强人意,西部较差。董亚娟[73]采用随机前沿技术对我国 2004—2009 年 31 个省区市的数据进行了实证检验,并运用核密度分布图分析了效率的动态演进特征,发现文化产业生产函数中的非技术效率表现显著,复合误差项中有 46.7% 来源于技术非效率性;产业政策、市场文化需求、人力资本、城市化水平和经济发展水平对文化产出效率的提高有显著的促进作用,产业基础设施落后约束技术效率的提高;文化产业综合技术效率分布曲线呈现左侧拖尾、低位震荡特征。邹辉[74]以秦始皇帝陵遗址为重点研究案例,基于大遗址文化产业核心层(秦始皇帝陵博物院)、外围层(秦陵文化商业区)与相关层(秦陵文化商业区、秦俑村)三个层面,采用数据包络分析方法对其遗址文化产业效率进行评价,利用 Tobit 回归分析尝试分析各层效率的影响因素,从投入产出、经济效益、社会效益、产品结构、管理服务、产业关联、空间联系、产业政策等方面提出了大遗址文化产业发展优化对策。吕洪渠、董意凤[75]利用省级面板数据测算了各省份2006—2016年文化产业发展的Malmquist指数,并通过比较发现三大区域文化产业效率存在东高西低的差异;选择对外开放程度和城市化程度作为主要解释变量,将融资宽松程度、外部技术进步、政府直接干预和财政干预作为控制变量对测算的各省份文化产业效率进行均值回归和分位数回归,发现对外开放对三大区域文化产业效率的影响不同,对东部和中部地区主要表现为负向影响,对西部地区主要表现为正向影响,城市化对三大区域文化产业效率均存在正向的影响。陈家龙[76]以中国31个省区市为研究对象,运用DEA-CCR、DEA-BCC、超效率DEA等方法,并结合全要素生产率,从动态和静态两方面对我国2013—2017年文化产业效率进行测算;采用固定效应面板模型,分析经济发展水平、人力资本、产业集聚程度、政府行为、城市化水平和创新行为对我国文化产业效率的影响,发现文化产业综合技术效率不高,原因在于纯技术效率较低,中国文化产业规模效率较高,但呈现出下降的趋势。方文中[77]以2008—2013年共4 096个上海文化企业为样本,为避免内生性,用OLS、FE、GMM、OP方法估算了文化产业企业的全要素生产率,构建了基于价值链的文化产业效率影响因素评价指标体系,对效率影响因素进行了回归分析,发现创新能力、客户价值、财务支持、政府扶持均能显著提升文化企业的生产效率;现阶段文化产业中的模仿较多,知识产权未有显著影响,人力资本因存在资源错配问题导致并非高学历员工人数越多的企业效率越高,该变量具有递减的边际贡献,呈现倒U形。黄辰洋、吕洪渠、程文思[78]基于2011—2018年中国31个省区市的面板数据,构建时空随机前沿模型进行技术效率测算,发现全国文化产业技术效率呈整体下降趋势,空间交互作用及产业集聚对文化产业发展有促进作用,但文化产业表现出明显的惯性,影响了增长动能的传递;融资环境、市场环境、技术环境、制度环境对文化产业技术效率也存在显著影响。徐倩[79]构建人工智能发展水平指标体系,以主成分分析法测算中国人工智能发展水平,同时使用OLS回归和2SLS回归检验人工智能对文化产业效率的影响,并用LIML、两步最优GMM和迭代GMM进行结果的稳定性检验,发现人工智能能够促进中国文化产业效率的提升,推动文化产业的创新发展。受国家政策不完善、复合型人才不足以及不完全的市场竞争格局的限制,人工智能对中国文化产业技术效率的影响并不显著。现阶段,人工智能对于文化产业效率的促进作用,主要是通过为文化产业提供技术支持,在其生产运营等过程中提供新兴的技术支持以推动文化产业的技术进步,进而促进文化产业效率的提升。

1.3 本书研究框架

文化产业的发展不仅能够促进社会经济的增长,还可以促进未来社会消费结构的转变,对于国家经济战略具有重大的意义。当前,我国的文化产业已经逐渐迈向一个新的高度,发展趋势越见良好和稳定,但是,现阶段仍存在诸多问题影响和阻碍着文化产业的发展。关于具体的我国文化产业如何发展,是以一个什么样的效率水平在发展,学术界对此也做了相关的研究,但是相关研究文献较少,研究结论也是各不相同。本书就是针对我国文化产业绿色发展问题进行研究,对于我国文化产业绿色发展的研究,一方面,可以找出其影响文化产业发展相应的影响因素,进而对症下药,对文化产业发展中存在的问题进行整治;另一方面,推进资源的合理优化配置和利用,以更好地促进文化产业发展效率的提升。同时,我国幅员辽阔,地区发展不平衡的问题显著,各地的经济发展水平参差不齐,因此,文化产业发展也存在严重的地区差异,研究文化产业绿色发展可以更好地促进地区文化产业协调发展,也有利于我国各地区经济趋向平衡发展,其研究意义表现在以下几个方面:

第一,对文化产业绿色发展的研究可以找出相应的影响因素,扬长避短,通过改善文化产业效率推进国家文化治理,不仅可以为中央和地方政府制定文化产业规划献言献策,还可以帮助我国文化产业参与国际文化战略竞争。

第二,对文化产业绿色发展的研究有助于促进资源的优化配置。经济学知识告诉我们,资源稀缺使得我们必须有效地利用资源。市场经济虽能够有效地进行资源的配置,但不排除存在失灵的状况。通过研究文化产业绿色发展可以更好地配置资源,通过政府和市场的配合提升文化产业效率。

第三,对文化产业绿色发展的研究有助于实现我国区域文化产业的平衡发展。通过研究过去几年我国文化产业效率,可以找到各个地区的优劣势,制定正确的战略目标和政策,实现各地区之间的资源有效互补,最后促进各地区之间经济的协调发展,有利于实现共同富裕的目标。

第四,对文化产业绿色发展的研究有利于社会经济结构的改善和优化升级。文化产业不同于传统的工业,作为一种特殊的服务业,文化产业具有高度的可持续性和有效的低碳性等优势,能够促进我国第三产业比重的上升,并且对产业结构的调整起到良好的优化作用。此外,对文化产业自身而言,可以改变我国传统的、落后的文化产业经营现状,有利于文化产业的创新。

本书首先对文化产业的相关内涵定义、范围和分类进行阐述;其次分析我国文化产业绿色发展与经济增长的关系，结合文化产业发展的特点，选择面板数据，运用模型对我国文化产业绿色发展对经济增长的影响进行评价和实证分析；再次对文化产业绿色发展新业态网络游戏产业进行多角度、多维度理论和实证分析；最后对文化产业绿色发展的新的空间城市群进行分析。

第一部分是文化产业绿色发展与经济增长的关系研究。随着文化产业对经济增长的影响力越来越大，通过各种数量方法对文化产业和经济增长之间的关系进行研究的成果较多，但是缺乏从绿色发展角度进行的系统性和全面性研究，缺乏从整体角度全面探讨文化产业绿色发展对经济增长的贡献。文化产业绿色发展对经济增长的贡献体现在其引致效应上，既可直接促进经济增长，又可通过影响人力资本积累及技术创新作用于经济增长，这揭示了文化产业绿色发展对经济增长的潜在作用。当前，我国文化产业绿色发展正发展到一个崭新的高度，前途虽是一片光明，但在发展过程中伴随着长期存在的问题的同时又不断遇到新的问题，我国各地区在大力发展绿色文化产业的同时，只是基于国家政策导向，并未制定严谨的方针政策，有的甚至是盲目追求地区生产总值或是跟风，完全脱离本地区自身的实际情况，导致文化产业绿色发展呈现一种畸形走势。文化产业绿色效率值或高或低，但具体效率水平是何种状况，文化产业绿色发展又具体受到何种因素的制约和影响，各省区市和各地区之间的效率水平又存在怎样的差异，在未来的发展中又将如何缩小甚至解决这些差异，如何提升文化产业绿色发展效率等诸如此类的问题，是本部分研究关注的重点。

第二部分是文化产业绿色发展与网络游戏的关系研究。网络游戏产业既是信息产业，又是文化产业，同时还是高技术产业。在娱乐休闲方式中，网络游戏已经成为人们主要的娱乐休闲方式之一。如何净化网络游戏的内容，促进中国网络游戏产业的本土化进程，是中国网络游戏产业面临的现实任务，全社会有责任共同打造绿色网络游戏产业。在网络游戏产业的发展进程中，网络游戏社会效益的凸显成为网络游戏产业及其产业生态在发展及治理中不可回避的问题。本部分主要研究网络游戏产业生态如何克服不足，避免消极因素的影响，激发网络游戏的正向价值，推动网络游戏产业生态向主流价值观靠拢，推动网络游戏产业生态在当代健康有序生长和理性建构；政府如何发挥主导作用，加强对网络游戏内容的监管，制定政策，引导企业设计、开发具有自主知识产权、有利于社会可持续发展的游戏软件产品，创造良好的网络游戏产业发展环境，促使网络游戏产业转型升级，提高网络游戏产业的核心竞争力。

第三部分是文化产业绿色发展与城市群关系的研究。城市群是文化产业绿色发展的重要空间载体。随着文化与信息、科技、知识的不断融合发展，我国文化产业进入创新驱动发展时期,文化产业整体实力和竞争力不断增强。城市群文化产业一体化绿色发展有助于发挥集聚作用和辐射作用,对优化供给侧、拉动需求侧、推动科技文化成果共享、促进文化创意人才流动等有重要的价值链溢出效应。我国城市群文化产业一体化绿色发展的总体态势演化良好,但也存在不少问题。这部分主要研究为推动城市群文化产业一体化绿色发展,如何优化文化资源配置,探索差异化发展路径,构建现代统一文化市场;如何发挥产业关联、文化资源共享、创新技术共生等优势,构建城市群文化产业一体化绿色发展创新生态系统,推动文化、科技、数据等要素资源优化整合与联动发展。数字经济背景下,基于区域共享、产业互通、技术筑基的新基建给文化产业绿色发展带来了新机遇,重塑了文化生产、流通与消费的逻辑,搭建了文化产业绿色转型发展的数字技术基底,如何凭借城市群产业先发和联通内外的优势,进一步推动城市群文化产业绿色发展是重要课题。

参考文献

[1] 辞海编辑委员会. 辞海[M]. 上海:上海辞书出版社,2011.

[2] 苏东水. 产业经济学[M]. 2版. 北京:高等教育出版社,2005.

[3] 熊萌之. 江西文化产业发展中的政府作用:理论、评价与对策[D]. 南昌:江西财经大学,2022.

[4] 徐忠华. 基于产业链视角的我国文化产业整合研究[D]. 北京:北京交通大学,2020.

[5] 宋俊生. 省域文化产业竞争力及其提升路径研究:以天津市为例[D]. 天津:天津大学,2019.

[6] 杨新梅. 中国城市绿色发展研究:理论、测度与影响因素[D]. 南昌:江西财经大学,2022.

[7] 李凤亮,古珍晶. "双碳"视野下中国文化产业高质量发展的机遇、路径与价值[J]. 上海师范大学学报(哲学社会科学版),2021,50(6):79-87.

[8] 梁燕. 绿色发展理念下加快推动我国文化产业的发展[J]. 学习月刊,2019(4):19-20.

[9] Lawrence T B, Phillips N. Understanding cultural industries [J]. Journal of Management Inquiry,2002,11(4):430-441.

[10] 王亚川. 文化产业发展的若干趋势分析[J]. 北京社会科学,2006(4):15-19.

[11] 郭新茹,陈天宇. 文化产业集聚、空间溢出与经济高质量发展[J]. 现代经济探讨,2021(2):79-87.

[12] 毛蕴诗,梁永宽. 以产业融合为动力促进文化产业发展[J]. 经济与管理研究,2006,27(7):9-13.

[13] 蔡旺春. 文化产业对经济增长的影响:基于产业结构优化的视角[J]. 中国经济问题,

2010(5): 49-55.

[14] 黄小军,张仁寿,王朋. 从投入产析文化产业对经济增长的影响: 以广东为例[J]. 广州大学学报(社会科学版),2011,10(7): 47-53.

[15] 郑仕华. 文化产业对经济增长的促进作用实证研究: 基于浙江省 2007 年投入产出表的分析[J]. 生产力研究,2012(4): 194-195.

[16] 王苗宇. 文化创意产业集聚效应及面临的问题[J]. 经济纵横,2012(8): 76-78.

[17] Chang S. Great expectations: China's cultural industry and case study of a government-sponsored creative cluster[J]. Creative Industries Journal, 2009, 1(3): 263-273.

[18] Svirakova E. Economic development of company in creative cluster[J]. Proceedings of the European Conference on Management, Leadership & Governance, 2013(12): 274-282.

[19] 侯兵,周晓倩. 长三角地区文化产业与旅游产业融合态势测度与评价[J]. 经济地理,2015,35(11): 211-217.

[20] 林秀琴. 产业融合与空间融合: 文化产业融合发展的思维创新[J]. 福建论坛(人文社会科学版),2016(6): 165-173.

[21] 徐翠蓉,张广海. 中国文化产业发展与旅游经济增长动态关系的实证检验[J]. 青岛科技大学学报(社会科学版),2017,33(4): 22-26.

[22] 梁学成. 产城融合视域下文化产业园区与城市建设互动发展影响因素研究[J]. 中国软科学,2017(1): 93-102.

[23] 田富俊,储巍巍,刘彦. 科技创新与文化产业融合发展实证分析: 基于灰色关联分析法[J]. 湖南工业大学学报(社会科学版),2021,26(1): 21-28.

[24] 许安明. 大数据与文化产业融合发展: 内涵、机理与路径[J]. 求索,2022(4): 135-142.

[25] 施卫东,卫晓星. 我国文化产业对经济增长的影响路径: 基于 PLS 模型的验证[J]. 经济管理,2013,35(5): 139-148.

[26] Szenberg M, Lee E Y. The structure of the American book publishing industry[J]. Journal of Cultural Economics, 1994, 18(4): 313-322.

[27] Greco A N. The impact of horizontal mergers and acquisitions on corporate concentration in the U. S. book publishing industry: 1989—1994[J]. Journal of Media Economics, 1999, 12(3): 165-180.

[28] Hjorth-Andersen C. A model of the Danish book market[J]. Journal of Cultural Economics, 2000, 24(1): 27-43.

[29] Beyers W B. Culture, services and regional development[J]. The Service Industries Journal, 2002, 22(1): 4-34.

[30] Power D. "Cultural industries" in Sweden: an assessment of their place in the Swedish economy[J]. Economic Geography, 2002, 78(2): 103-127.

[31] Scott A J. The cultural economy of cities: essays on the geography of image-producing

industries[M]. London: SAGE Publications, 2000.

[32] Kibbe B. Creative workers, cultural industries and technology in the United States[C]. Cultural Industries: A Challenge for the Future of Culture. Paris: UNESCO, 1982.

[33] Scott A J. Cultural-products industries and urban economic development[J]. Urban Affairs Review, 2004, 39(4): 461-490.

[34] 李怀亮, 方英, 王锦慧. 文化产业与经济增长关系的理论研究[J]. 经济问题, 2010(2): 26-29.

[35] 周末, 李东. 文化产业与南京区域经济发展[J]. 南京社会科学, 2007(5): 160-163.

[36] 胡静, 顾江. 长三角都市圈文化产业发展的思考[J]. 特区经济, 2009(4): 42-44.

[37] 王琳. 文化产业在当代发展中的地位、特征及其趋势[J]. 科学学与科学技术管理, 2001, 22(10): 91-93.

[38] 冯子标, 王建功. 文化产品、文化产业与经济发展的关系[J]. 山西师大学报(社会科学版), 2008, 35(2): 91-94.

[39] Throsby D. Assessing the impacts of a cultural industry[J]. The Journal of Arts Management, Law, and Society, 2004, 34(3): 188-204.

[40] 蔡小瑜, 卜慧娟. 文化产业与经济增长关系研究[J]. 中国集体经济, 2012(10): 154.

[41] 姜岳健. 我国文化产业对GDP的贡献度实证分析[J]. 现代经济信息, 2011(1): 228.

[42] 陆立新. 文化产业与中国经济增长的动态关系[J]. 统计与决策, 2009(20): 86-87.

[43] 李增福, 刘万琪. 我国文化产业对经济增长影响的实证研究[J]. 产经评论, 2011, 2(5): 5-13.

[44] 陈亚伟. 中国文化产业对经济增长影响的实证分析[J]. 经济研究导刊, 2017(26): 49-50.

[45] 赵星, 郭宝, 祁宇婷. 文化产业集聚对经济增长的效应研究: 基于我国139个大城市的实证[J]. 商业经济研究, 2016(24): 190-192.

[46] 郑翀, 蔡雪雄. 福建省海洋文化产业发展与海洋经济增长关系的实证分析[J]. 亚太经济, 2016(5): 127-131.

[47] 袁连升, 傅鹏. 文化产业发展助力区域经济增长的双重效应: 基于中国省际面板的经验数据[J]. 产经评论, 2018, 9(1): 75-87.

[48] 周世军, 赵丹丹, 史顺超. 文化产业集聚会抑制经济增长吗?: 基于分工视角的一个解释[J]. 文化产业研究, 2020(2): 135-150.

[49] 谭娜, 黄伟. 文化产业集聚政策带动地区旅游经济增长了吗?: 来自文创园区评选准自然实验的证据[J]. 中国软科学, 2021(1): 68-75.

[50] 孙海欣. 中国文化产业发展对于经济增长质量的影响研究[D]. 西安: 西北大学, 2021.

[51] 张肃, 李鑫鹏. 数字文化产业集聚对区域经济增长的影响研究[J]. 长春理工大学学报(社会科学版), 2022, 35(2): 145-151.

[52] 李红忠. 浅谈文化产业的绿色发展之路[J]. 艺术科技, 2016, 29(8): 142.

[53] 黄娟. 我国文化产业绿色发展探析[J]. 中原文化研究,2016,4(1):49-55.

[54] 李留新. 绿色文化有力支撑绿色发展[J]. 人民论坛,2019(16):92-93.

[55] 车树林,顾江,郭新茹. 文化产业对区域绿色发展的影响研究:基于省际面板数据的空间计量分析[J]. 江西社会科学,2017,37(2):38-46.

[56] 张涛,武金爽. 中国文化产业绿色发展效率的空间网络结构及影响机理研究[J]. 地理科学,2021,41(4):580-587.

[57] 陈晓玲. 文化产业集聚对绿色经济效率的影响研究:基于长江经济带的实证分析[D]. 武汉:中国地质大学,2019.

[58] 侯艳红. 文化产业投入绩效评价研究[D]. 天津:天津工业大学,2008.

[59] 徐文燕,张玉兰. 基于DEA的文化产业投入与产出效率趋势实证研究:以江苏2004—2010年文化产业投入产出数据为例[J]. 南京财经大学学报,2013(5):51-55.

[60] 王晔君. 基于DEA-Tobit分析法的上海文化产业效率及影响因素研究[D]. 上海:东华大学,2015.

[61] 储余兵. 安徽省区域文化产业效率及其影响因素实证分析[D]. 兰州:兰州财经大学,2016.

[62] 索俊颖. 山西文化产业效率及其影响因素研究[D]. 太原:山西大学,2016.

[63] 史世奎. 云南文化产业效率提升路径研究[D]. 昆明:云南大学,2020.

[64] 薛宝琪. 河南省区域文化产业效率空间异质性及影响因素[J]. 地域研究与开发,2022,41(3):31-37.

[65] 高雨竹. 北京市文化产业效率研究[D]. 北京:北方工业大学,2021.

[66] 王家庭,张容. 基于三阶段DEA模型的中国31省市文化产业效率研究[J]. 中国软科学,2009(9):75-82.

[67] 蒋萍,王勇. 全口径中国文化产业投入产出效率研究:基于三阶段DEA模型和超效率DEA模型的分析[J]. 数量经济技术经济研究,2011,28(12):69-81.

[68] 房研. 中国省域文化创意产业投入产出效率研究[D]. 北京:北京交通大学,2014.

[69] 邓帆帆,周凌燕,林良金. 我国东南沿海地区文化产业效率分析:基于三阶段DEA模型及超效率模型[J]. 中国海洋大学学报(社会科学版),2014(6):99-104.

[70] 郭淑芬,王艳芬,黄桂英. 中国文化产业效率的区域比较及关键因素[J]. 宏观经济研究,2015(10):111-119.

[71] 肖惠妩. 我国区域文化产业效率测算及影响因素研究:基于超效率DEA和Tobit模型[D]. 南昌:江西财经大学,2017.

[72] 王家庭,高珊珊. 我国农村文化产业效率评估的实证研究[J]. 江西财经大学学报,2012(1):81-88.

[73] 董亚娟. 区域文化产业效率的影响因素研究:基于随机前沿模型的分析[J]. 商业经济与管理,2012(7):29-39.

[74] 邹辉. 大遗址文化产业效率评价及优化对策研究[D]. 西安:西北大学,2014.

[75] 吕洪渠,董意凤. 对外开放、城市化与文化产业效率的区域差异[J]. 华东经济管理,2018,32(4):62-70.

[76] 陈家龙. 中国文化产业效率评价及影响因素研究[D]. 济南:山东大学,2019.

[77] 方文中. 基于价值链的文化产业效率影响因素研究[D]. 上海:上海交通大学,2016.

[78] 黄辰洋,吕洪渠,程文思. 产业集聚与环境依赖对文化产业效率的影响[J]. 华东经济管理,2022,36(1):99-107.

[79] 徐倩. 人工智能对中国文化产业效率的影响机制研究[D]. 长春:长春理工大学,2021.

第1部分

文化产业绿色发展与经济增长研究

文化产业发展对经济增长的影响研究

2.1 绪论

在科学技术日益进步和全球化进程加快的过程中,文化产业作为一种软实力,对一个国家的积极作用越来越明显。文化产业投入和产出的合理性关系到文化产业发展的效率水平,文化产业作为国民经济产值的重要组成部分,同时也影响着我国社会经济的发展。软实力作为一个国家综合实力的重要组成部分,包括政治价值观、文化、外交政策等多个方面。随着时代的发展,国外大力倡导发展文化产业,以文化为代表的软实力竞争也变得日益激烈,西方国家文化产业发展繁荣的实践结果表明,文化产业已越来越成为一个国家社会经济增长不可或缺的一部分,发展文化产业已经变得刻不容缓。

改革开放以来,我国文化产业发展迅速,文化产业通过渗透影响生产主体、生产要素、生产过程,从而创造出更多的增加值,吸纳了大量的人群就业,刺激了居民的消费等,成为我国国民经济增长中必不可少的要素。目前,随着高新技术产业的发展,其已慢慢向文化产业领域渗透,且随着文化产业和高新技术产业的融合,在未来,将衍生出一个新的产业领域,形成一个新的经济增长点,影响人们的消费观。

文化作为一种特别的生产力,在生产体系中的作用和地位越来越重要,文化产业作为一个新兴的产业,在未来社会经济的发展中具有显著的战略意义。文化产业发展符合我国科学发展观以人为本、全面协调可持续发展的发展要求,并且有利于我国未来产业结构调整和升级,有望成为以后经济发展新的绿色增长点,成为我国倡导的绿色 GDP 增值的重要组成部分。与此同时,保障和促进我国文化产业发展不仅在物质上能够促进社会经济的增长,更重要的是,文化作为一种精神财富,是人民群众精神需求的重要载体。发展文化产业,满足人民日益增长的物质文化需求的同时也满足了人民的精神财富需求,有利于人民群众树立正确的世界观和价值观,促进社会和谐发展。

从图 2.1.1 中可以看出,自 2004 年以来我国城镇和农村居民的恩格尔系数

从图 2.1.1 中可以看出,自 2004 年以来我国城镇和农村居民的恩格尔系数不断下降,到 2018 年城镇居民的恩格尔系数已经下降到 27.7%,农村居民的恩格尔系数下降到 30.1%,这说明人们不再被生存问题所束缚,开始了对美好生活的探求。人们对文化产业的需求日益增加,再加上政策的支持给文化产业营造了一个良好的发展环境,文化产业在近年来迅速发展。

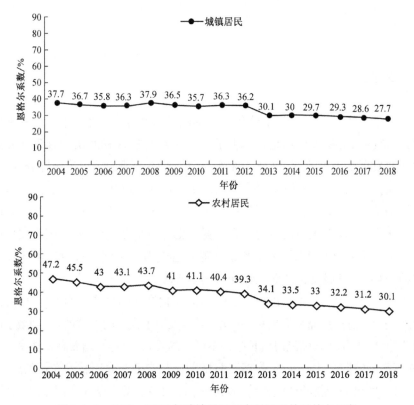

图 2.1.1　2004—2018 年城镇居民和农村居民的恩格尔系数

图 2.1.2　2004—2018 年文化及相关产业增加值

从图 2.1.2 中可以看出,自 2004 年以来,我国文化及相关产业增加值不断增长,到 2018 年,我国文化及相关产业的增加值已经达到了 41 171 亿元。文化产业及相关产业的增加值不断增长,对国内生产总值的贡献率也稳步上升。文化产业在国民经济增长中发挥的作用越来越重要,在一些发达国家,文化产业已经成为改变经济增长方式、促进产业结构升级、解决就业问题和加强社会凝聚力的战略选择。所以研究文化产业的特点、文化产业对国民经济发展的影响是十分有必要的。这不仅可以让我们从理论上厘清文化产业影响国民经济发展的内在作用机制,帮助我们认识文化产业的时代意义,还有助于改善现有经济结构,提高经济发展的质量。基于此,本章首先基于现有文献对文化产业进行综述,其次讨论文化产业对经济增长做出的贡献,再次基于我国的时间序列数据做出文化产业发展对经济增长影响的动态计量分析,以期进一步说明文化产业对经济增长做出的实际贡献。最后,本章将根据我国文化产业发展中存在的问题提出建议,以期激发我国文化产业市场潜在的消费力,进一步促进我国经济增长。

2.2 文献综述

2.2.1 文化产业

对于文化产业的概念,学术界已有多位学者对其做出定义。20 世纪 80 年代,日本学者日下公人从经济学理论出发,对文化产业做出定义和阐释:"文化产业的目的就是创造一种文化符号,然后销售这种文化和文化符号。"[1]英国学者尼古拉斯·加纳姆(Nicholas Garnham)指出,文化产业是指那些使用工业化大企业的组织和生产模式,生产和传播文化产品和文化服务的社会化机构。我国国家统计局将文化产业定义为"从事文化产品的生产、流通和提供各种文化的经营活动的行业总称"[2]。总体上,国内外的学者对文化产业内涵的定义比较一致,存在的分歧并不大。本章对文化产业的定义倾向于我国国家统计局给出的定义,认为文化行业是从事着文化产品的经营、流通并提供各种文化活动的行业。在之后的实证研究中,我们也将从国家统计局官网中搜集文化产业相关数据。

2.2.2 文化产业的经济特征

在文化产业对经济增长产生影响的过程中,文化产业具有很明显的经济特征。韩顺法[3]曾指出文化产业具有外部性和高附加值。文化产业的产品从长期来看是非竞争的、非排他的,文化创造者将文化产品创造出来,非排他性的产品最终会成为社会的公共文化产品,从而使整个社会获益。文化产业是一个高投入、高回报的行业。现在的消费者越来越重视产品或服务所蕴含的文化价值,当一件产品被注入文化创意,那么它的价格可能会比同等产品更高并受到广大消费者的喜爱。

除此之外,文化产业具有规模报酬递增优势。一件文化产品在创作初期的成本很高,但是一旦被创作出来,就可以无限重复生产。比如电影在拍摄制作初期需要投入很大的成本,但是被投入市场之后就可以在不同的电影院重复放映或者卖给各大影视平台。随着生产规模的扩大,文化产品创作的固定成本就会被越来越多的文化产品分摊,从而降低平均成本。

2.2.3 文化产业影响国民经济增长的机理分析

对于文化产业影响国民经济增长的内在机制,国内外学者做了很多研究。比如 Scott[4]对文化产业进行实证研究,发现美国的文化产业发展促进了消费结构的升级,从而拉动了经济增长。罗荣华[5]从经济增长理论出发,研究了文化产业影响经济增长的短期和长期机制。韩顺法[3]认为文化产业影响可以从创新机制、扩散及溢出机制和转化机制三个方面影响国民经济增长。我们在上面提到文化产业具有外部性、高附加值和规模报酬递增等特征,这些特征也决定着文化产业会对国民经济的增长产生贡献。首先,文化产业的发展会优化产业结构,促进产业结构的调整和升级。文化产业属于第三产业,文化产业的发展会提高第三产业占国民生产总值的比重,从而促使产业结构转型升级[6]。其次,文化产业的发展还可以增强产业关联度,提升传统产业的附加价值。文化产业与传统产业相结合可以提高传统产业的附加价值和品牌价值,进一步加深产业间的关联效应[7]。

2.2.4 小结

文化产业的发展对国民经济增长的贡献表现在两个方面:一是对国民生产总值和就业的直接贡献,二是通过影响其他生产要素而间接影响经济增长。文化产品具有外部性,精神产品的传播、扩散提升了文化知识的影响力,对提高生产力水平和劳动生产率具有重要作用[8]。

2.3 文化产业对经济增长的影响机理分析

2.3.1 文化产业提升国民经济的总产出水平

随着居民生活水平的不断提高,精神文化需求在人们的生活中越来越重要。

我国对文化产业的发展十分重视,并大力支持文化产业的发展。所以我国文化产业具有良好的发展环境。另外,随着我国经济结构的转变,文化产业在国民经济体系中的地位不断上升,对经济增长的贡献也不断增大。为了反映文化产业对经济增长的直接贡献,本章选取 2004—2018 年的文化产业(含相关产业)增加值和增长率来衡量文化产业的发展状况。文化产业对经济的直接贡献可用文化产业增加值(CI)对 GDP 的贡献率来表示。贡献率 α_t 可以表示为:

$$\alpha_t = \frac{CI_t - CI_{t-1}}{GDP_t - GDP_{t-1}} \times 100\% \tag{2.1}$$

得到的结果如表 2.3.1 所示。分析结果表明,我国文化产业对经济增长的贡献率持续增长,从 2004 年的 2.13% 增长到 2018 的 4.48%,增加了 1 倍多,这说明文化产业对国民经济增长的贡献率已经超过其他产业。而且 2018 年文化产业的贡献率超过 4% 了,这说明文化产业正慢慢向支柱产业的雏形转变。从表中数据可以看出近年来文化产业对国民经济的增长起着重要的推动作用。

表 2.3.1 中的数据表明,到 2018 年我国文化产业增加值已经达到 41 171 亿元,并且近年来文化产业增加值的增长率一直保持在一个较高的水平,最低的 10.99% 也超过了两位数,这说明我国的文化产业发展状况良好。

表 2.3.1 2004—2018 年文化产业对经济增长的贡献率

年份	文化及相关产业增加值/亿元	增长率/%	国内生产总值/亿元	文化及相关产业贡献率 α_t/%
2004	3 440		159 878.3	2.13
2005	4 253	23.63	184 937.4	2.27
2006	5 123	20.46	216 314.4	2.33
2007	6 445	25.81	265 810.3	2.39
2008	7 630	18.39	314 045.4	2.39
2009	8 786	15.15	340 902.8	2.52
2010	11 052	25.79	401 512.8	2.68
2011	13 479	21.96	473 104.1	2.76
2012	18 071	34.07	519 470.1	3.36
2013	21 870	21.02	588 019	3.69
2014	24 538	12.20	636 138.7	3.81

(续表)

年份	文化及相关产业增加值/亿元	增长率/%	国内生产总值/亿元	文化及相关产业贡献率 α_t/%
2015	27 235	10.99	688 858.2	3.95
2016	30 785	13.03	746 395.1	4.12
2017	35 427	15.08	832 036	4.26
2018	41 171	16.21	919 281.1	4.48

2.3.2 发展文化产业有利于解决就业问题

进入 21 世纪以来，我国每年的应届毕业生数量越来越庞大。从图 2.3.1 中可以看出，普通本科应届毕业生人数不断攀升，到 2018 年，普通本科应届毕业生人数已经达到 387 万人，应届毕业生的就业压力越来越大。

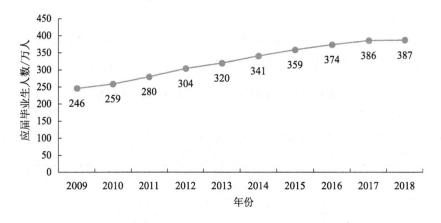

图 2.3.1 普通本科应届毕业生人数变化趋势

文化产业是一种知识密集型产业，它的发展需要大量高层次的创意人才。长期以来文化产业雇佣的大学生远高于农业、制造业和其他服务业，文化产业的快速发展始终与对高素质劳动力的强大需求联系在一起。所以文化产业的发展对减轻应届毕业生就业压力具有重要作用。从图 2.3.2 中可以看出文化产业的从业人数自 2014 年开始不断上升，到 2018 年我国文化产业从业人数高达 519 万人。这说明文化产业的发展可以提供更多的就业岗位，已经成为解决就业问题的重要途径。文化产业的发展有利于解决我国人民特别是大学生、研究生等高层次人才的就业问题。

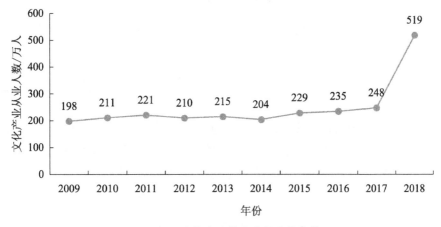

图 2.3.2　文化产业从业人数变化趋势

2.3.3　小结

文化产业经过十几年的高速增长,已经成为许多区域的重点发展产业,成为衡量一个区域发展程度和水平的重要指标。文化产业受到如此重视和文化产业与其他产业的深入联系、对整个产业结构升级发展的重要作用密不可分。

2.4　文化产业对经济增长的动态计量分析:基于时间序列数据

2.4.1　指标选取

在文化产业与经济增长的实证研究中,我们用人均国内生产总值(AGDP)来表示经济增长,文化产业的发展用文化及相关产业增加值(CI)来衡量。时间跨度为 2004—2018 年,所有数据均来自国家统计局和《中国统计年鉴》。为了消除数据中异方差的影响,我们将对变量取自然对数,即分别为 $\ln AGDP$、$\ln CI$。

2.4.2　单位根检验

宏观数据一般都具有非平稳性,在这里我们采取单位根检验对时间序列进行数据的平稳性测验。单位根检验包括 ADF 检验和 PP 检验,本章选取 ADF 检验对数据进行检验。如果 ADF 检验值小于临界值,那么就可以认为该时间序列数据是平稳的。检验结果如表 2.4.1 所示:

表 2.4.1 ADF 检验

变量	检验类型	ADF 检验值	1%临界值	5%临界值	10%临界值	检验结果
ln$AGDP$	(C,T,1)	−3.343**	−3.750	−3.000	−2.630	平稳
lnCI	(C,T,3)	−2.056	−3.762	−3.027	−2.549	不平稳

注：** 表示在5%显著性水平下显著。

从表 2.4.1 中可以看出，在 5% 的显著性水平下，lnCI 的 ADF 检验值大于临界值，所以不能拒绝原序列具有一个单位根的假设，所以以上变量为非平稳变量。于是，我们使用一阶差分法对上述变量进行拆分，得到的结果如表 2.4.2 所示。

表 2.4.2 一阶差分序列的 ADF 检验

变量	检验类型	ADF 检验值	1%临界值	5%临界值	10%临界值	检验结果
ln$AGDP$	(C,T,1)	−4.036**	−3.750	−3.000	−2.630	平稳
lnCI	(C,T,3)	−4.193***	−3.762	−3.027	−2.549	平稳

注：**、*** 分别表示在5%与1%显著性水平下显著。

从表 2.4.2 中可以看出，在进行一阶差分后，这些变量是平稳的。所以两个变量都为一阶单整的时间序列。

2.4.3 协整分析

为了进一步分析文化产业与经济增长之间是否存在长期关系，本章将进一步对文化产业变量与人均 GDP 变量进行协整分析。通过上面的分析可知，两个变量序列皆为一阶单整，接下来本章将用两步法对 ln$AGDP$ 和 lnCI 进行协整关系检验。

第一步：估计协整回归模型。

设回归模型为：

$$\ln AGDP_t = \alpha + \beta \ln CI_t + \varepsilon_t \tag{2.2}$$

根据 OLS 回归结果可得：

$$\ln AGDP_t = 4.133628 + 0.6566399 \ln CI_t + \varepsilon_t \tag{2.3}$$

$$(39.74)(26.30)$$

$$R^2 = 0.9918 \quad \bar{R}^2 = 0.9912 \quad F = 1579.03 \quad DW = 0.6209406$$

计算 OLS 估计的残差，得到：

$$ECM_t = \ln AGDP_t - 4.133\,628 - 0.656\,639\,9\ln CI_t \qquad (2.4)$$

第二步：对残差序列 E 进行单位根检验，得到的结果如表 2.4.3 所示。

表 2.4.3 残差序列 E 单位根的 ADF 检验

变量	检验类型	ADF 检验值	显著性水平	临界值	AIC	DW	检验结果
ε_t	(0,0,3)	$-2.433\,2^{**}$	1%	$-2.717\,5$	$-3.470\,1$	$1.597\,9$	平稳
			5%	$-1.964\,4$			
			10%	$-1.605\,6$			

注：** 指在 5% 显著性水平下显著。

对序列 E 进行单位根检验，ε_t 的 ADF 检验统计量为 $-2.433\,2$，小于 5% 显著性水平下的临界值，所以可以认为残差序列 E 为平稳序列。这表明 $\ln CI_t$ 与 $\ln AGDP_t$ 存在长期稳定的关系。从式(2.3)中可以看到，文化产业对国民经济有正向的促进作用，文化产业每变动 1 个单位，会促进人均国内生产总值增长 0.656 639 9 个单位。

2.4.4 格兰杰因果检验

从上面的检验结果来看，文化产业的发展与人均国内生产总值之间存在协整关系，接下来本章将利用格兰杰(Granger)因果检验进一步验证两者之间是否构成因果关系。由于该检验对滞后阶数十分敏感，因此本章采用依次滞后几阶来观察结果。这里的滞后期分别取 1、2，最终得到的文化产业与人均国内生产总值的格兰杰因果检验如表 2.4.4 所示。

表 2.4.4 格兰杰因果检验

滞后期	零假设	F 值	P 值	决策	因果关系结论
1	$\ln AGDP \nrightarrow \ln CI$	1.033 98	0.942 8	接受	$\ln AGDP \nrightarrow \ln CI$
	$\ln CI \nrightarrow \ln AGDP$	3.628 35	0.031 8	拒绝	$\ln CI \rightarrow \ln AGDP$
2	$\ln AGDP \nrightarrow \ln CI$	0.654 89	0.927 3	接受	$\ln AGDP \nrightarrow \ln CI$
	$\ln CI \nrightarrow \ln AGDP$	3.076 9	0.038 6	拒绝	$\ln CI \rightarrow \ln AGDP$

从表 2.4.4 中的结果可以看出，当滞后期分别为 1、2 时，至少在 95% 的置信水平下，我们可以认为文化产业产值是人均国内生产总值的格兰杰原因，但是人均国内生产总值不是文化产业产值的格兰杰原因。所以存在文化产业到人均国内生产总值的单向因果关系，这也说明文化产业是影响经济增长的重要因素。

从上面的实证研究可以得出以下结论：

不平稳序列 $\ln CI_t$、$\ln AGDP_t$ 经过一阶差分后变为平稳序列，且存在协整关系，这说明文化产业产值与人均国内生产总值存在长期稳定的关系。除此之外，协整回归的方程表明，文化产业的发展对人均国内生产总值的增长具有促进作用。

从格兰杰因果分析的结果来看，当滞后期分别为 1、2 时，文化产业产值变化是引起人均国内生产总值变动的原因，这说明文化产业的发展对人均国内经济增长影响的持续性较长。不过当滞后期分别为 1、2 时，人均国内生产总值不是文化产业产值的格兰杰原因。所以从短期来看，存在文化产业到人均国内生产总值的单向因果关系。

2.4.5 小结

从上述结果来看，我国文化产业对经济增长的动态影响比较大，并存在一定的持续性，所以我国在制定与文化产业有关的政策时要采取长期政策，发挥其长期的正向效应。

2.5 结论与建议

综合上述变量的实证分析，文化产业的发展确实会对我国经济增长产生积极的促进作用。但是，近年来我国文化产业的发展也出现了一些问题。从图 2.5.1 中可以看出，从 2012 年开始，我国文化产业产值增长率大幅度下降，虽然自 2015 年开始慢慢回升，但是增长得比较缓慢。这说明我国现在的文化产业发展的后劲不足，发展势头有所下降。

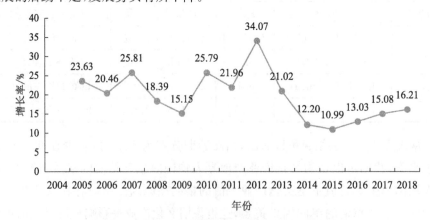

图 2.5.1　2005—2018 年文化产业产值增长率变化图

综合我国文化产业发展现状以及文化产业对经济增长的动态计量分析结果,本章提出以下三条建议:

(1) 扶持、培育文化产业融合发展

党的十九大报告指出,要推动文化事业和文化产业发展。对文化产业进行扶持,不仅要鼓励发展电影、娱乐、旅游等文化产业,还要培育和扶持文化创意园区、文化公园等新型文化业态。要重视文化产业的高附加值,将文化产业与传统产业相结合,提升传统产品的精神文化价值[9]。大力推动"文化+"模式融合发展。另外,文化产业发展的核心要素还是高素质人才,政府应该有意识地引导各大高校培养综合类、复合型人才,为我国文化产业的发展提供强大的原生动力[10-11]。

(2) 加大知识产权保护力度

在文化产业的发展过程中,资本的规模决定了创意产业的发展速度和上限[12]。资本进入文化创意产业时,创意产业能够迅速通过市场活动创造价值,当资本通过组织结构降低机会成本时,文化创意产业保持一种低边际成本、高收益的状态,为资本创收。与此同时,两者又存在矛盾的关系。文化创意产业产品建立在创作者的个人独立思考过程上,创作者往往对市场并不敏感,容易与资本背道而驰。精神产品向来缺乏一种可参照的价值指标,拥有较多的不确定性因素,对于资本或者投资者而言有较高的风险[13]。文化创意产品是文化内容的载体,文化决定了产品的内核与形态。"创意产业之父"约翰·霍金斯(John Howkins)认为,一个能够满足不同需求的社会是"创意阶层"崛起的关键因素之一。弗罗里达认为,宽容的社会环境与创新能力之间具有密切的关系[14]。

(3) 深度发掘民族文化,宣扬文化自信

文化产业生产的产品更多具有的是精神文化层面的价值。所以文化产业主体要深入发掘我国历史悠久的民族文化,结合时代热点,迎合广大消费者的喜好,生产人民喜闻乐见的文化产品。政府也要宣传民族文化,做出精致有趣的产品来吸引广大民众,比如河南卫视在端午节推出的节目《祈》,其精美的舞蹈以及背后蕴含的文化底蕴深深吸引了广大的消费者,甚至被推向海外,这就是一次成功的文化输出。广大文化艺术从业者也要从中学习,坚定文化自信。完备的政策和法律法规是文化产业健康发展的必要条件。要想文化产业保持良好的发展态势,就需要发挥政策与法规的限制作用,拒绝过度娱乐化、内容低俗化[15]。

参考文献

[1] 日下公人. 新文化产业论[M]. 范作申,译. 北京:东方出版社,1989.

[2] 国家统计局关于印发《文化及相关产业分类》的通知[EB/OL]. (2004-05-18)[2018-08-

08]. http://www.stats.gov.cn/tjbz/hyflbz/xgwj/t20040518_492154090.html.

[3] 韩顺法. 文化创意产业对国民经济发展的影响及实证研究[D]. 南京：南京航空航天大学, 2010.

[4] Scott A J. Cultural-products industries and urban economic development[J]. Urban Affairs Review, 2004, 39(4)：461-490.

[5] 罗荣华. 文化产业影响经济增长的机制研究：基于影响因素的视角[J]. 北京财贸职业学院学报, 2020, 36(4)：26-29.

[6] 张娜, 赵雪纯, 蔺冰. 文化产业集聚对区域经济增长的影响：基于我国省级层面数据的空间溢出效应分析[J]. 文化软实力, 2021, 6(1)：79-88.

[7] 周世军, 赵丹丹, 史顺超. 文化产业集聚会抑制经济增长吗?：基于分工视角的一个解释[J]. 文化产业研究, 2020(2)：135-150.

[8] 孙红旭, 周圆. 文化产业发展对经济增长全要素生产率的影响研究[J]. 文化产业研究, 2020(1)：147-164.

[9] 蔺冰. 文化产业集聚对中国区域经济增长的影响研究[D]. 北京：北京交通大学, 2020.

[10] 张亚平. 文化产业集群对区域经济增长影响的实证研究[D]. 西安：西安建筑科技大学, 2019.

[11] 王灵利. 空间溢出效应下研究文化产业集聚对经济增长的影响[D]. 昆明：云南大学, 2019.

[12] 耿鹏. 文化创意产业发展对产业结构优化升级的影响研究[J]. 中国市场, 2018(26)：55-57.

[13] 张蔷. 中国城市文化创意产业现状、布局及发展对策[J]. 地理科学进展, 2013, 32(8)：1227-1236.

[14] 弗罗里达. 创意经济[M]. 方海萍, 魏清江, 译. 北京：中国人民大学出版社, 2006.

[15] 王晓红. 我国文化创意产业发展现状及思路[J]. 时代经贸, 2012(2)：38-45.

文化创意产业发展对产业结构升级的影响研究
——以江苏为例

3.1 绪论

改革开放以来,我国的产业结构调整取得了重大的突破。作为衡量一个国家经济发展状况的首要指标,我国的产业结构进入 21 世纪以来摆脱了劳动密集型产业为主导的处境,开始向着第二、第三产业转型升级。2007 年底,我国的第二产业的总产值占到了全国 GDP 的 49.2%,第三产业总产值则占到了全国 GDP 的 39.1%。到 2020 年,第三产业占全国 GDP 的比重已经全面超过第二产业,占比达 54.5%,成功占据我国产业的主导地位,第二产业也向着技术化、智能化的方向发展。产业转型升级已经是中国经济发展的重要途径,党的十九大也再次强调了可持续发展的途径,进行产业结构升级是中国走以人为本、可持续发展的关键因素,那么如何实现产业结构升级呢?

促进产业结构调整的路径自然有很多,一方面我们国家实行科教兴国战略、创新驱动战略,促进科学技术进步,加快产业升级,这是被人们重点关注的显性层面;另一个不容忽视的方面是产业隐形的层面,直接表现为在保持供给物品数量不变的情况下,进一步提升产业的质量和品质,这里就需要精神文化元素的介入[1]。促进产业转型升级,让产业创造出更大价值,文化创意产业在其中发挥着非常大的作用。文化创意产业作为我国第三产业的全新组成元素,在我国第三产业中的地位愈发凸显。之前提及我国第三产业增加值逐年飞速增长,文化创意产业作为新兴的生产力对于第三产业的贡献越来越突出。以江苏省为例,2012 年江苏文化产品的生产值占文化产业增加值的比重首次达到 50%,经过几年发展,提高到 2016 年的 56.11%,2017 年江苏文化产业规模以上法人单位 7 884 家,实现就业 117.6 万人次,资产总计 15 000 亿元。同时文化创意产业具有无污染、高价值、重视精神元素、易与其他产业融合等优势,非常适应中国产业结构升级以及未来经济发展的需求,能够对我国产业结构升级起到重要作用。本章将目光聚焦于中国以历史文化闻名的省份——江苏省,以实证研究的形式进一步探究文化创意产业发展对产业结构升级的影响,以期寻找其影响机理,并提出合理建议,让文化创意产业进一步推动我国产业结构升级,进一步推动我国经济社会的发展。

本章在分析文化创意产业对产业结构升级影响的机理上,以江苏省文化创意产业与产业结构升级为依据对象,采用创新指数衡量法,计算江苏省文化创意产业发展水平指数,采用向量自回归模型,分析了1995—2018年江苏省文化创意产业发展对于产业结构升级的影响,得出以下结论:江苏省文化创意产业与产业结构升级存在相互影响的关系。具体表现为,江苏省文化创意产业的发展对于江苏省产业结构升级的影响并不是简单的线性关系,两者是动态变化的,具体表现为先抑制后促进;同时江苏省文化创意产业的发展与产业结构升级互为格兰杰原因,因此,江苏省的产业结构升级也会对江苏省文化创意产业的发展有所影响,具体表现为先抑制后促进。

3.2 文献综述

3.2.1 文化创意产业

文化创意产业源于文化产业,而文化产业则是通过工业标准对文化产品和服务进行生产、再生产的一系列活动[2]。根据这个概念,文化创意产业指的是一种内容密集型的产业活动[3],它是指使用无形的或是有创意的文化要素,去创造有著作保护权的物质商品和非物质服务,主要包括广播影视、音像、传媒、广告等方面的创意全体。文化创意产业有以下三个特征:首先,文化创意产业具有高附加值[4]的特征,文化创意产业一般位于技术创新和产业研发价值链的高端环节,能够提高其他产业的附加值,是一种高附加值产业;其次,文化创意产业具有高智慧与高知识的特征[5],文化创意产业一般以文化、传统、智慧等无形的资源为核心资产,能够通过物化各个行业中人们的知识和智慧来获取收益;最后,文化创意产业具有易融合的特征[6],文化创意产业是经济、社会、技术、文化等相互融合的产物,包罗万象的成分使它展示出高度的融合性、较强的渗透性以及辐射力,对进一步促进我国第三产业的发展、促进我国产业结构升级有着巨大的作用。

3.2.2 文化创意产业和产业升级

依据配第-克拉克理论,我国的产业会从第二产业逐步向着第三产业的方向迈进,在此过程中就会出现很多促进我国产业结构升级的各种因素,如经济发展[7]、城镇化水平提高[8-9]等。而随着我国产业结构升级的飞速发展,城镇化率等因素可能由于空间和资源的限制[10],对产业结构升级的影响开始变得有限起来。因此,如果要追求进一步的转型升级,更多的是依靠知识经济、文化创意产业等无形却充满附加值的产业,而文化创意产业已经开始慢慢变为产业结构优化的重要推手。作为第三产业的一部分,文化创意产业本身在我国的快速发展与扩大就推进了第三产业的快速增长[11],同时文化创意产业的高附加值、易融合的特征使得它能够进一步加强与第三产业的联系,形成乘数效应[12],快速促进我国产业结构升级。同时文化创意产业的核心是人的智慧和知识,是以对文化的创造性思维为生产要素发展壮大的,从这个意义上来说,文化创意产业的生产要素和产生时间几乎是无限和瞬时的,同时能够与其他产业快速融合获得更高的附加值。并且文化创意产业还有自身的衍生特性[13],在某一个文化创意产业发展壮大的时候又会带动其他文化创意产业的发展。以动漫产业为例,当某一个动漫产业发展成熟被大多数人所接受的时候,其周边的服饰、游戏、图书等相关产品的产业也会吸引很多的消费者,能够与更多传统产业结合,赋予这些传统的第三产业活力,增加其内涵,实现我国产业结构升级的最终目标。

同时文化创意产业也并不是完全有利的,在产业结构升级的过程中往往存在一些问题,这些问题的出现使得文化创意产业可能会引起第三产业增加值的缓慢增长甚至负增长[14]。首先,一些学者认为,我国文化创意产业的科技含量还是比较低的[15],相比于美国和日本,文化创意产业在生产、发展、创新性思维物化的过程中虽然占用了国家较多的资源,但是科技含量较低,一些"粗放型"的文化创意产业也变成文化创意产业的一个增长点,这些产业缺乏创意,只是打着文化创意的噱头来获取国家的资源;同时发展快、消亡快的特征导致了更多社会文化资源和资金资源的浪费,使得文化创意产业发展缓慢,资源分配的不合理也阻碍了我国产业结构的转型升级。其次,文化创意产业的产业化程度比较低,这使得一些文化创意产业仅仅是兴起一时的网红经济[16],或者前期受到大多数人的追捧但是无法做到持久发展。无法形成有效规模会使得文化创意产业进一步浪费人们追求文化产品的热情,削弱第三产业的发展,不利于我国的产业结构升级。最后,文化创意产业在发展初期也存在着集约化程度低的缺点[17],会使得生产要素的配置过于分散,不利于规模经济的形成,进一步影响产业结构升级。

3.2.3 小结

本章认为,文化创意产业和产业结构升级并不存在一种简单的线性关系。文化创意产业和产业结构升级存在一种相互联系、相互影响的相关关系,参考库兹涅茨曲线的非线性特征,本章认为在不同的发展阶段,文化创意产业和产业结构升级存在一种非线性关系,双方的联系似乎存在一种倒 U 形的非线性关系,由此依据配第-克拉克理论和库兹涅茨曲线以及前人的研究结论提出以下三个假设:

H1:文化创意产业和产业结构升级并不存在一种简单的线性关系,而是相互影响的相关关系,同时随着时间动态变化。

H2:文化创意产业对产业结构升级的影响为先抑制后促进。

H3:产业结构升级对文化创意产业的影响为先抑制后促进。

3.3 实证研究

3.3.1 指标的选取

鉴于我国各个地方发展水平不同,经济文化有很大的差异,这样显著的差异可能会导致产生一些变量内生性的问题,因此本章将全国范围的数据进一步缩小,将研究重点聚焦于我国历史文化大省江苏省。江苏省一直以来都是我国经济文化发展的一线省份,在文化创意产业融合发展以促进我国第三产业的产业结构升级方面有着非常丰富的经验,选择江苏省的文化创意产业能够很好地代表全国的平均水平,对于我国文化创意产业的发展和产业结构升级都有借鉴意义。

由于文化发展是多维度、全方位同时进行的,指标的选择需要考虑从不同的角度来衡量江苏省文化创意产业发展的水平,这里依据典型性、科学性、可获取性以及动静结合的原则[18]选取文化创意产业发展水平和产业结构升级水平指标。依据文化发展的专业化和多样化,本章选择此两类指标的指数来衡量文化发展水平。一级指标一共分为两类,分别为文化创意产业发展水平和产业结构升级水平。其中文化创意产业发展水平指标借鉴李翠林等[19]的研究运用创新指数衡量法进行测试,产业结构升级水平则用第三产业与第二产业的比值进行衡量(表 3.3.1)。

表 3.3.1 指标量表

一级指标	二级指标	三级指标	影响
文化创意产业发展水平	文化创意产业特征	X_1 文化创意产业多样化指数	+
		X_2 文化创意产业专业化指数	+
	文化创意产业投入	X_3 文化创意产业人力资本	+
		X_4 文化创意产业产业结构	+
产业结构升级水平	—	Y_1 第二产业产值	
		Y_2 第三产业产值	

3.3.2 模型的构建

为了进一步验证文化创意产业发展与产业结构升级的关系,本章采用向量自回归模型(VAR)进行数据拟合。本章所用数据均来自中国经济金融研究数据库(CSMAR),使用 1995—2018 年体现我国江苏省文化创意产业发展水平(IUP)的数据,体现江苏省产业结构升级水平(CRA)。

本章选择的两个特征变量的描述性统计分析结果如表 3.3.2 所示。

表 3.3.2 各变量描述性统计

变量名	样本数	均值	标准误	最小值	最大值
CRA	23	5.689 923	1.971 556	1.465 594	9.350 567
IUP	24	1.141 315	0.579 884 5	0.416 956 5	2.929 863

3.3.3 平稳性检验

因为此数据为时间序列数据,为了避免伪回归的出现,需要用单位根检验判断此时间序列数据的平稳性,只有当时间序列数据平稳时,才可以使用 VAR 模型进一步分析。从表 3.3.3 中可以看出,直接运用原数据进行 VAR 回归很可能会出现伪回归问题,因此需要进一步对衡量江苏省文化创意产业发展水平和产业结构升级水平的数据进行处理。从表 3.3.3 中可以看出,文化创意产业发展水平(CRA)经过一阶差分(dCRA)、产业结构升级水平(IUP)经过对第二产业产值和第三产业产值取对数处理(ln IUP)后变得平稳。

表 3.3.3 单位根检验

参数名称	ADF 值	5%临界值	10%临界值	结果
IUP	−1.743	−3.000	−2.630	不平稳
CRA	−1.178	−3.000	−2.630	不平稳
$dCAR$	−2.307	−3.000	−2.630	平稳
$\ln IUP$	−3.328	−3.000	−2.630	平稳

3.3.4 最优滞后阶数选择

在进行回归和因果关系检验之前,需要对 VAR 模型进行定阶数的处理。表 3.3.4 表示不同的滞后阶数是 AIC、BIC 和 $HQIC$ 等的结果,由表可知最优滞后阶数应该设置为 3。

表 3.3.4 模型阶数选择表

Lag	AIC	BIC	$HQIC$	Lag	AIC	BIC	$HQIC$
0	5.123 02	5.219 6	5.127 97	4	4.208 3	5.077 46	4.252 81
1	4.999 72	5.289 44	5.014 56	5	4.689 42	5.751 73	4.743 82
2	5.076 82	5.559 68	5.101 54	6	4.825 78	6.081 23	4.890 06
3	4.372 2*	5.048 21*	4.406 82*				

注:*表示在1%显著性水平下显著。

3.3.5 VAR回归

以 VAR 模型对向量进行回归,回归结果如表 3.3.5 所示。当以产业结构升级作为依赖变量时,滞后一期的产业结构升级本身对产业结构升级有着正向的促进作用,而文化创意产业对产业结构升级的影响表现为抑制作用,滞后二期的两个变量对产业结构升级的影响消失,滞后三期的文化创意产业对产业结构升级的影响由抑制转为促进。究其原因,在江苏省文化创意产业发展的前期,由于科技含量不足、创意性思想不足,文化创意产业虽在数量上增长很快,但是带来了产业结构臃肿、资源分散等问题,这些让前期的江苏省文化创意产业发展缓慢,与其他第三产业的融合不彻底,使得文化创意产业对产业结构升级造成了负面的影响;而到了滞后三期,文化创意产业的体系发展开始变得健全,资源配置开始慢慢优化,优秀的文化创意产业开始主导江苏省第三产业的产业升级与融合,这样一来文化创意产业高附加值、易融合性、高知识性的优点就开始得到了发挥,大大促进了江苏省的产业结构升级。

当以文化创意产业作为依赖变量时,滞后二期的产业结构升级和文化创意产业本身都对文化创意产业有负面的抑制作用,而滞后三期的产业结构升级对文化创意产业的作用由抑制转为促进,本身的抑制作用消失。究其原因,在文化创意产业发展初期,可能是政府等对于文化创意产业的重视程度不够,从事文化创意产业的人员数量也比较少,空间资源更多地被其他第三产业占据,使得我国产业结构升级的前期,文化创意产业发展动力不足,抑制其发展;随着空间、资源等实物因素开始变得紧张,文化、创造性思维开始变得重要起来,文化创意产业的发展开始引起了人们的重视,第三产业的人力资源开始更多地流入文化创意产业,这样第三产业的转型升级开始以文化创意产业为主,开始对文化创意产业具有促进作用。结论符合本章提出的假设 H1、H2、H3。

表 3.3.5　VAR 估计

	$\ln IUP$	$dCRA$
L1.$\ln IUP$	0.877 09*** (5.52)	0.467 717(0.89)
L1.$dCRA$	−0.072 7* (−1.19)	0.222 075(1.1)
L2.$\ln IUP$	−0.327 55(−1.57)	−1.131 83* (−1.65)
L2.$dCRA$	0.048 95(0.85)	−0.445 7** (−2.36)
L3.$\ln IUP$	0.180 485*** (0.78)	1.866 652** (2.46)
L3.$dCRA$	0.840 5** (−4.28)	−0.445 7(−0.24)

注:*、**、***分别表示在 1%、5%、10%显著性水平下显著。

3.3.6　格兰杰因果关系检验

在时间序列平稳的前提下,接下来需要对变量进行格兰杰因果关系检验。这一步骤是用来分析变量之间是否被它们的滞后期所影响,由表 3.3.6 可以看出滞后三期的文化创意产业发展水平($dCRA$)、产业结构升级水平($\ln IUP$)均存在显著的双向影响,说明这两个变量均有滞后效应,滞后效应冲击相比当期冲击的影响更大。

表 3.3.6　格兰杰因果关系检验表

被解释变量	解释变量	回归值	自由度	P 值
$\ln IUP$	$dCRA$	18.597	3	0.000
$\ln IUP$	ALL	18.597	3	0.000
$dCRA$	$\ln IUP$	7.037 9	3	0.071
$dCRA$	ALL	7.037 9	3	0.071

3.3.7 VAR模型的稳定性检验

初步得到VAR模型以后,需要进一步对其进行稳定性检验,以判断模型是否能直接去拟合数据,是否能直接使用VAR模型。根据Stata里面的AR根图,我们可以进一步判断VAR模型的稳定性。判断标准为:特征方程的根全部在单位圆以内。如图3.3.1所示,此数据的特征方程的单位根均在单位圆内,表明VAR模型稳定。

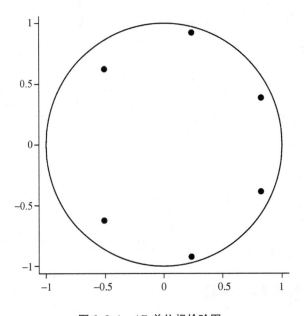

图3.3.1　AR单位根检验图

3.3.8 脉冲结果分析

最后绘制正交化的脉冲图以进一步分析这几个变量指标之间的动态关系。脉冲响应函数是指某个内生变量变的时候影响另外一个变量滞后多少期,具体检验结果如图3.3.2所示。

第一排分别是$lnIUP$对于$lnIUP$的当期脉冲差冲击和对于$dCRA$当期脉冲差冲击的脉冲响应函数曲线。对于$lnIUP$的脉冲响应函数曲线,当给予文化创意产业发展一个外部冲击时,文化创意产业发展先减缓,在第二期的时候达到峰值,再加快,到第四期的时候达到峰值,最后趋于稳定,这说明江苏省产业结构升级在开始阶段会一定程度阻碍江苏省文化创意产业的发展,一旦过了那个时

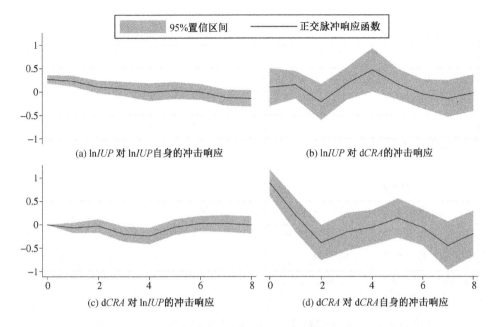

图 3.3.2 全国脉冲响应函数图

期,江苏省产业结构升级就能不断促进江苏省文化创意产业的发展。究其原因,在产业结构升级的过程中,主要是由不合理的产业结构转换为较为合理的产业结构,这里第三产业不仅包括文化创意产业,还包括金融、医疗、科技等新兴服务业,资源的紧张与分配不均可能在江苏省产业结构升级的前期对江苏省文化创意产业有一定的阻力,但是一旦产业结构升级成功,土地、人才等资源合理分配,文化创意产业就能得到进一步的发展,这就使得江苏省文化创意产业的发展会稍稍落后于产业结构升级。

第二排分别是 dCRA 对于 lnIUP 的当期脉冲差冲击和对于 dCRA 的当期脉冲差冲击的脉冲响应函数曲线。dCRA 的脉冲响应函数曲线出现对自身的冲击,但当江苏省文化创意产业正向发展时,会对产业结构升级有着持续四期微弱的负向冲击,在第五期之后又转变为微弱的正向影响,之后趋于稳定。

3.3.9 小结

本章采用向量自回归模型,研究了江苏省 1995—2018 年文化创意产业对于产业结构升级的影响。得出了以下结论:文化创意产业和产业结构升级并不存在一种简单的线性关系,而是相互影响的相关关系,同时随着时间动态变化,文化创意产业对产业结构升级的影响为先抑制后促进,产业结构升级对文化创意产业的影响为先抑制后促进。

对于江苏省文化创意产业的发展,需要从政府和企业以及国际三个层面入手,才能使文化创意产业快速由前期的资源分散、结构臃肿过渡到以富有创造性思维为主的高端文化创意产业发展阶段,由此和第三产业融合,进一步推动我国的产业结构升级。

3.4 结论与建议

(1) 政府层面

江苏省是我国历史文化大省,有南京、苏州等古文化名城,因此政府需要关注江苏这些得天独厚的文化资源和精神内涵,明确文化创意产业发展的战略地位。如参考政府把无锡的文化创意产业作为战略性新兴产业计划等措施,为江苏省甚至全国设置一个明确的发展目标,牢牢扣紧"三大定位,两个率先"的总体目标。给具有高附加值、高生命力、高知识的文化创意产业提供创意贷款资金,"以投加辅"(以投资这种方式对文化创意产业加以辅助),确保文化创意产业快速发展,同时可以为文化创意产业在产业创建初期制定一个风险补偿机制,健全人才奖励机制,使得富有创造性思维的年轻企业家没有后顾之忧,使得更多富有创意的产品被生产出来,从而积极推进我国产业结构升级。

(2) 企业层面

需要企业选择文化创意产业发展战略,以人民对文化生活需求的增长促进文化创意产业的发展。对于企业自身而言,要及时更新文化创意产业的创造性价值,充分考虑人才的引入。同时需要推动文化科技融合,完善文化创意衍生品的技术创新保护政策。以政府为引导,以市场为主导,为企业内文化创意产品的开发创造良好的环境,同时也需要注重宣传与产品扩散,加快与其他产业的产业融合,快速度过文化创意产业前期的负作用阶段,积极推进江苏省乃至全国产业结构升级。

(3) 国际层面

我国目前的"一带一路"倡议使得我国文化创意产业的发展进入了飞速成长期,江苏省的数据给了我国乃至国际文化创意产业的发展一些借鉴。配第-克拉克的产业升级理论已经指出,第三产业的发展不可避免。而文化创意产业将在未来很长一段时间内都是我国调整产业结构、促进产业结构升级的一个重点内容,"一带一路"建设更是将我国文化创意产业发展的目标和前景推向了世界,我国应该结合"一带一路"建设,拓展文化延伸渠道,积极探索海外市场,鼓励相关产业的升级,在文化创意产业发展的前期快速积累经验,整合产业特征,让文化创意产业对产业结构升级的作用快速变为促进,从而快速推动我国产业结构升级。

参考文献

[1] 耿鹏.文化创意产业发展对产业结构优化升级的影响研究[J].中国市场,2018(26):55-57.

[2] 赵雯.文化创意产业与乡村旅游产业融合发展实现路径分析[J].四川旅游学院学报,2019(3):39-42.

[3] 肖芸.发展乡村旅游助力产业振兴[J].旅游纵览(下半月),2018(18):179.

[4] 杨建华,范伟.基于"生态美学"视角下的文创产品创新设计研究[J].今古文创,2020(43):53-54.

[5] 姜琳.大数据时代背景下文化创意产业知识产权保护策略分析[J].法制与社会,2021(11):25-26.

[6] 王晓明."文化创意+乡村旅游"产业融合发展策略[J].当代旅游,2021,19(12):42-43.

[7] 孙伟,胡伟君.人口集聚、产业结构与区域经济增长[J].黑龙江工程学院学报,2021,35(2):36-43.

[8] Cai Z Y, Li W M, Cao S X. Driving factors for coordinating urbanization with conservation of the ecological environment in China[J]. Ambio, 2021, 50(6): 1269-1280.

[9] Liu K, Jiang H, Zhou Q. Spatial analysis of industrial green development and sustainable cities in the Yellow River Basin[J]. Discrete Dynamics in Nature and Society, 2021, 2021: 1-17.

[10] Ji Q F. Study on information security issues of e-commerce[J]. IOP Conference Series: Materials Science and Engineering, 2018, 452(3): 1-5.

[11] 方佳.探讨"大设计"时代文化创意产业的发展[J].天工,2021(3):126-127.

[12] 郑彬.文化创意产业乘数效应的再测算[J].统计与决策,2017(13):39-43.

[13] 王明月.非物质文化遗产文化创意产业的衍生性:理论分析与实践启示[J].四川戏剧,2020(12):37-40.

[14] 武娜.湘绣文化创意产业存在的问题与对策[J].轻纺工业与技术,2021,50(1):102-103.

[15] 曹如中,仓依林,郭华.文化创意产业跨界融合的理论认知与价值功能研究[J].丝绸,2019,56(10):40-49.

[16] 金元浦.我国当前文化创意产业发展的新形态、新趋势与新问题[J].中国人民大学学

报,2016,30(4):2-10.

[17] 李季. 技术与市场催生文化产业新变革[J]. 中国传媒大学学报,2006,10(6):62-71.

[18] 曹祎遐,黄艺璇. 文化创意产业与现代农业融合发展的耦合协调度及空间相关分析:基于 2012—2017 年中国 31 个省市相关数据的研究[J]. 复旦学报(社会科学版),2021,63(2):169-177.

[19] 李翠林,刘薪雯,刘守威. 新疆文化创意产业创新能力实证分析:基于创新指数衡量法[J]. 贵州商学院学报,2020,33(1):21-28.

4 文化产业集聚对经济增长高质量发展的影响研究

4.1 绪论

随着我国经济发展方式的不断转变,文化产业正成为产业发展的新趋势和经济增长的新动能,集聚发展的特征日益明显。2016年3月通过的《中华人民共和国国民经济和社会发展第十三个五年规划纲要》明确指出,要把文化产业建设成为国民经济的支柱性产业,文化产业的国家战略地位得到进一步强化,标志着我国文化产业的发展已进入全面提升期,正成为推动中国经济高质量发展的重要引擎。

目前现有研究已开始重视文化产业集聚对经济高质量发展的影响,并对其作用机制做了初步探讨,但大部分分析仍不够系统深入,较少将地区异质性纳入考虑范畴。基于此,本章在对文化产业集聚影响经济高质量发展的作用机理进行深入分析的基础上,构建计量模型进行分地区实证分析。经济社会的"文化转向"趋势已经成为全球浪潮,文化产业的经济增长功能日益凸显,正在向国民经济的支柱性产业迈进。多年来,在政府的强制性变迁和诱致性变迁的双重作用机制下,中国文化产业集群快速发展,已经成为各城市文化产业发展的主要空间形态。本章将基于中国2014—2019年的省级面板数据,构建计量模型,实证分析文化产业集聚对经济高质量发展的影响。研究表明,文化产业集聚对经济高质量发展有明显的正向作用,且文化产业集聚对经济增长的贡献率存在比较大的地区差异。此结论对于我国今后文化产业集聚发展战略选择及路径优化都具有重要的指导意义。

本章的研究意义主要在于:第一,有别于以往研究多选用人均GDP作为经济高质量发展的衡量指标,本章选用全要素生产率指代经济高质量发展,以更好地反映经济发展效率;第二,为厘清不同条件下文化产业集聚对经济高质量发展的影响,按照东、中、西三个区域的划分,对文化产业集聚对经济高质量发展的作用效果进行地区异质性检验,以期为我国今后文化产业集聚发展战略选择及路径优化提出有效的建议。

4.2 文献综述

4.2.1 文化产业集聚

文化产业集聚的概念最早由 Wynne 提出[1],他在研究英国城市文化产业发展状况时,认为文化产业集聚是指城市中各种文化和娱乐设施高度集中的地理区域。文献关于文化产业集聚的内容研究主要集中在动因、影响因素、集聚度测算、分布特征这几个方面。Scott[2]认为文化创意产业集聚的动因是企业之间的往来和地方劳动力市场的形成。部分学者认为影响文化产业集聚的因素包括要素禀赋、市场需求、关联产业和政府政策。周世军等[3]对"文化产业集聚也会像制造业集聚那样存在拥挤效应,从而抑制经济增长吗?"这个问题进行了研究,研究结果显示,文化产业集聚显著促进了经济增长,且随着集聚水平的提升而呈现边际递减趋势,位于倒 U 形曲线的左半支,并未对经济增长产生抑制作用。蔺冰[4]也研究得出了"文化产业集聚对集聚区和外围区的经济增长都具有显著的正向促进作用"的结论。

大多数学者认为文化产业集聚度的计算方法主要有 CR 指数、Moran's I 指数、产业集聚指数、赫芬达尔(Herfindahl)指数和空间基尼系数。

4.2.2 经济高质量发展

孙智君、陈敏[5]指出,经济高质量发展是指以新发展理念为核心,以创新为指引,以建设现代化经济体系为战略目标。钞小静、薛志欣[6]通过对我国经济发展现状的分析,认为现阶段的发展动力、发展结构和发展效率尚有不足之处,对目标状态下的经济发展有制约作用,需要依靠创新驱动、结构再平衡和效率提升来助推经济高质量发展。张宪昌[7]认为经济高质量发展第一层要义在于发展,第二层要义在于更高效、更有益、可持续和更公平的经济增长。宫汝娜、张涛[8]通过对质量和发展两个概念的梳理,将高质量发展定义为一种超越增长速度的、可持续的且能够满足人民日益增长美好生活需要的发展,是一种包含着经济、社会和生活的发展。

目前对经济高质量发展存在狭义和广义两种认知,分别对应全要素生产率和综合评价指标体系两种测度方法。由于综合评价指标体系存在指标不易量化和权重不易确定等缺陷,故采用全要素生产率作为衡量经济高质量发展的评价指标。

全要素生产率的测算方法主要分为非参数法和参数法两类。参数法又可分为索洛残差法、隐性变量法和随机前沿生产函数法(SFA)。SFA 将生产函数的形式设定为超越对数生产函数,这种函数形式更具灵活性,同时放松了规模报酬不变和技术中性的假定,允许劳动力和资本非充分利用的情况。此外,SFA 还考虑了随机误差项对全要素生产率的影响,所利用的面板数据也比时间序列数据和横截面数据具有更多的自由度,从而在一定程度上能够提高模型估计的准确性和有效性。

4.2.3 文化产业集聚对经济高质量发展的影响机理

文化产业集聚可以整合市场各类资源,加强各个企业间的信息、技术交流,优化资源配置,节约各类成本,促进产业间分工。张涛等[9]指出,我国文化产业结构水平存在较强的空间溢出效应,文化产业集聚对结构存在显著的正向影响。郭新茹、陈天宇[10]采用 Moran's I 指数对经济高质量发展、文化产业集聚分别进行空间自相关性检验,发现我国各地区经济高质量发展与文化产业集聚两者之间的溢出效应具有较强的趋同性,文化产业集聚空间溢出所产生的外部性不同,对经济高质量发展的作用机制也不同。程晶晶、夏永祥[11]构建了经济高质量发展评价体系,认为经济高质量发展是一种协调平衡的发展,各方面统筹兼顾,是一种可持续发展方式,并用"创新""协调""绿色""开放""共享"五个指标构建了经济高质量发展评价体系。

由上面文献综述中总结的已有研究我们可以知道,学术界对文化产业集聚的研究越来越多,文化产业集聚对经济增长的直接效应已经被充分肯定和证实;同时,也有研究关注到文化产业作为现阶段中国经济高质量发展的重要动力,其产业集聚会对中国经济的高质量发展进程产生影响。但目前看来,研究较少且大多聚焦在产业结构的调整对中国经济高质量发展的影响上,对文化产业的关注只存在于产业结构层面,并且没有将文化产业集聚与经济增长高质量发展结合起来。

文化产业集聚对经济质量的提高主要体现在以下方面:第一,促进产业结构优化升级。文化产业对周边经济具有辐射带动作用,文化产业的集聚发展可以吸引很多的旅客、学者,带来很大一部分的人流量,这扩大了该地区对旅馆、饭店等服务业的需求,从而促进该地区从制造业向服务业转型升级。第二,促进基础设施的完善。一方面,基础设施的完善可以促进文化产业的集聚;另一方面,当文化产业集聚并发展到一定程度后,它对基础设施又提出了更高的要求,从而倒逼基础设施进一步完善。第三,优化文化资源配置,促进文化创新。判断经济发展的质量高低,很大程度上要依据资源配置的效率及创新产出。文化产业集聚发展,可以将许多闲置的资源调动起来,既增加了文化多样性,又减少了不必要的同质性竞争,各类文化相互沟通,相互借鉴,促进文化产业互通有无,提高文化创新能力和文化产业竞争力。

4.2.4 小结

本章提出如下假说:

H1:文化产业集聚会促进经济的高质量发展。文化产业集聚存在地区和行业差距。

由于各地经济、基础设施、城市化水平等发展状况各不相同,不同地区对文化产业的吸引力也各不相同。对于东部经济发达地区而言,较高的经济发展水平,较完善的基础设施,较高的城市化水平,再加上政府对文化产业发展的支持,文化产业在这些地区发展较为顺利,比较容易形成一定的规模,产生规模效应和集聚效应。而对于中、西部地区而言,经济基础较为薄弱,而且相对于发展文化产业,发展第二产业对于该地区经济提升效果更为显著,文化产业集聚水平低于东部地区。

目前,文化产业大致分为三类:文化制造业、文化批发和零售业及文化服务业。文化制造业更倾向于和其他类型产业进行集聚,从而进行流程分工,提高生产效率,节约生产成本;而文化批发和零售业及文化服务业则更倾向于同类产业间集聚,主要原因是它们对信息的需求更高,而不需要生产加工[12]。

针对文化产业集聚存在地区异质性和行业异质性,本章提出以下假设:

H2:不同地区文化产业集聚对经济高质量发展的影响程度不同。

H3:不同文化产业集聚对经济高质量发展的影响程度不同。

4.3 变量说明和数据来源

4.3.1 变量说明

(1) 被解释变量

被解释变量为经济高质量发展指数(E)。本章借鉴程晶晶、夏永祥[11]的研究,将创新、协调及开放三个作为高质量发展评价指标。其中创新又分为创新投入、创新产出、创新环境三个细分指标,分别用R&D投入占GDP的比重、专利申请数量、技术交易额占GDP的比重表示;协调分为区域协调、城乡协调、经济结构协调及人与自然协调四个指标,分别用人均GDP、城乡人均可支配收入之比、第三产业增加值占GDP的比重及污染治理总额占GDP的比重表示;开放指标分为吸资能力和开放绩效两个指标,分别用外商直接投资(FDI)存量及入境旅游人数表示(具体见表4.3.1),各个指标的权重用熵权法确认。

目前数据库中并没有直接的FDI存量的数据,现有数据都为FDI流量数据,因此,需要对其进行处理。本章采用永续盘存法进行处理,具体方法如下:

$$FDI_t^S = FDI_{t-1}^S(1-\delta) + FDI_t^F \tag{4.1}$$

式中,FDI_t^S为FDI当期存量;FDI_{t-1}^S为前一期存量;δ为折旧率。根据张军、吴桂英等的研究[13],δ值取9.6%,FDI_t^F为FDI当期流量。由于第一期(2014年)的FDI无法根据永续盘存法得出,加之FDI流量随着年份变化有时增加有时减少,其增长率存在负数,无法用几何平均数进行计算,因此本章通过算术平均数对FDI流量平均增长率进行计算,得出第一期FDI存量,具体计算公式如下:

$$FDI_1^S = FDI_1^F/(\delta + \rho) \tag{4.2}$$

式中,FDI_1^S代表第一期FDI存量;FDI_1^F代表第一期FDI流量;ρ代表FDI流量平均增长率。

表4.3.1 经济高质量发展评价指标体系

一级指标	二级指标	解释	指标属性	单位
创新	创新投入	R&D投入占GDP的比重	正	%
	创新产出	专利申请数量	正	件
	创新环境	技术交易额占GDP的比重	正	%
协调	区域协调	人均GDP	正	万元
	城乡协调	城乡人均可支配收入之比	负	%
	经济结构协调	第三产业增加值占GDP的比重	正	%
	人与自然协调	污染治理总额占GDP的比重	正	%
开放	吸资能力	FDI存量	正	亿元
	开放绩效	入境旅游人数	正	人次

(2) 解释变量

本章的解释变量为文化产业集聚度(I)。为了得出文化产业集聚度,借鉴曹清峰、王家庭、杨庭[14]的研究,本章利用区位熵进行计算,区位熵越大,表示文化产业在该地区集聚度越高,反之则越低。区位熵具体计算公式如下:

$$I_{it} = \left(\varepsilon_{it} \bigg/ \sum_{i=1}^{n}\varepsilon_{it}\right) \bigg/ \left(\theta_{it} \bigg/ \sum_{i=1}^{n}\theta_{it}\right) \tag{4.3}$$

式中,I_{it}代表i地区第t年文化产业集聚度;ε_{it}代表i地区第t年文化产业法人单位数;$\sum_{i=1}^{n}\varepsilon_{it}$表示所有地区第$t$年文化产业法人单位数;$\theta_{it}$代表$i$地区第$t$年所有产业法人单位数;$\sum_{i=1}^{n}\theta_{it}$表示所有地区第$t$年所有产业法人单位数。

(3) 控制变量

城市化水平(C):城市化水平的提高会推动经济发展,同时也会带来技术进步与经济结构的改变,提高经济发展的质量。城市化水平用各地区城镇人口占各地区总人口的比重表示。

基础设施建设水平(M):基础设施的建设,对内可以增强人民幸福感,推动经济发展,对外可以吸引外企投资及外国人到中国旅游。基础设施建设用固定资本投入表示。

政府干预(G):政府可以通过法律、财政政策及货币政策等多种方式影响经济,而财政收支是政府最常用的手段之一,因此本章选取政府支出占GDP的比重作为政府干预的衡量指标。

对外开放水平(O):国家对外开放,一方面,可以进行信息交流、获取外国先进技术等,促进经济增长;另一方面,外国也可能将高污染行业引入东道国,虽然会促进经济增长,但同时破坏了环境,有可能导致经济发展质量的下降。

变量的汇总见表4.3.2。

表4.3.2 变量汇总表

	变量	定义	单位
被解释变量	经济高质量发展水平(E)	用创新、协调和开放三个指标构建经济高质量评价体系	
解释变量	文化产业聚集度(I)	各地区文化产业法人单位数占全国文化产业法人单位数的比重/各地区全产业法人单位数占全国全产业法人单位数的比重	%

(续表)

	变量	定义	单位
控制变量	城市化水平(C)	各地区城镇人口占各地区总人口的比重	%
	基础设施建设水平(M)	固定资本投入	万亿元
	政府干预(G)	政府支出占 GDP 的比重	%
	对外开放水平(O)	进出口总额占 GDP 的比重	%

4.3.2 数据来源

本章选取了 2014—2019 年中国 30 个省区市(西藏和港澳台除外)的样本。数据来自《中国统计年鉴》及各省区市历年统计年鉴。各变量的描述性统计见表 4.3.3。

表 4.3.3 变量描述性统计

变量	样本数	均值	标准差	最小值	最大值
E	180	5.78	1.97	3.48	13.66
I	180	0.83	0.51	0.16	2.67
C	180	0.59	0.11	0.40	0.90
M	180	2.04	1.39	0.27	5.91
G	180	0.26	0.10	0.12	0.63
O	180	0.25	0.26	0.01	1.22

4.3.3 小结

本章以文化产业集聚度为解释变量,通过模型构建,研究其对经济高质量发展的影响,为下面实证分析创造条件。

4.4 实证分析

4.4.1 回归结果与分析

鉴于本章所选数据都为各类指数与比重,本章变量将不进行对数化处理。

本章的面板数据回归结果如式(4.4)所示。

$$E = -8.46 + 0.77I + 18.94C + 6.98G - 1.89O + 0.52M \quad (4.4)$$
$$(-8.40)(2.96)(13.31)(5.17)(-2.87)(5.54)$$
$$R^2 = 0.8860$$

从回归结果来看,拟合优度达到了88.60%,拟合优度较高,说明模型整体上具有较高的解释力,且各变量Z值都通过了1%显著性水平下的检验,说明各个变量都显著。从各个变量的系数来看,文化产业集聚度、城市化水平、基础设施建设水平等变量前的系数为正,说明文化产业集聚、城市化的推进、基础设施建设水平的提高,在推动经济增长的同时,的确能促进经济高质量发展。而政府干预对经济高质量发展存在有利或有害这两种可能性,但根据回归结果,政府干预变量前的系数也显著为正,说明我国政府所采取的政策措施对经济高质量发展起到了积极有利的影响。而对外开放水平变量前的系数为负数,说明对外开放水平的提高反而限制了经济的高质量发展,究其原因,可能与我国引进产业的产业结构不合理有关,引进的产业处于价值链低端。

综上所述,假设一成立。

4.4.2 文化产业聚集地区异质性和行业异质性检验

前文已得出文化产业集聚对经济高质量发展具有显著的促进作用,但我国产业集聚地区差异大,且文化产业内部也存在着差异,因此,本章将我国分为东部、中部和西部地区以分析文化产业集聚的地区异质性,将文化产业分为文化制造业、文化批发和零售业及文化服务业以分析文化产业集聚的行业异质性,具体结果见表4.4.1、表4.4.2。

表4.4.1 不同地区、不同类别文化产业描述性统计

变量	分类	样本数目	均值	标准差	最小值	最大值
	总体	180	0.83	0.51	0.16	2.67
	东部	66	1.12	0.53	0.41	2.67
	中部	48	0.89	0.50	0.19	2.27
I	西部	66	0.49	0.23	0.16	1.18
	文化制造业	180	0.87	0.39	0.22	2.35
	文化批发和零售业	180	0.71	0.64	0.01	2.66
	文化服务业	180	0.91	0.72	0.14	3.82

由表 4.4.1 可以看出,文化产业集聚具有地区异质性,我国东部平均产业集聚度最高,但内部差异最大,而西部地区平均产业集聚度最低,但内部差异小,说明西部地区文化产业集聚度普遍较低,这与地区经济发展水平差异状况相符。同样的,文化产业集聚具有行业异质性,文化服务业产业集聚度最高,内部差异也较大,而文化制造业在保持较高的聚集度的同时,内部差异较小,说明我国大部分地区仍以文化制造业为主,文化服务业发展还有很大空间。

表 4.4.2 地区异质性和行业异质性检验

变量	地区异质性检验			行业异质性检验		
	东部	中部	西部	文化制造业	文化批发和零售业	文化服务业
I	2.00 *** (4.23)	0.24 (0.72)	−0.95 (−1.15)	0.62 ** (2.09)	−0.17 (−0.82)	0.69 *** (4.10)
C	20.30 *** (8.26)	22.28 *** (5.84)	13.94 *** (7.16)	19.34 *** (13.43)	18.81 *** (12.89)	16.81 *** (12.66)
G	9.53 *** (3.82)	3.91 (0.87)	3.23 * (1.75)	7.08 *** (5.07)	6.12 *** (4.41)	5.89 *** (4.90)
O	−4.03 *** (−4.05)	−1.46 (−0.32)	−2.22 (−1.16)	−1.52 ** (−2.38)	−0.94 (−1.48)	−1.71 *** (−2.88)
M	0.53 *** (3.62)	0.61 *** (3.58)	0.87 *** (3.15)	0.54 *** (5.75)	0.61 *** (6.11)	0.52 *** (6.44)

注:*、**、*** 分别表示在 1%、5%、10% 显著性水平下显著。

从表 4.4.2,我们可以得出以下结论:(1) 文化产业集聚的地区异质性对不同地区的经济高质量发展产生不同影响。东部地区文化产业集聚对经济高质量发展起显著的正向促进作用,且高于全国平均值,而自东向西,产业集聚度对经济高质量发展的影响逐渐减弱,回归结果呈现负相关。究其原因,主要是东部地区经济发展水平高,基础设施较为完善,政策支撑作用强,吸引和发展了大量文化产业,从而推动了经济高质量发展;而中、西部地区经济发展水平较低,文化产业发展落后于其他产业,没有形成一定的规模,对经济高质量发展的影响没有其他因素对经济高质量发展的影响强,导致回归结果出现异常的负值。(2) 文化产业集聚的行业异质性导致不同行业对经济高质量发展产生不同影响。其中文化制造业和文化服务业对经济高质量发展起显著的正向促进作用,而文化批发和零售业对经济高质量发展起负向作用且不显著。其中,文化制造业所占比例较大,能吸引大量投资和增加就业,而文化服务业有利于当地技术创新发展,所以这两类文化产业对经济高质量发展能起显著的促进作用;相对于这两类,文化批发和零售业受到了互联网电商的挤出效应影响,因此对经济高质量发展的影响不强。

并且,我们可以看出,单一行业集聚对经济高质量发展的影响低于整个产业集聚对经济高质量发展的影响,这说明文化产业是个整体,文化产业某一行业还受其他行业影响[10]。

综上所述,假设二、假设三成立。

4.4.3 小结

研究结果表明,经济距离的缩短会促进区域经济发展并带动区域之间共同的协作发展。文化产业集聚对经济高质量发展的影响存在地区差异。文化产业集聚和经济高质量发展均存在空间自相关性,经济高质量发展的空间自相关性逐年增强,文化产业集聚的空间自相关性出现波动下降趋势。

4.5　结论与建议

基于我国30个省区市2014—2019年的面板数据,通过面板回归和地区异质性及行业异质性检验,本章得出以下结论:文化产业集聚对经济高质量发展起显著的正向促进作用,并且文化产业集聚对经济增长的贡献率存在比较大的地区差异。文化产业集聚存在地区异质性和行业异质性,东部地区文化集聚度最高,越往西文化集聚度越低;文化制造业与文化服务业集聚度最高,文化批发和零售业集聚度较低。文化产业的地区异质性对不同地区的经济高质量发展产生不同影响,东部地区文化集聚效应远大于中、西部文化产业集聚对经济高质量发展的影响。文化产业的行业异质性导致不同文化行业对经济高质量发展产生不同影响,文化制造业和文化服务业对经济高质量发展起显著的正向促进作用,而文化批发和零售业受互联网电商的挤出效应影响,对经济高质量发展影响微弱。

通过对东、中、西部三大地区进行比较分析,得出西部地区文化产业集聚促进经济增长的原因为:一方面,西部地区的文化资源丰富且具有民族特色,文化产业集聚的波及效益和拉动效益促进了西部地区经济的发展;另一方面,西部地区文化产业类型比较齐全,文化产业给西部地区经济发展带来新的增长点。东部地区的文化产业集聚的质量有待提高,东部地区文化产业进一步发展需要通过加大科技和创新投入,塑造核心竞争力。中部地区文化产业集聚对经济的增长贡献率最低,说明中部地区的文化产业还有很大的发展空间。中部地区要加大对本地文化产业的资金、人才等的投入,充分利用本土丰富的历史人文资源,打造本土特色品牌,增强本土文化资源的吸引力。

基于上述结论,提出以下推动中国经济高质量发展的建议:

(1) 推动文化产业差异化集聚

文化产业集聚对经济高质量发展起显著的正向促进作用,但我国目前文化产业集聚水平不足,地区差异和行业差异较大。因此,我国应进一步推动文化产业集聚发展,充分利用文化产业这一经济增长点,推动经济可持续发展。各地区应依托特色文化资源和优势产业基础,因地制宜地制定推动文化产业集聚发展的对策举措,形成文化产业集聚的错位竞争、协同发展、联动发展。东部地区要以文化产业功能区建设为抓手,强调文化与科技的融合,推动文化产业集聚与经济转型升级、城市功能优化调整和经济社会的全面协调发展。中部地区应强调依据产业梯度分工对文化产业园区的空间布局进行优化,引导园区内、园区间企业建立起基于专业化分工的生产交易网络,促进文化产业园区提档升级。西部地区文化产业集聚要更强调与城市发展充分融合,形成园区、社区、城区三区合一的新格局,充分发挥西部地区名城、名镇、名村众多的优势,留住文脉乡愁,在"一带一路"倡议、长江经济带国家战略下建设一批有历史记忆和地域特点的文化街区、创意城镇,形成沿路、沿江文化产业高地和特色文化产业带。

(2) 优化区域间文化产业分工格局

依照各地区文化产业的比较优势,加强区域间协同合作,促进资金、技术、人才等各类生产要素的自由流动,降低文化产品交易成本。进一步加强区域一体化制度建设,构建统一的知识产权保护制度和行业奖励惩罚机制,不断优化文化市场环境,鼓励东部地区将知识含量、技术水平较低的产业形态向中、西部地区转移。

(3) 优化文化产业集聚的外部环境

重视人力资本、人口规模、交通设施、政府干预等因素在文化产业集聚推动经济高质量发展过程中所起到的调控作用。引导文化产业园区与高校进行产学研合作,加大招才引智力度,构建文化产业集聚发展的人才支撑;进一步深化文化体制改革,建设好、营造好创意创新的文化生态氛围,优化营商环境,激发文化产业园区发展的活力。

参考文献

[1] Wynne D. The cultural industry: the arts in urban regeneration[M]. Aldershot: Avebury, 1992.

[2] Scott A J. The cultural economy of cities[J]. International Journal of Urban and Regional Research, 1997, 21(2): 323-339.

［3］周世军,赵丹丹,史顺超.文化产业集聚会抑制经济增长吗?:基于分工视角的一个解释[J].文化产业研究,2020(2):135-150.

［4］蔺冰.文化产业集聚对中国区域经济增长的影响研究[D].北京:北京交通大学,2020.

［5］孙智君,陈敏.习近平新时代经济高质量发展思想及其价值[J].上海经济研究,2019,31(10):25-35.

［6］钞小静,薛志欣.新时代中国经济高质量发展的理论逻辑与实践机制[J].西北大学学报(哲学社会科学版),2018,48(6):12-22.

［7］张宪昌.习近平关于高质量发展重要论述及其当代价值[J].中共福建省委党校学报,2018(12):14-21.

［8］宫汝娜,张涛.区域高质量发展的内涵与测度研究:九大国家中心城市的实证分析[J].技术经济与管理研究,2021(1):105-110.

［9］张涛,武金爽,李凤轩,等.文化产业集聚与结构的测度及空间关联分析[J].统计与决策,2021,37(8):112-115.

［10］郭新茹,陈天宇.文化产业集聚、空间溢出与经济高质量发展[J].现代经济探讨,2021(2):79-87.

［11］程晶晶,夏永祥.基于新发展理念的我国省域经济高质量发展水平测度与比较[J].工业技术经济,2021,40(6):153-160.

［12］郭新茹,谭军.相关性产业关联互动、企业分蘖机制与文化产业空间集群演化研究[J].江苏社会科学,2014(6):184-190.

［13］张军,吴桂英,张吉鹏.中国省际物质资本存量估算:1952—2000[J].经济研究,2004(10):35-44.

［14］曹清峰,王家庭,杨庭.文化产业集聚对区域经济增长影响的空间计量分析[J].西安交通大学学报(社会科学版),2014,34(5):51-57.

5 文化产业集聚对绿色经济效率的影响研究

5.1 绪论

文化产业的发展不仅能够促进社会经济的增长,还可以促进未来社会消费结构的转变,对于国家经济战略具有重大的意义。当前,我国的文化产业已经逐渐迈向一个新的高度,发展趋势越见良好和稳定,但是现阶段仍存在诸多问题影响和阻碍着文化产业的发展。具体的关于我国文化产业如何发展,是以一个什么样的效率水平在发展,学术界对此也做了相关的研究,但是相关研究文献较少,研究结论也是各不相同。本章就是针对我国文化产业发展对绿色经济效率的影响问题进行研究。未来我国的发展不再以经济增长作为唯一目标,而是要力求在经济增长的同时谋求经济发展,尤其是生态环境的改善,即注重绿色经济发展。

绿色经济效率是衡量绿色经济发展的重要指标,众多研究表明提升绿色经济效率的关键在于产业结构的转型升级[1]。我国文化及相关产业增加值占GDP的比重从2004年的2.13%上升到2019年的4.54%,说明文化产业对于拉动我国经济增长起越来越重要的作用。同时,文化产业又是典型的绿色产业,在生产和各环节的资源使用上都呈现出低污染、低消耗的特征[2]。目前已有较多研究就产业集聚对绿色经济效率的影响进行了探究,但较少有学者细化到研究文化产业集聚对绿色经济效率的影响。

环境是人类赖以发展的基础,在经济发展中后期,绿色经济效率是衡量一个地区发展质量的重要指标。文化产业是典型的绿色产业,随着我国人民对文化的需求日益增长,文化产业近年来呈现出了良好的发展态势。因此,有必要就文化产业集聚对绿色经济效率的影响进行探究,以期寻找到合适的文化产业发展路径助力我国绿色经济效率的提升。根据2012—2018年我国30个省区市的面板数据,利用超效率DEA模型对绿色经济效率进行了测算,并运用区位熵对文化产业集聚程度进行了测度。首先从时间剖面上分析我国东、中、西部地区的文化产业集聚和绿色经济效率在样本区间内呈现的趋势,其次从空间剖面上以 30 个省区市的年度均值,初步分析文化产业集聚和绿色经济效率之间的关系,最后通过固定效应模型实证检验文化产业集聚对绿色经济效率的影响。文化产业集聚与绿色经济效率之间存在显著的倒 U 形曲线关系,在产业集聚初期,文化产业集聚的规模效应有助于提高企业的经济效率;在集聚后期,过多产业集聚的拥挤效应会导致资源配置效率下降,抑制了绿色经济效率的提高。控制变量中,地区经济发展水平和对外开放水平显著正向影响绿色经济效率,环境规制强度显著降低绿色经济效率,能源强度和城市化水平对绿色经济效率的影响不显著。最后,基于研究结果,对提升我国绿色经济效率给出了相关政策建议。

5.2 文献综述

5.2.1 产业集聚与经济增长

产业集聚是指经济活动在某一个地理区域内相对集中的现象[1]。已有不少学者就经济集聚对经济增长的影响进行了研究。潘文卿、刘庆[3]对我国制造业的产业集聚度进行了测算,证明制造业的集聚有利于我国的经济增长。于斌斌[4]证明金融产业集聚可以通过外部规模经济效应、资源优化配置效应、网络经济效应、创新激励效应以及累积循环因果效应促进产业结构升级,进而推动经济增长。同时,也有学者指出产业经济对经济增长的影响不是单一的线性关系。李子叶等[5]证明生产性服务业对经济增长存在显著的门槛效应,随着集聚水平的提高,生产性服务业聚集对经济增长方式转变的促进作用由大变小,又转而增大。张云飞[6]证明制造业的产业集聚与经济增长存在一种倒 U 形曲线关系。

5.2.2 产业集聚与环境质量

关于产业集聚对环境质量的影响,李勇刚、张鹏[7]证明产业集聚带来的专业化分工和规模经济有效改善了整体的环境状况,经济集聚可能同时具有节能和减排的双重效应。刘习平、宋德勇[8]的研究表明产业集聚对环境质量的影响取决于城市的大小。大城市由于具有更完善的功能,资金、技术和交流等的外部溢出效应会更显著,实现了更高的能源利用效率,从而有利于提升环境质量。邵帅等[9]的研究发现经济集聚与碳排放强度之间存在显著的倒 N 形曲线关系,即存在一个增排临界点和减排临界点,当经济集聚超过一定的阈值后,集聚可以显著减少碳排放。

5.2.3 产业集聚与绿色经济效率

为了同时考量经济增长和环境质量,学者们引入了绿色经济效率这一衡量指标,该指标是考虑了资源投入和环境代价之后的综合经济效率[1]。张平淡、屠西伟[10]的研究表明制造业集聚可以通过绿色技术进步促进我国绿色经济效率的提升。周鹏飞等[11]证明制造业产业经济可以显著提升绿色经济效率,但存在门槛效应,当集聚水平跨越了门槛值之后,这种促进效应会降低。

文化产业是一种典型的绿色经济,并且文化产业又是我国的朝阳产业,文化产业的发展有利于培育新的经济增长点[12]。

5.2.4 小结

目前关于文化产业集聚对于我国绿色经济效率的影响研究并不充分,因此本章希望对该问题进行探讨。结合学者们对产业集聚与经济增长、产业集聚与环境质量以及产业集聚与绿色经济效率的研究,本章做出初步假设,认为文化产业集聚与绿色经济效率存在显著的非线性关系。

5.3 指标选择、模型构建及数据来源

5.3.1 指标选择

(1) 被解释变量

绿色经济效率(green economic efficiency,GEE)是考虑了资源投入和环境代价之后的综合经济效率[1]。传统的 DEA 模型只能区别出有效率和无效率的决策单元,无法进行排序,而超效率模型在评价某个决策单元时将其排除在决策单元集合之外,保持了决策单元的有效性,由此计算出的效率值不再局限在 0 到 1 之间,可以对各决策单元进行比较和排序[13]。因此,本章采用 Andersen 等[14]建立的超效率模型估计各地区的绿色经济效率,运用 MATLAB 软件计算出各地区的绿色经济效率。产出变量用各地区生产总值表示。投入变量用劳动投入、技术投入、能源投入、资本投入以及二氧化硫排放总量、一般工业固体废弃物表示。其中,劳动投入用年末就业总人数表示,技术投入用 R&D 经费内部支出表示,能源投入用能源消费总量表示,资本投入用全社会固定资产投资表示。二

氧化硫排放总量、一般工业固体废弃物在这里代表非期望产出,作为投入变量处理是希望它们的投入越小越好[2]。

(2) 核心解释变量

文化产业集聚(culture industry agglomeration,CIA)代表一个地区的文化产业集聚水平。现有的研究常用的衡量方法有行业集中度(CRn 指数)、赫芬达尔指数(H 指数)、区位熵(LQ)。本章借鉴戴钰[15]的方法,采用区位熵(LQ)来衡量,表达式为:

$$LQ_j = \frac{Ce_j/C_j}{Ce/C} \quad (5.1)$$

式中,Ce_j 代表第 j 个地区的城镇人均文化娱乐消费支出;C_j 代表第 j 个地区的城镇人均消费支出;Ce 代表全国城镇居民的人均文化娱乐消费支出;C 代表全国城镇居民的人均消费支出。当 LQ_j 大于1时,我们认为该地区的文化产业集聚水平在全国来说具有优势,反之具有劣势。

(3) 控制变量

① 能源强度(energy intensity,EI),采用各地区的能源消费量占地区生产总值的比重表示;② 经济发展水平(economic level,EL),借鉴岳书敬等[16]的方法,用人均 GDP 表示;③ 城市化水平(urbanization level,UL),用城镇人口数占总人口数的比重表示;④ 对外开放水平(opening degree,OD),用进出口总额占地区生产总值的比重表示;⑤ 环境规制强度(environmental regulation intensity,ERI),用工业污染治理投资总额占第二产业增加值的比重表示。为了提高数据的平稳度,对所有的变量做取对数处理。

5.3.2 模型构建

为考察文化产业集聚程度与绿色经济效率的关系,本章将能源强度、经济发展水平、城市化水平、对外开放水平以及环境规制强度作为控制变量加入计量模型,模型构建如下:

$$\ln GEE_{it} = \alpha_0 + \alpha_1 \ln CIA_{it} + \alpha_2 \ln EI_{it} + \alpha_3 \ln EL_{it} + \\ \alpha_4 \ln UL_{it} + \alpha_5 \ln OD_{it} + \alpha_6 \ln ERI_{it} + \mu_{it} \quad (5.2)$$

式中,t 代表时期;i 代表地区;GEE_{it} 为解释变量绿色经济效率;CIA_{it} 为产业集聚水平;EI_{it} 为能源强度;EL_{it} 为经济发展水平;UL_{it} 为城市化水平;OD_{it} 为对外开放水平;ERI_{it} 为环境规制强度;μ_{it} 为随机扰动项。

由于文化产业是一个知识创新性产业,其对绿色经济发展效率的影响可能

存在复杂的非线性关系,因此将文化产业集聚水平的二次项引入进行研究,模型构建如下:

$$\ln GEE_{it} = \alpha_0 + \alpha_1 \ln CIA_{it} + \alpha_2 \ln CIA_{it}^2 + \alpha_3 \ln EI_{it} + \alpha_4 \ln EL_{it} + \\ \alpha_5 \ln UL_{it} + \alpha_6 \ln OD_{it} + \alpha_7 \ln ERI_{it} + \mu_{it} \quad (5.3)$$

5.3.3 数据来源

基于数据的可得性和统计口径的一致性,本章的样本区间为2012—2018年我国30个省区市(西藏和港澳台地区除外)的面板数据。各省区市的GDP、年末就业人数、能源消费总量、全社会固定资产投资、人均GDP、城市化水平、进出口总额来自《中国统计年鉴》,城镇人均文化娱乐消费支出和城镇人均消费支出来自《中国文化及相关产业统计年鉴》,R&D经费内部支出来自《中国科技统计年鉴》,二氧化硫排放总量、一般工业固体废弃物来自《中国环境统计年鉴》。

5.3.4 小结

本章采用Andersen等[14]建立的超效率模型估计各地区的绿色经济效率,运用MATLAB软件计算出各地区的绿色经济效率,以此考察文化产业集聚水平与绿色经济效率的关系。

5.4 实证分析

5.4.1 描述性统计

为了初步观察文化产业集聚水平和地区绿色经济效率之间的关系,首先将样本划分为东、中、西三个集合,分别从时间剖面和地区剖面进行分析。

从时间剖面来看,东、中、西部地区的绿色经济效率在样本区间内基本重合,在2012—2017年间处于一个缓慢上升的状态,在2018年出现了显著的上升,分别达到了1.41、1.36、1.25的水平(图5.4.1)。这可能与2018年的相关环保政策落地有关,相关资料显示,2018年共通过了《中华人民共和国环境保护税法》《排污许可管理办法(试行)》《公民生态环境行为规范(试行)》等11部法律法规。这些政策的落地很大程度上减少了相关污染物的排放,由此实现了较高的绿色经济效率。同期,文化产业集聚水平出现了一个较大幅度的波动,东部地区的文化产业集聚水平在 2013 年之前显著高于中部和西部地区,此后逐年下降至 2017 年,到 2018 年重新开始上升;中部地区的文化产业集聚水平在 2013 年显著低于东、西部地区,此后开始逐年上升,至 2018 年已成为文化产业集聚水平最高的地区;西部地区的文化产业集聚水平从 2013 年开始一直处在一个稳定发展的状态,2018 年集聚水平达到了 0.97,相比 2012 年增加了 9.98%(图 5.4.2)。

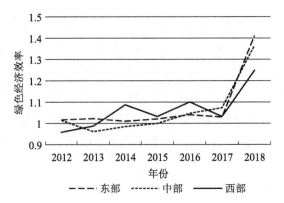

图 5.4.1 2012—2018 年东、中、西部地区绿色经济效率趋势

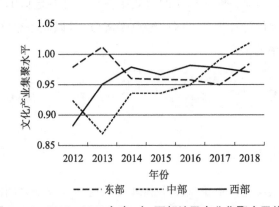

图 5.4.2 2012—2018 年东、中、西部地区产业集聚水平趋势

从地区剖面来看(图 5.4.3),只有北京处于绿色经济效率前沿,为 1.197,重庆、内蒙古、黑龙江、湖北、福建、宁夏、海南 7 个省区市的绿色经济效率超过 1.08,逼近前沿,江苏、河南、甘肃、四川的绿色经济效率低于 1.03,处于末端,其余 18 个省区市的绿色经济效率位于 1.03~1.08 之间。文化产业集聚水平较高的省市有北京、上海、江苏、湖南,均超过了 1.2,此外共有 21 个省区市的文化产业集聚水平低于 1,说明我国的文化产业集聚水平较低。纵观全国各

省区市2012—2018年绿色经济效率及文化产业集聚水平均值的趋势,发现绿色经济效率与文化产业集聚水平之间的关系不总是呈一致的趋势,说明两者之间可能存在非线性关系。

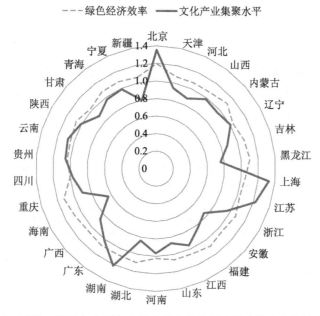

图5.4.3 2012—2018年全国各省区市绿色经济效率及文化产业集聚水平均值

5.4.2 估计结果分析

面板数据的估计方法有固定效应和随机效应两种,通过Hausman检验,发现在1%的显著性水平下固定效应法和随机效应法在系数上存在显著差异,因此拒绝随机效应模型的原假设,选择固定效应模型。在具体的回归上,采用Robust对自相关和异方差问题进行修正。由于面板数据本身就可以消除一定的多重共线性问题,因此不再额外进行处理。

表5.4.1给出了不同变量组合下的回归结果,其中模型(1)是单独考虑文化产业集聚水平一次项的回归结果,模型(2)是加入了文化产业集聚水平二次项的结果。从模型(1)和模型(2)的回归结果来看,文化产业集聚水平对绿色经济效率的影响均不显著。为了检验文化产业集聚水平对绿色经济效率的非线性影响,模型(2)引入了文化产业集聚水平的二次项。从回归结果来看,模型(2)显示,文化产业集聚水平二次项的系数在10%的显著性水平下显著正向影响绿色经济效率,说明文化产业集聚水平对绿色经济效率的影响呈倒U形,即绿色经

济效率随着产业集聚水平的提高先上升后下降。具体表现为,在文化产业聚集的初级阶段,根据马歇尔的外部性理论,产业聚集带来的规模效应可以使企业之间共享供应商和劳动力市场,有助于企业降低生产成本,促进了经济效率的提高。此外,考虑到文化产业的特性,这种规模效应更加明显。文化产业是一种知识创造性产业,知识包括显性知识和隐性知识,随着网络和通信技术的发展,可以编码的显性知识得到了较大程度的分享,但是类似于经验的隐性知识仍然受到空间和时间的限制,只有在产业集聚的情况下,通过近距离接触才能更好地传播[17]。而随着文化产业集聚水平的提升,拥挤效应就会开始发挥作用,拥挤导致的市场竞争体系紊乱降低了资源利用效率,不利于城市绿色经济效率的提高[11]。

表 5.4.1 文化产业集聚水平与绿色经济效率的计量分析

自变量	因变量 $\ln GEE$	
	模型(1)	模型(2)
$\ln CIA$	0.012 (0.09)	0.027 (0.25)
$\ln CIA^2$		−0.614* (−2.03)
$\ln EI$	0.009 (0.08)	−0.019 (−0.18)
$\ln EL$	0.633** (2.09)	0.542** (2.22)
$\ln UL$	−0.292 (−0.45)	−0.133 (−0.25)
$\ln OD$	0.073 (1.60)	0.102* (1.97)
$\ln ERI$	−0.064** (−2.24)	−0.073** (−2.37)
常数项	−5.261*** (−3.91)	−4.833*** (−3.67)
样本数	210	

注:*、**、***分别表示在1%、5%与10%显著性水平下显著。

从控制变量来看,能源强度对绿色经济效率的影响不显著。我国的能源消费以化石能源为主,这意味着通过能源消费推动经济增长需要付出巨大的生态成本。但近年来天然气和一次电力能源的消费比重逐年上升,并且我国自

2013年开始推进碳交易市场的建设工作,这些良好势头可能抵消了化石能源对环境的不利影响,导致样本区间内能源强度与绿色经济效率之间的关系不显著。

经济发展水平(用人均GDP表示)在5%的显著性水平下正向显著影响绿色经济效率,且系数为0.542,说明人均GDP增长一个百分点,绿色经济效率提高0.542%。环境库兹涅茨曲线表明,当经济发展到一定水平之后,随着人均收入的增加,环境污染的程度将逐步放缓。由于被解释变量绿色经济效率不仅仅是环境质量的衡量,其本质是经济效率,因此,我们不能断言我国的经济发展水平已经达到环境库兹涅茨曲线的拐点,但至少可以说明我国正在或即将靠近拐点,目前我国的经济发展是有利于环境保护的。

城市化水平对绿色经济效率的影响不显著,张翠菊、张宗益[18]的研究表明,城市化进程的人口集聚效应可能会使得能源利用效率提高,有利于发展绿色经济,但城市化进程带来的交通行业以及建筑行业的发展会催生对能源的需求和消费,对环境产生一定的负面影响,并且过度城市化会导致城乡收入差距扩大[19],阻碍经济增长。因此,城市化水平对绿色经济效率的影响不明确。

对外开放水平在1%的显著性水平下提高了绿色经济效率,可能的原因为对外开放有助于学习到外界的前沿技术和管理经验,有助于提高资源的利用效率,有利于绿色发展。但是由于我国在国际贸易中以出口农产品和高耗能的劳动密集型产品为主[20],这会给环境带来一定的负担,因此对外开放水平对绿色经济效率的影响并不十分明显。

环境规制强度对绿色经济效率的影响在5%的显著性水平下为负。波特假说认为合理的环境规制强度可以促使企业进行更多的技术研发创新活动,提高企业的产品质量,在增强企业盈利能力的同时改善环境质量[21]。但不合理的环境规制强度会产生挤出效应,使得企业的减排成本超过了创新成本。因此,可以认为样本区间内,环境规制强度带来的挤出效应超过了对企业的激励效应,从而抑制了绿色经济效率的提高,未来应该注重环境规制强度的合理性。

5.4.3 小结

本章基于2012—2018年我国30个省区市的面板数据,就文化产业集聚水平对绿色经济效率的影响进行了探究,找出了影响绿色经济效率的因素。

5.5 结论与建议

(1)从时间剖面来看,我国的绿色经济效率在样本区间内呈现上升趋势,且在2018年出现了最为明显的上升,说明我国绿色经济的发展态势较为良好。就文化产业集聚水平而言,东、中、西部地区的发展趋势各异,东部地区整体呈下降趋势,中、西部地区整体呈上升趋势,至2018年三地区的文化产业集聚水平相近,东部地区不再具有明显优势。

(2) 文化产业集聚水平的一次项对绿色经济效率无显著影响,而二次项显著负向影响绿色经济效率,这说明文化产业集聚水平和绿色经济效率之间存在一种先促进后抑制的倒U形关系。文化产业在集聚初期的规模效应和共享效应有助于提高文化产业的绿色经济效率,在集聚的后期,由于数量过于庞大产生的拥挤效应,会导致市场体系紊乱,进而降低资源的配置效率,不利于绿色经济效率的提升。

(3) 控制变量中,地区经济发展水平和对外开放水平显著正向影响绿色经济效率,能源强度和城市化水平对绿色经济效率的影响不显著,环境规制强度显著降低了绿色经济效率,可能是不合理的规制强度导致企业产生了挤出效应。

政策启示:

首先,由于适当的文化产业集聚水平有利于绿色经济效率的提高,因此各地区应该重视对文化产业的扶持,通过一系列优惠政策吸引文化产业和相关从业人员。此外,政府要注重对文化产业的引导,健全市场机制,避免产业集聚后期的拥挤效应造成资源配置效率的降低。

其次,坚持对外开放,积极引进外资和先进技术,同时也需要注意设置一定的门槛,避免污染型外资的流入。对于环境规制强度,各地区应该基于当地产业的实际发展情况确定合理的规制水平,更充分地发挥环境规制强度对于企业创新的激励作用。

最后,绿色经济效率的本质是效率,即尽可能地以较少的投入得到更多的产出,这就要求资源配置更加有效。未来应该致力于建立功能完善、运行规范的能源市场交易机构或交易平台(例如全国性的碳交易市场),鼓励各种有效交易方式和交易品种,以充分发挥市场机制对资源的配置作用。

参考文献

[1] 钱争鸣,刘晓晨.中国绿色经济效率的区域差异与影响因素分析[J].中国人口·资源与环境,2013,23(7):104-109.

[2] 刘耀彬,袁华锡,王喆.文化产业集聚对绿色经济效率的影响:基于动态面板模型的实证分析[J].资源科学,2017,39(4):747-755.

[3] 潘文卿,刘庆.中国制造业产业集聚与地区经济增长:基于中国工业企业数据的研究

[J]. 清华大学学报(哲学社会科学版),2012,27(1):137-147.

[4] 于斌斌. 金融集聚促进了产业结构升级吗:空间溢出的视角:基于中国城市动态空间面板模型的分析[J]. 国际金融研究,2017(2):12-23.

[5] 李子叶,韩先锋,冯根福. 我国生产性服务业集聚对经济增长方式转变的影响:异质门槛效应视角[J]. 经济管理,2015,37(12):21-30.

[6] 张云飞. 城市群内产业集聚与经济增长关系的实证研究:基于面板数据的分析[J]. 经济地理,2014,34(1):108-113.

[7] 李勇刚,张鹏. 产业集聚加剧了中国的环境污染吗:来自中国省级层面的经验证据[J]. 华中科技大学学报(社会科学版),2013,27(5):97-106.

[8] 刘习平,宋德勇. 城市产业集聚对城市环境的影响[J]. 城市问题,2013(3):9-15.

[9] 邵帅,张可,豆建民. 经济集聚的节能减排效应:理论与中国经验[J]. 管理世界,2019, 35(1):36-60.

[10] 张平淡,屠西伟. 制造业集聚促进中国绿色经济效率提升了吗?[J]. 北京师范大学学报(社会科学版),2021(1):132-144.

[11] 周鹏飞,沈洋,朱晓龙. 制造业产业集聚对城市绿色经济效率的影响:机理、测度与路径[J]. 城市发展研究,2021,28(3):92-99.

[12] 丹增. 大力发展文化产业培育新的经济增长点[J]. 中国流通经济,2009,23(3):10-13.

[13] 刘展,屈聪. MATLAB在超效率DEA模型中的应用[J]. 经济研究导刊,2014(3):86-87.

[14] Andersen P, Petersen N C. A procedure for ranking efficient units in data envelopment analysis[J]. Management Science, 1993, 39(10):1261-1264.

[15] 戴钰. 湖南省文化产业集聚及其影响因素研究[J]. 经济地理,2013,33(4):114-119.

[16] 岳书敬,邹玉琳,胡姚雨. 产业集聚对中国城市绿色发展效率的影响[J]. 城市问题,2015(10):49-54.

[17] 陈建军,葛宝琴. 文化创意产业的集聚效应及影响因素分析[J]. 当代经济管理,2008, 30(9):71-75.

[18] 张翠菊,张宗益. 产业和人口的空间集聚对中国区域碳排放强度的影响[J]. 技术经济,2016,35(1):71-77.

[19] 邓宗兵,宗树伟,苏聪文,等. 长江经济带生态文明建设与新型城镇化耦合协调发展及动力因素研究[J]. 经济地理,2019,39(10):78-86.

[20] 周杰文,张云,蒋正云. 创新要素集聚对绿色经济效率的影响:基于空间计量模型的实证分析[J]. 生态经济,2018,34(6):57-62.

[21] 任群罗,段鑫,李明蕊. 环境规制视角下FDI对碳排放强度的影响研究[J]. 创新科技, 2020,20(4):16-26.

6 文化创意产业细分行业发展效率异质性研究

6.1 绪论

随着我国新型工业化、信息化、城镇化和农业现代化进程的加快,文化创意产业已贯穿于经济社会各领域各行业,呈现出多向交互融合态势[1]。推进文化创意和设计服务等新型、高端服务业发展,促进其与实体经济深度融合,是培育国民经济新的增长点、提升国家文化软实力和产业竞争力的重大举措,是发展创新型经济、促进经济结构调整和发展方式转变、加快实现由"中国制造"向"中国创造"转变的内在要求,是促进产品和服务创新、催生新兴业态、带动就业、满足多样化消费需求、提高人民生活质量的重要途径[2]。然而,目前我国的文化创意产业中的各细分行业存在着发展效率异质性,导致各行业发展不均衡,一些行业发展原动力不足,资源利用效率较低,需要相关举措提升生产能力和行业的产出投入比。

数据包络分析(data envelopment analysis,DEA)是运筹学、管理科学与数理经济学交叉研究的一个新领域。它是根据多项投入指标和多项产出指标,利用线性规划的方法,对具有可比性的同类型单位进行相对有效性评价的一种数量分析方法[3]。近年来,我国的文化创意产业蓬勃发展,并且已经贯穿于经济社会各领域各行业。由于技术水平和人才聚集程度不均衡等原因,我国文化创意产业中的各细分行业出现了发展效率异质性,各行业不同的生产能力和资源利用效率形成了不同的产出投入比。本章的研究目的是希望通过对我国文化创意产业细分行业的发展效率异质性及其成因的分析研究,提出合理的政策建议,并对我国文化创意产业细分行业的共同发展产生积极意义。本章使用DEAP2.1数据包络分析软件对文化创意产业细分行业的就业吸纳能力、企业全年营业收入这两个产出指标以及企业法人单位数、从业人员数、行业内企业生存状态、行业投资热度、行业内从业人员的创新能力和行业内从业人员的技术能力这六个投入指标进行了 DEA 研究,建立了回归模型以研究各细分行业的就业吸纳能力和企业全年营业收入的影响因素。通过实证研究得出如下结论:我国文化创意产业中的新闻出版业和娱乐业技术有效,广播、电视、电影和音像业,文化艺术业和体育行业由于规模效率较差,导致技术效率没有达到更高的水平。基于研究结论,本章提出了扩大部分细分行业的规模,加大对这些行业的资金投放和人才输入等建议,以期减小各细分行业间的发展效率异质性,实现文化创意产业中的各细分行业互相促进、共同发展。

6.2 文献综述

我国很多学者对文化创意产业细分行业的发展效率进行了研究。张家源[1]在现有文化创意产业研究的基础上,比较国内外对于文化创意产业的理解和设定,完成文化创意产业细分目录,以此为基础构建文化创意产业绩效评价体系;运用因子分析和 DEA 相结合的方法对文化创意产业的行业绩效进行实证分析,并由此得到符合我国文化创意产业实际情况的数据分析。陈诚[2]介绍了文化创意产业内涵,并对其具体产业进行分类;运用定性方法简要分析了江苏省文化创意产业发展现状,介绍相关产业及其优劣势;通过研究文化创意产业竞争力内涵,在前人研究的基础,从系统角度构建了文化创意产业竞争力评价指标体系。陈柳青[3]从效率视角出发,利用产业经济学、技术经济学等多学科理论,分析了江苏省文化创意产业发展现状,并对产业效率进行评估,在效率评估结果的基础上,找出影响产业效率的问题所在,并提出合理的对策建议。刘慧[4]主要结合竞争优势理论、创新理论与产业集聚理论提出文化创意产业竞争力是产业成长能力、产业效率、产业集聚力以及产业环境支撑力的综合表现,并针对相关影响因素构建了评价指标体系对中国各地区进行实证分析。胡纪纲[5]采用数据包络分析(DEA)和网络 DEA 方法把我国各个地区的文化创意产业分为四个子系统,并分别对四个子系统和总产业的技术效率、纯技术效率、规模效率进行分析;对我国 2012 年文化创意产业截面数据的效率和规模效应进行分析。孙艺珊[6]通过建立创意指数指标体系,构建 DEA 效率评价模型,将上海文化创意产业置于与其他 17 个城市的对比之中,发现上海文化创意产业发展是无效率的,存在较大的投入冗余和产出不足。闫明[7]在现有的研究基础上结合文化创意产业的特点,从理论分析、案例分析和实证分析三个层面发掘现实背景下服务模块化是怎样影响创新绩效的,这种影响的类型、因素和作用效果是什么。王竞瑶[8]对上海市宝山区的文化创意产业发展现状进行阐述和分析,并运用主成分分析法对宝山区文化创意产业的发展状况进行综合评价；再从投入产出的价值链角度切入，选取上海部分区作为比较对象，通过聚类分析法明确宝山区文化创意产业在上海的定位；结合数据包络分析法研究所选各区域的文化创意产业规模效率及各主要投入产出指标的贡献值，并基于横向与纵向两个角度对比分析宝山区与上海部分区的文化创意产业发展中存在的问题与不足。

6.3 指标选择和模型构建

6.3.1 指标选择

(1) DEA 研究中的决策单元

本章中 DEA 研究的决策单元为文化创意产业的各细分行业。本章将文化创意产业的细分行业分为一级细分行业和二级细分行业，其中一级细分行业是文化创意产业行业的分类，二级细分行业是一级细分行业的分类。本章中文化创意产业中的一级细分行业有新闻出版业，广播、电视、电影和音像业，文化艺术业，体育行业和娱乐业。新闻出版业的二级细分行业包括新闻业和出版业。广播、电视、电影和音像业的细分行业有广播、电视、电影和音像制作四个行业。文化艺术业包括文艺创作与表演、艺术表演场馆、图书馆与档案馆、文物及文化保护、博物馆、烈士陵园和纪念馆、群众文化活动、文化艺术经纪代理和其他文化艺术。体育行业包括体育组织、体育场馆和其他体育三个二级细分行业。娱乐业包括室内娱乐活动、游乐园、休闲健身娱乐活动和其他娱乐活动四个二级细分行业。一级细分行业和二级细分行业在表 6.4.1 的行业分类中详细列出。

(2) 投入指标

企业法人单位数（X_1）：满足法人单位必须具备的四个条件的企业法人单位数量。

从业人员数（X_2）：文化创意产业各细分行业内的从业人员数量。

行业内企业生存状态（X_3）：细分行业内营业的企业法人单位数占总企业法人单位数的比例。

行业投资热度（X_4）：细分行业内筹建的企业法人单位数占总企业法人单位数的比例。

行业内从业人员的创新能力（X_5）：细分行业内具有大学本科学历及以上的从业人员人数占总从业人员人数的比例。

行业内从业人员的技术能力（X_6）：细分行业内具有高级技术职称的从业人员人数占总从业人员人数的比例。

(3) 产出指标

就业吸纳能力（Y_1）：细分行业内企业的从业人员总数占行业内企业的法人单位数的比例。

企业全年营业收入（Y_2）：细分行业内企业的全年营业收入。

本章中的全部数据来源于《中国经济普查年鉴(2008)》。

6.3.2　模型构建

为了研究文化创意产业细分行业的就业吸纳能力和企业全年营业收入的影响因素，本章构建了两个回归模型。

$$\ln Y_1 = \ln X_1 + \ln X_2 + \ln X_3 + \ln X_4 + \ln X_5 + \ln X_6 + \mu \quad (6.1)$$

$$\ln Y_2 = \ln X_1 + \ln X_2 + \ln X_3 + \ln X_4 + \ln X_5 + \ln X_6 + \mu \quad (6.2)$$

模型中的变量与指标选择中所介绍的各变量一致。

6.3.3　小结

本章将文化创意产业的细分行业分为一级细分行业和二级细分行业，具体分类见表6.4.1。

6.4　实证研究

6.4.1　文化创意产业细分行业发展效率异质性的 DEA 研究

基于6.3节所分析的各影响因素变量以及绩效水平指标，此部分将各细分行业的企业法人单位数 X_1、从业人员数 X_2、行业内企业生存状态 X_3、行业投资热度 X_4、行业内从业人员的创新能力 X_5 以及行业内从业人员的技术能力 X_6 作为投入指标，将就业吸纳能力 Y_1、企业全年营业收入 Y_2 作为产出指标，构建 DEA 模型进一步对文化创意产业细分行业的发展效率异质性进行计算和分析。

(1) DEA 评价体系

基于6.3节的变量处理，可以获得进行数据包络分析的三个关键指标，即决策单元(DMU)、投入指标、产出指标。经过数据整合处理可以得到表6.4.2。

表 6.4.1 DEA 的原始数据汇总表

行业编号	行业分类	Y_1	Y_2	X_1	X_2	X_3	X_4	X_5	X_6
1	文化、体育和娱乐业	23.4560	1684.61	35154	824572	0.9074	0.0236	0.1966	0.0220
2	新闻出版业	67.3913	637.54	2443	164637	0.9533	0.0078	0.4824	0.0690
3	新闻业	55.2841	20.79	88	4865	0.9318	0.0114	0.4956	0.0368
4	出版业	67.8437	616.75	2355	159772	0.9541	0.0076	0.4820	0.0700
5	广播、电视、电影和音像业	24.8298	364.97	5548	137756	0.9059	0.0162	0.2515	0.0240
6	广播	33.6800	11.59	175	5894	0.9314	0.0114	0.3122	0.0416
7	电视	43.5064	226.08	1400	60909	0.9379	0.0164	0.3115	0.0255
8	电影	21.3765	105.4	2831	60517	0.8901	0.0124	0.1710	0.0213
9	音像制作	9.1384	21.89	1142	10436	0.9019	0.0263	0.3341	0.0206
10	文化艺术业	10.1017	114.66	7539	76157	0.8907	0.0300	0.2276	0.0190
11	文艺创作与表演	14.5912	36.78	1854	27052	0.8824	0.0329	0.1724	0.0254
12	艺术表演场馆	25.0841	10.7	309	7751	0.8511	0.0291	0.1369	0.0112
13	图书馆与档案馆	8.4000	0.96	105	882	0.9524	0.0200	0.1814	0.0136
14	文物及文化保护	18.3643	3.04	140	2571	0.8500	0.0500	0.1451	0.0194
15	博物馆	13.9127	2.46	126	1753	0.7778	0.1032	0.1803	0.0120

(续表)

行业编号	行业分类	Y_1	Y_2	X_1	X_2	X_3	X_4	X_5	X_6
16	烈士陵园和纪念馆	20.5238	0.64	21	431	0.8095	0.0952	0.0557	0.0139
17	群众文化活动	7.2503	6.94	835	6054	0.8994	0.0299	0.2441	0.0116
18	文化艺术经纪代理	6.5199	22.8	1889	12316	0.9089	0.0212	0.3504	0.0244
19	其他文化艺术	7.6757	30.35	2260	17347	0.8912	0.0305	0.2848	0.0125
20	体育行业	15.4795	43.82	1733	26826	0.8627	0.0329	0.1821	0.0111
21	体育组织	13.2050	16.02	639	8438	0.8513	0.0376	0.2245	0.0153
22	体育场馆	19.4296	15.89	582	11308	0.8711	0.0241	0.1273	0.0075
23	其他体育	13.8281	11.91	512	7080	0.8672	0.0371	0.2192	0.0119
24	娱乐业	23.4306	523.63	17891	419196	0.9130	0.0245	0.0616	0.0042
25	室内娱乐活动	20.7421	274.71	10898	226047	0.9396	0.0082	0.0415	0.0029
26	游乐园	44.3427	37.77	569	25231	0.7909	0.0808	0.0789	0.0059
27	休闲健身娱乐活动	28.6341	172.42	4879	139706	0.8949	0.0412	0.0897	0.0059
28	其他娱乐活动	18.2602	38.73	1545	28212	0.8278	0.0660	0.681	0.0044

(2) DEA 数据分析结果

运用 DEAP2.1 进行数据分析,得到的结果如表 6.4.2 所示。其中包含数据包络分析的主要结果:技术效率、纯技术效率、规模效率、规模报酬。数据分析结果中行业编号与表 6.4.1 中的行业编号一致。

表 6.4.2 DEA 数据分析结果

行业编号	技术效率	纯技术效率	规模效率	规模报酬
1	1	1	1	不变
2	1	1	1	不变
3	1	1	1	不变
4	1	1	1	不变
5	0.973	1	0.973	递增
6	0.913	1	0.913	递增
7	1	1	1	不变
8	0.766	1	0.766	递增
9	0.53	0.962	0.55	递增
10	0.49	0.96	0.511	递增
11	0.437	0.962	0.454	递增
12	0.988	1	0.988	递增
13	0.646	1	0.646	递增
14	0.751	1	0.751	递增
15	0.718	1	0.718	递增
16	1	1	1	不变
17	0.36	0.981	0.367	递增
18	0.467	0.975	0.48	递增
19	0.456	0.956	0.477	递增
20	0.531	0.984	0.539	递增
21	0.532	0.994	0.535	递增
22	0.913	1	0.913	递增
23	0.608	0.99	0.614	递增
24	1	1	1	不变

(续表)

行业编号	技术效率	纯技术效率	规模效率	规模报酬
25	1	1	1	不变
26	1	1	1	不变
27	0.966	1	0.966	递增
28	0.714	1	0.714	递增
平均值	0.777	0.992	0.781	

首先,根据DEA数据分析结果研究文化创意产业中的一级细分行业的发展效率异质性,包括新闻出版业,广播、电视、电影和音像业,文化艺术业,体育行业和娱乐业。从技术效率的角度来看,新闻出版业和娱乐业的技术效率都为1,这表明这些一级细分行业都是技术有效的,这些行业处于生产前沿,其资源配置能力和资源利用效率都处于较高水平。相比之下,广播、电视、电影和音像业的技术效率为0.973,这表明这些行业是技术无效的,资源配置能力和资源利用效率都处于中游水平。而文化艺术业和体育行业的技术效率较差,分别为0.49和0.531,这表明这些行业的产出和投入的比值较小,资源利用水平还有待提高。

其次,分析广播、电视、电影和音像业,文化艺术业和体育行业这些技术效率无效行业的纯技术效率和规模效率可以发现,这些行业的纯技术效率较高而规模效率较低,这说明这些行业未能达到技术效率有效的主要原因在于其规模无效,也就是说这些行业的规模和其投入产出不相匹配,需要扩大规模或者减小规模。而这三个行业的规模报酬的数据分析结果都显示规模报酬递增,这说明在VRS模型下,这三个行业的企业处于规模报酬递增区域,应该扩大规模以提升生产能力和资源利用水平。

然后,分析二级细分行业的技术效率异质性。从技术效率的角度来看,电视行业、文化艺术业中的烈士陵园和纪念馆以及娱乐业中的室内娱乐活动和游乐园等都表现出较高的技术效率,这些细分行业的技术效率都为1,即这些细分行业的企业都是技术有效的。这说明上述文化创意产业的细分行业处于生产前沿,其资源配置能力和资源利用效率都处于较高水平。相比而言,广播行业、电影行业,文化艺术业中的艺术表演场馆、文物及文化保护、博物馆,体育行业中的体育场馆,以及娱乐业中的休闲健身娱乐活动和其他娱乐活动的技术效率处于中游。而另外一些行业,如音像制作行业,文化艺术行业中的文艺创作与表演、图书馆与档案馆、群众文化活动、文化艺术经纪代理和其他文化艺术,体育行业中的体育组织和其他体育行业的技术效率相对较差,这些二级细分行业的技术效率值较低,即这些行业的产出和投入的比值相对较小,说明它们有可能存在资源配置能力或者资源利用效率水平相对较低的问题。下文将通过分析这些二级细分行业的纯技术效率、规模效率和规模报酬来研究这些行业技术效率相对较差的原因。

最后,分析技术效率相对较差行业的纯技术效率、规模效率和规模报酬可以发现,音像制作行业的纯技术效率值为0.962,处于中等水平,这说明音像制作行业的企业受制度、技术水平和管理水平影响的生产效率处于中游水平。而它的规模效率值为0.55,相对较低,可以判断在制度、技术水平和管理水平一定的前提下,音像制作行业的企业现有规模与最优规模之间存在着较大的差异。而音像制作行业的规模报酬递增,说明该行业的企业应扩大规模以提升产出投入比。除此之外,文艺创作与表演行业、图书馆与档案馆、群众文化活动、文化艺术经纪代理、其他文化艺术、体育组织和其他体育行业这些二级细分行业与音像制作行业的情况相似,数据分析的结果都显示纯技术效率大于0.9,而规模效率较差,并且规模报酬递增,这说明这些行业的技术效率较差的原因在一定程度上相似。

6.4.2 文化创意产业相关行业就业吸纳能力与企业全年营业收入影响因素的回归分析

(1) 文化创意产业相关行业就业吸纳能力影响因素的回归分析

此部分使用Stata15.0对回归模型进行数据分析。对模型(6.1)进行回归分析的结果如表6.4.3所示。

表 6.4.3 模型(6.1)回归结果

变量	回归系数	标准误	t 值	P 值
$\ln X_1$	-0.9999997	9.20×10^{-8}	-1.1×10^{7}	0.000
$\ln X_2$	0.9999998	8.70×10^{-8}	1.1×10^{7}	0.000
$\ln X_3$	-2.65×10^{-6}	2.02×10^{-6}	-1.31	0.203
$\ln X_4$	-6.84×10^{-8}	1.65×10^{-7}	-0.41	0.682
$\ln X_5$	-1.97×10^{-7}	1.44×10^{-7}	-1.37	0.184
$\ln X_6$	1.19×10^{-7}	1.27×10^{-7}	0.94	0.360
_cons	-5.18×10^{-7}	8.70×10^{-7}	-0.60	0.558

从回归分析的结果来看，t 检验的结果在 0.05 的显著性水平下，X_1 和 X_2 这两个解释变量通过了变量的显著性检验。$\ln X_1$ 的系数为 -1.0000，说明企业法人单位数的自然对数每增加一个单位，该行业的就业吸纳能力的自然对数就会减少一个单位，较多的企业法人单位数会降低该行业的就业吸纳能力。$\ln X_2$ 的系数为 1.0000，说明从业人员数的自然对数每增加一个单位，该行业的就业吸纳能力的自然对数就会增加一个单位，较多的从业人员数会提高该行业的就业吸纳能力。

(2) 文化创意产业相关行业企业全年营业收入影响因素的回归分析

对模型(6.2)进行回归分析的结果如表 6.4.4 所示。

表 6.4.4 模型(6.2)回归结果

变量	回归系数	标准误	t 值	P 值
$\ln X_1$	-0.3065716	0.074376	-4.12	0.000
$\ln X_2$	1.326618	0.0703241	18.86	0.000
$\ln X_3$	-0.4351255	1.630937	-0.27	0.792
$\ln X_4$	-0.0382388	0.1331951	-0.29	0.777
$\ln X_5$	0.392976	0.1160852	3.39	0.003
$\ln X_6$	0.0034644	0.1027301	0.03	0.973
_cons	-6.960553	0.7035443	-9.89	0.000

从回归分析的结果来看，t 检验的结果在 0.05 的显著性水平下，X_1、X_2 和 X_5 这三个解释变量通过了变量的显著性检验。$\ln X_1$ 的系数为 -0.3066，说明企业法人单位数的自然对数每增加一个单位，该行业的企业全年营业收入的自然对数就会减少 0.3066 个单位，企业法人单位数的增多会导致该行业的企业全年营业收入减少。$\ln X_2$ 的系数是 1.3266，说明从业人员数的自然对数每增加一个单位，该行业的企业全年营业收入就会增加 1.3266 个单位，从业人员数的增加使得该行业的企业全年营业收入增加。$\ln X_5$ 的系数为 0.3930，说明行业内从业人员的创新能力的自然对数每增加一个单位，该行业的企业全年营业收入的自然对数就会增加 0.3930 个单位，行业内从业人员的创新能力的提高使得该行业的企业全年营业收入增加。

6.4.3 小结

文化创意产业相关行业就业吸纳能力影响因素的回归分析表明，$\ln X_1$ 的系

数为 -1.0000,说明企业法人单位数的自然对数每增加一个单位,该行业的就业吸纳能力的自然对数就会减少一个单位,较多的企业法人单位数会降低该行业的就业吸纳能力;$\ln X_2$ 的系数为 1.0000,说明从业人员数的自然对数每增加一个单位,该行业的就业吸纳能力的自然对数就会增加一个单位,较多的从业人员数会提高该行业的就业吸纳能力。

文化创意产业相关行业企业全年营业收入影响因素的回归分析表明,$\ln X_1$ 的系数为 -0.3066,说明企业法人单位数的自然对数每增加一个单位,该行业的企业全年营业收入的自然对数就会减少 0.3066 个单位,企业法人单位数的增多会导致该行业的企业全年营业收入减少;$\ln X_2$ 的系数是 1.3266,说明从业人员数的自然对数每增加一个单位,该行业企业的全年营业收入就会增加 1.3266 个单位,从业人员数的增加使得该行业的企业全年营业收入增加;$\ln X_5$ 的系数为 0.3930,说明行业内从业人员的创新能力的自然对数每增加一个单位,该行业的企业全年营业收入的自然对数就会增加 0.3930 个单位,行业内从业人员的创新能力的提高使得该行业的企业全年营业收入增加。

6.5 结论与建议

根据 DEA 数据分析的结果,文化创意产业的一级细分行业中,新闻出版业和娱乐业是技术有效的,这表明这两个行业处在生产前沿,发展效率较高,资源配置能力和资源利用效率都处于较高水平。除此之外,广播、电视、电影和音像业的技术效率处于中游水平。文化艺术业和体育行业的技术效率较差,行业产出和投入的比值较小,资源利用水平还有待发展。其中,广播、电视、电影和音像业,文化艺术业和体育行业的纯技术效率高于规模效率,说明这三个一级细分行业未能达到技术有效的主要原因是规模无效。这三个行业的规模报酬都为递增状态,说明这三个行业都需要扩大行业规模以获得更高的生产能力和资源利用水平。

通过分析文化创意产业二级细分行业的技术效率异质性可以发现,电视行业、烈士陵园和纪念馆以及室内娱乐活动和游乐园等这些二级细分行业都是技术有效的。相比而言,广播行业、电影行业、艺术表演场馆、文物及文化保护、博物馆、体育场馆、休闲健身娱乐活动和其他娱乐活动的技术效率处于中游水平。而另外一些行业,如音像制作行业、文艺创作与表演、图书馆与档案馆、群众文化活动、文化艺术经纪代理、其他文化艺术、体育组织和其他体育行业的技术效率较差,产出投入比较低,存在资源配置能力或者资源利用效率相对较低的问题。

通过分析这些二级细分行业的纯技术效率和规模效率,可以发现这些二级细分行业的纯技术效率都大于规模效率,并且规模报酬均显示递增。这说明这些二级细分行业技术无效的主要原因是规模无效,因此需要扩大规模以提升生产能力和资源利用水平。

根据回归模型(6.1)的数据分析结果可以发现,文化创意产业的细分行业中,企业法人单位数增加会导致该行业的就业吸纳能力降低,细分行业的从业人员数增加会提高该行业的就业吸纳能力。根据回归模型(6.2)的数据分析结果可以发现,文化创意产业的细分行业中,企业法人单位数的增多会导致该行业的企业全年营业收入减少,细分行业中从业人员数的增加会使得该行业的企业全年营业收入增加,细分行业中的行业内从业人员创新能力的提高会使得该行业的企业全年营业收入增加。

政策建议:

第一,基于对文化创意产业中一级细分行业的DEA研究结果,我国应着力提升文化创意产业中广播、电视、电影和音像业,文化艺术业和体育行业的行业相关技术发展水平,提升这些行业的资源配置能力和资源利用水平。通过相关政策扩大这三个文化创意产业一级细分行业的规模,提升这些行业的规模效率。具体可以通过行业相关的先进技术的引进和人才的汇聚来扩大行业规模,从而提升行业中企业的盈利水平,进而实现行业中企业的资本累积,使得行业的规模效率提升,行业形成与之投入和产出相匹配的最佳规模。

第二,基于对文化创意产业中二级细分行业的DEA研究结果,我国的创意文化产业的二级细分行业存在发展不均衡的问题,各二级细分行业存在较为明显的发展效率异质性。技术无效的文化创意产业的二级细分行业均存在规模效率较差、规模报酬递增的情况。我国应着力扩大这些技术无效的二级细分行业的规模,加大对这些行业的资金和人才的投入,鼓励这些行业的企业运用新技术和新工艺,改善生产条件和环境,实现绿色生产。除此之外,我国还应推动文化创意产业人才的培养,面向市场提供更多相关岗位的就业培训,鼓励创意企业与学校、科研院所合作,培养更多专业型人才。在扩大各行业规模的同时,文化创意产业园区还应加强聚集效应,使得各行业间的发展效率异质性减小,文化创意产业中的各行业得以互相促进、共同发展。

参考文献

[1] 张家源. 基于DEA方法的文化创意产业绩效研究[D]. 南宁:广西大学,2015.
[2] 陈诚. 江苏省文化创意产业竞争力研究[D]. 镇江:江苏科技大学,2018.

[3] 陈柳青. 江苏省文化创意产业效率研究[D]. 南京：南京财经大学，2017.

[4] 刘慧. 中国文化创意产业竞争力研究[D]. 北京：首都经济贸易大学，2017.

[5] 胡纪纲. 我国文化创意产业效率研究[D]. 蚌埠：安徽财经大学，2015.

[6] 孙艺珊. 上海文化创意产业效率评价研究[D]. 大连：大连海事大学，2014.

[7] 闫明. 服务模块化对创新绩效的影响研究：以文化创意产业为例[D]. 南昌：南昌航空大学，2016.

[8] 王竞瑶. 上海宝山文化创意产业竞争力研究[D]. 上海：上海工程技术大学，2015.

第 2 部分

文化产业绿色发展与网络游戏研究

网络游戏产业链、盈利模式与治理变革研究

7.1 绪论

网络游戏在中国兴起的时间较短,借助国际发展的先进经验和国内企业的自主探索,已经取得了巨大的成就。2017年中国游戏用户规模已经达到5.83亿人,与2016年相比增长3.1%。中国在2015年成功超越美国,成为世界第一的游戏市场。网络游戏的快速发展在很大程度上归功于我国移动互联网技术的发展,智能终端产品的普及以及5G时代的到来为手机游戏行业创造了更广阔的发展空间。而移动游戏作为游戏产业的一个重要部分,正在成为游戏产业发展的新亮点,并且有着巨大的发展空间[1]。

本章采取新制度主义理论框架,从中国文化经济政策的结构性因素和中国游戏产业特性两个方面入手,对中国游戏产业的"合法化"之路进行解读,认为中国游戏产业政策经历了从行政主导到市场机制主导的发展型产业政策转型之路。中国电子竞技文化经济正是在实用主义"国家利益原则"、多元利益主体政策网络以及新自由主义文化经济全球化的结构环境中发展壮大并走向产业合法化的。游戏产业演变体现了文化经济发展与意识形态管理双重目标,兼顾经济目标与文化目标之间的利益平衡与矛盾。

7.2 文献综述

7.2.1 网络游戏产业研究

从2004年至今,许多学者从不同角度对网络游戏产业进行了研究和分析,从理论方面充实了对网络游戏的研究,并为其实践发展提供了指导意义。从企业竞争力角度和企业发展的影响因素角度出发,梁栩[2]阐述了网络游戏市场的

成长现状和未来可能出现的态势,从中归纳和建立了网络游戏企业的核心竞争力评价模型。高嘉阳[3]从波特教授的钻石理论出发,分析了我国目前网络游戏产业的竞争力优势及弱点,指出由于受技术、人才等条件的制约,我国的网络游戏产业虽然目前保持了较高速的增长态势,但是与国际上网络游戏发达的国家如韩国、日本、美国等国家相比仍然存在着不可忽略的差距。李治国、郭景刚[4]应用因子分析法建立了产业竞争力的得分模型,以模型为出发点,归纳总结出影响网络游戏产业竞争力的主要因素,其实证研究结果表明,我国网络游戏产业竞争力保持了逐年增长的势头,但整体仍处于低水平。周泽、翟清华和朱闪闪[5]采用SWOT分析方法对我国网络游戏大企业进行了分析,归纳整理了网络游戏企业的发展战略,提出网络游戏企业应做好自身战略部署,谋求长远发展。

网络游戏作为一个具有强大活力和潜力的新兴行业,在诞生之初就受到诸多学者的关注,对于网络游戏产业发展层面的研究从未停止过。早在2005年,张瑞良、彭蕾[6]就分析了网络游戏产业在中国发展的原因、发展现状,并提出在经济全球化的浪潮中,中国网络游戏产业必须营造宽松环境,勇于承担社会公责,完善法律法规,保护其消费群体,研发自主产品,促进技术创新。侯阳平[7]立足于本土化,分析了我国网络游戏行业产业链构建的主要环节,阐述了通过代理渠道进入中国市场的产品在本土化时应遵循的基本原则和需要经过的阶段。其实证研究发现,自主研发是网络游戏产业能够本土化的坚固基础和必要保障,网络游戏产业本土化的同时需要进行运营创新,坚持正确的价值导向。蒋志洲[8]以盛大的《传奇世界》等游戏为例指出,自主研发是中国游戏产业的必经之路。陈党[9]梳理了网络游戏产业发展的阶段史实和特征,归纳整理了与该阶段网络游戏产业发展相关的政策,总结出产业与政策的互动关系,为政府工作的调整和推动提供了思路。

7.2.2 网络游戏发展模式研究

网络游戏企业依据自身资产、技术等条件选择不同的发展模式,主要有自主研发模式、代理运营模式、综合门户模式。企业选择不同的发展道路,相应会选择与之相适应的盈利渠道,目前网络游戏企业的盈利方式主要有时间模式、道具与增值服务模式、植入广告模式等[10]。

杨明智[11]对网络游戏产业成功的原因进行了探索,其研究表明一款游戏能够在市场上获得一定成功源自其本身特质、盈利模式和企业的营销宣传方式等,并总结了网络游戏产业的成功带给其他企业的启示。叶恒[12]通过对美、日、韩三个国家的网络游戏产业模式的分析,找出了适合我国网络游戏产业发展的道路,具体包括创建项目孵化基地、成立专门部门、运用风险投资、加大人才培养力度。茅蕾[13]分析归纳了我国网络游戏产业运营的基本模式和盈利的主要方式,并对发展较为成熟的美、韩两国的网络游戏产业进行比较,给出了我国网络游戏产业进一步壮大的新建议。陈爱平等[14]认为电视与游戏融合的模式将受到很大期待,影游联动成为当前网络游戏产业发展的新热点,获得了良好的市场化效果。电视是广为熟知且普遍采用的传播渠道,借助电视的影响力,可以改变一部分人对网络游戏的固有思想,同时借助电视广泛的宣传,网络游戏可以塑造出全新的形象,助力整个产业的发展。

7.2.3 网络游戏产业政策研究

政府与市场的关系理论是产业政策研究的重要切入点,主要有市场主义理论、国家主义理论和新制度主义理论[15]。新制度主义克服了市场主义与国家主义的偏向性,其核心主张是经济绩效必须由社会价值来评价,强调经济现象的过程特征,认为经济分析必须进行价值判断,而这一判断的标准是社会价值。新制度主义采用整体主义方法分析社会变革,从文化的角度来研究社会过程,与多元决定论有诸多共性[16]。因此,采用历史的新制度主义研究方法分析产业政策,侧重于分析政治行为中的"历史偶然性"和"路径依赖性",不采用宏观理论和普遍假设的演绎法,而是采用基于个别特殊历史和制度安排的归纳演绎法,认为在产业政策形成和执行过程中,国家和市场中的各行为受到结构性因素和产业特性因素的影响,其中结构性因素起决定性作用[15]。用新制度主义理论分析当今中国游戏产业的产业政策,可以从政策的结构性因素和中国游戏产业特性两个方面入手,用历史方法解析中国游戏产业的"合法化"之路。

7.2.4 小结

对比网络游戏的文献研究发现,国外学者最早开始从技术层面进行分析,与之不同的是,中国的研究最早大多从心理学、社会学方面展开。佐斌、马红宇采用问卷调查的方法,对10个省市的学生进行大规模数据采集,整理了不同年龄段不同学龄段的青少年每日玩网络游戏的时长、是否成瘾等多项数据,着重解析了网络成瘾的成因[1]。与此类似,很多文章集中于分析青少年网络成瘾的表现、成因以及网络游戏中的人际交往问题。从经济学角度出发的相关研究,其主题大部分聚焦于游戏产业整体的发展以及游戏企业的营销模式和盈利模式两方面问题,下面将展开具体论述。

7.3 网络游戏产业链分析

7.3.1 网络游戏发展现状

2017年中国网络游戏市场继续保持稳步增长,实际销售收入和用户规模持续增长,其发展的一个重要表现为细分市场份额出现变化,移动游戏市场规模首次超过客户端游戏市场规模,占据领先份额,保持高速增长。与此同时,诸多产业新增长点出现,网络游戏的发展进入一个前所未有的崭新时期。

(1) 网络游戏市场规模扩大,增长速度放缓

当前,中国网络游戏市场规模仍处于不断扩张的态势,但是其增长速度明显放缓,行业已经到达平台期。网络游戏市场规模之所以能够持续扩大,一个必不可少的因素是移动5G网的覆盖和光纤网络的普及,这为网络游戏渗透更广泛的人群提供了硬件支撑。同时,经济的高速发展使得人民生活水平不断提升,对于娱乐休闲的需求也越来越旺盛,网络游戏凭借其便捷性、趣味性、社交性等特点吸引了大众,创造了良好的群众基础。另外,网络游戏企业积极创新营销方式,融影视、动漫、文学等诸多形式于游戏,新颖而频繁的互动延伸了网络游戏的产业链。但是人口红利正在逐渐消失,网络游戏产业经过一个迅猛的发展期后,将进入一个比较稳定的时期,同时外界的监管也会促使行业发展更加规范、健康。

(2) 移动游戏位列细分市场榜首,客户端游戏陷入低迷

近几年游戏市场发展的一个显著趋势是市场细分化。在发展过程中,各个细分市场的格局日渐清晰,其中客户端游戏和网页游戏所占的市场份额明显下降,而移动游戏凭借其独特的快捷性和娱乐性一枝独秀。2017年移动游戏市场的实际销售收入为1 161.2亿元,与上一年相比增长41.7%,移动游戏的用户达到5.54亿人,增长幅度在所有细分领域拔得头筹。智能手机广泛普及、5G网络全面覆盖等良好的外部条件使得游戏类型丰富多样、游戏门槛极低的移动游戏成为全民化的娱乐方式,也使得移动游戏成为最具活力的细分领域。获准出版的3 800多款国产游戏中,移动游戏就占据了92.0%。端游手游化趋势明显,经典网游如《梦幻西游》《剑侠情缘》等游戏纷纷推出手游版,迎合大众口味,凭借其端游累积的大量客户源,这些手游一经上线就取得了不俗的业绩。凭借微信、QQ等便捷高效的宣传渠道,移动游戏拥有了其他游戏不可比拟的优势。

虽然目前移动游戏发展迅速,但其也面临着两方面的压力:一是产能过剩,二是存量竞争。一旦某一款移动游戏获得成功,模仿者会在短期内蜂拥而至,极大挤压了游戏的生存空间,产品同质化严重,质量难以保障。移动游戏产品生命期较短,大量手游的爆发使得产品供过于求,有效用户转化难度增加。另外,中小企业由于技术力量薄弱、群众基础差,很难与大型企业竞争,导致移动游戏市场高度集中,腾讯、网易两家网络游戏领域的巨头公司占据了移动游戏收入的70%,而其余中小企业份额最高不超过5%。

(3) 影游联动异军突起,游戏与其他产业融合度提高

热门游戏被改编成电影,影视被改编成游戏,两者相互融合,借助彼此的热点,往往会获得双赢。2017年,影游联动在移动游戏这一细分领域的实际销售收入达到89.2亿元。电视剧改编、漫画改编以及小说改编的手游纷纷出现,涌现出许多精品,影游联动作为新生力量异军突起。其中较为杰出的佳作为网易出品的《倩女幽魂》手游,《倩女幽魂》端游作为网易在线游戏的代表产品之一,自2008年公测以来,一直在玩家中拥有较高的人气。

(4) 海外市场竞争激烈,诸多网络游戏企业纷纷"出海"

我国自主研发的游戏凭借其浓郁的东方文化背景和极具中国传统武术氛围的操作体系在国际上占有一席之地,在海外市场的收入规模不断扩大。2017年,我国自主研发的网络游戏海外市场实际销售收入为82.8亿美元,同比增长14.5%。国内的网络游戏市场发展趋于成熟,网络游戏企业经过市场的"优胜劣汰",竞争格局基本成型。在此背景下,国内市场的发展空间逐渐缩小,于是越来越多的企业开始放眼全球,海外市场成为网络游戏企业竞争的新战场。国内企业一般采用两种方式开拓海外市场:一种方式是以自主研发的产品为动力,在海外进行发行运营,典型代表为智明星通,其通过自主研发、自主运营的模式进军海外市场,以强大的自主创新能力直接而又强势地进军海外;另一种方式则是通过代理的手段在海外寻找合作伙伴,让其代理企业游戏产品,在合作过程中积累海外运营的经验,增加海外市场份额,从而获得更多收入,如易幻网络借助代理精品产品的方式拓展海外市场。

我国网络游戏起步较晚,但是其发展势头强劲,仅用短短时间就发展到较为成熟的阶段,2015年超越美国成为世界第一的游戏市场。虽然网络游戏一直以来保持了较高的增长速度,但是由于受到科研、人才、市场环境等诸多因素的影响,其在发展过程中仍存在较多问题。

① 行业集中度较高,中小企业发展阻碍多

网络游戏行业发展至今,已经形成了较为稳定的格局,"一超多强"的格局使得市场资源集中度高,极大地挤压了中小企业的生存空间。网络游戏中的"超级巨无霸"腾讯和网易占据了网络游戏实际销售收入的近七成,而剩下的三成由一百多家中小企业分割,导致资源分配极度失衡。腾讯、网易等大型网络游戏企业对市场拥有绝对的控制权,提高了网络游戏行业的技术、资金、运营渠道壁垒,不利于形成开放、健康的竞争格局,对新鲜血液的注入产生了不利影响。另外,中小企业由于技术薄弱、市场占有率低等因素,面临着更为残酷的市场竞争,不得不依附大型企业生存,阻碍了整个行业的创新发展,中小企业稍有不慎便被踢出这一行业。

② 缺乏专业型人才,延缓行业发展速度

受传统观念的影响,我国网络游戏行业的从业人员较少,与市场需求相比较存在较大的人才缺口。网络游戏行业所需的人才涉及面较广,主要包括游戏研发、动画制作、企业管理、营销推广等方面。目前网络游戏行业的专业人才普遍存在经验不足、从事时间较短等缺点,直接阻碍了网络游戏行业的快速发展。我国已经成为网络游戏销售收入和用户全球第一的市场,专业人才的培养远远落后于行业的发展速度,极大地制约了网络游戏产业的发展。另外,对人才培养投入资金不足,制约了游戏从业人员的创造性、积极性,也造成人才结构失调、素质达不到市场需求等诸多弊端,如不加以改善,必将对网络游戏的发展造成严重的影响。

③ 网络游戏产品跟风严重,质量参差不齐

网络游戏产品更新速度快,市场变化莫测,一旦落后于市场潮流便很难取得业绩,这也造成了一旦某款产品取得成功,其模仿者便如雨后春笋,绵绵不断。网络游戏产品同质化使得许多中小企业在起步阶段就遭遇毁灭性打击,产品的同质化在网络游戏发展过程中一直没有得到有效解决。《穿越火线》风靡时,各种枪械类对战游戏纷纷涌现,由于缺乏创新性、影响力,往往仅拥有很短的生命周期,每年我国均有大量新游戏投入市场,但这些新游戏的淘汰率高达80%,高产出的同时伴随着高死亡率。而一些自主研发的创新型游戏如《天涯明月刀》等凭借其精美的游戏场景与流畅华丽的操作体验赢得了消费者的认可,老牌游戏如《梦幻西游》《大话西游》凭借其多年的口碑和运营累积,依旧拥有大批活跃用户。在这种情况下,新游戏要想抢占市场份额难度极大,因此造成了大量同质化网游产品的出现。

④ "外挂""私服"现象泛滥,影响行业健康发展

"私服"和"外挂"两者皆是网络游戏行业监管过程中的巨大阻碍。网络游戏的蓬勃发展使得一些不法分子利用不正当手段从中谋取利益,消费者投机取巧、不愿花费金钱便想获得游戏收益的心理使得"私服""外挂"现象愈加猖獗,甚至

已经开始向产业联盟的方向发展,给网络游戏行业的健康发展带来极大的威胁。这些不正当行为损害了网络游戏运营商和购买正版产品消费者的利益,使得游戏产品的生命周期缩短,阻碍了网络游戏的研发和进步,影响了网络游戏行业整体的联合和优化。

中国网络游戏产业化的发展一直以来都伴随着激烈的竞争,并表现出独有的特点。就现阶段而言,可总结为以下四种现象:第一,投入资本化。投入资本化特征体现为资本市场对网络游戏的收购热潮。资本喜欢追逐周期短、投资小、能在短期看到效益的东西。因此,在移动互联网时代,稚嫩的网络游戏行业是离钱最近的行业,完全契合了资本的口味。第二,内容版权化。内容版权化也可以称之IP化。网络游戏企业热衷于收购各种IP。因为拥有了一个IP,即拥有了版权。第三,生产平台化。网络游戏的产业链化和平台化是同时存在的,但是平台化已经成为网络游戏产业一个显著的发展趋势。第四,市场全球化。网络游戏的市场全球化不仅仅指代国外网络游戏对中国市场的入侵,同时也指代中国网络游戏发行商对于国外网络游戏的代理以及中国手游的"出海"。

7.3.2 产业链分析

网络游戏行业产业链参与者主要包括IP提供商、相关外包服务商、游戏投资商、游戏开发商、游戏发行商、游戏运营商、游戏渠道商、终端制造商、电信资源提供商以及支付商等(图7.3.1)。

在网络游戏开发领域,IP提供商是网络游戏行业的上游企业。其提供的IP形式包括动画、动漫、网络文学以及电视剧等。随着IP在游戏研发、运营以及后续推广过程中的价值日益凸显,未来IP提供商在网络游戏产业链中将会具有更多的话语权。

游戏开发商是整个市场的创造者,负责游戏服务器端、客户端等软件的开发工作,通过拟订游戏开发计划,组织策划、文案、美工、编程等各种资源完成网络游戏的初步开发。在这一过程中,大部分游戏开发企业通常需要借助IP提供商、相关外包服务提供商和投资者的资源。在游戏开发完成之后经过内外部的多轮测试并不断完善后向玩家正式推广运营。

游戏测评机构主要负责对游戏产品的各项技术数据进行综合分析。其业务是通过对游戏的深入体验,收集游戏中的各类数据,对游戏的整体品质进行分析和研究,并给出游戏进一步优化改进的建议。游戏测评是游戏产业链的重要一环。一方面,游戏测评能针对性地对游戏品质进行综合评估,给出专业性报告,帮助游戏开发商完善游戏产品;另一方面,游戏测评结果也能够给游戏发行商、运营商和渠道商提供该游戏品质的参考意见,有助于其对移动网络游戏进行筛选和判断。

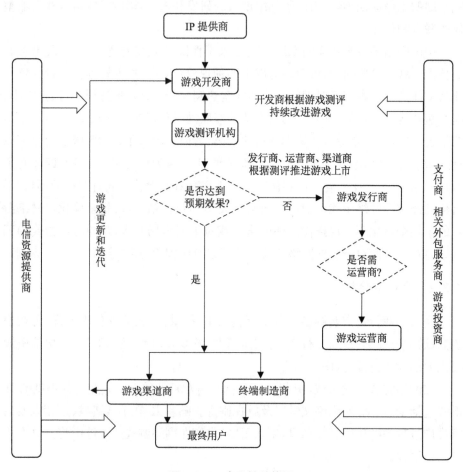

图 7.3.1 产业链结构图

游戏发行商主要负责游戏的代理发行和推广。规模较小、缺乏发行运营经验的游戏开发商通常专注于游戏的开发,从分工协作和经济效益的角度权衡,在进行商务合作和游戏推广资源有限的情况下,主要将移动网络游戏交由专门的游戏发行商代理发行和推广,完成游戏在各个平台、渠道上的推广和运营。

游戏运营商主要负责网络游戏的用户流量导入、基本运营维护、客户服务、道具服务等。很多游戏发行商本身具有游戏运营能力,凭借其强大的推广、运营服务能力,为开发商提供系统服务。

游戏渠道商主要依托自身推广渠道向游戏消费者提供游戏产品的资讯介

绍、下载链接或使用页面等,协助游戏开发商、游戏运营商一起进行产品的推广。目前,手机游戏的主流推广渠道包括应用商店(如苹果 APP Store、谷歌商店、360 手机助手等)、手机内置(华为、小米、联想等)、广告联盟(谷果、指点、多盟等)、主流 App(微信等)、门户网站(当乐网、九游网等)、手机浏览器(UC)、搜索引擎(百度等)、社交媒体(微博等)和传统媒体。

手机终端厂商是手机游戏载体的提供者。同一款手机游戏在不同品牌的手机上不具备兼容性,需要根据不同的手机品牌手机型号开发游戏,导致手机游戏的开发成本增加。同时手机用作游戏工具时,它的操作性、视觉感受、智能等方面都与 PC 游戏存在一定差距,所以目前很多手机厂商为了提升消费者在操作性、视觉效果上的满意度推出大屏幕、触摸屏、高分辨率的智能手机。

电信资源提供商和支付商也是移动游戏产业链中的重要参与者。前者主要提供互联网接入和移动电话等基础电信业务,以及服务器托管、带宽租用、服务器租用等服务,国内代表型企业有中国电信、中国移动、中国联通等;后者主要提供电子支付平台服务,为玩家用户在游戏中的消费提供充值窗口,主要包括各类网络银行、支付宝、微信支付等。除此之外,相关外包服务商以及游戏投资商也通过提供外包服务以及股权投资参与手机游戏产业链分工。

整个产业链的发展都是为了满足最终消费者的需求。目前手机游戏消费者以低收入、低年龄、低学历的手机游戏玩家为主,从性别上看,手机游戏用户男性比例远远超越女性。鉴于以上游戏用户群体的现状,手机游戏市场仍然具有较大的发展潜力。

7.3.3 小结

中国网络游戏的发展稳步增长,整个产业链的发展目前以低收入、低年龄、低学历的手机游戏玩家为主,且男性比例远超女性。

7.4 主要盈利模式

7.4.1 P2P 模式

P2P 模式就是玩家通过购买点卡来获得包月或包年的游戏时间,是我国游戏市场最传统的盈利模式。网游刚进入中国时,几乎都采取 P2P 收费模式,相比于现今网游市场动辄几千上万元的顶级装备,几十元玩一周的点卡游戏绝对算是物美价廉,同时更容易被年轻人所接受。只有玩家基数达到一定程度且留存率高的游戏,才敢用 P2P 模式。游戏长时间运营意味着需要不断地宣传、更新和维护,开发和运营成本不断增加。采取 P2P 模式可以确保商家收入稳定,玩家不易流失,但利润增长空间小。其典型代表如《大话西游》《魔兽世界》等。

7.4.2　F2P & Item mall 模式

F2P 模式就是 free to play,指玩家可以免费玩游戏,但所谓的"免费"并非完全免费,使用游戏中的道具均需要收费。相比于 P2P 模式,游戏运营商不过是将收费模式从"购买游戏时间"变为"购买虚拟道具"。玩家可以免费玩游戏,但当玩家决定玩这款游戏时,除非玩家没有好胜心或者毅力极佳,否则购买道具是不可避免的,并且交易金额会远远高于购买点卡的费用。F2P 模式的弊端也很明显。F2P 模式需要依靠优秀的玩家来获得收入,这些玩家不需要付出任何游戏劳动就能购买到虚拟财产,而厂商在游戏设计中会倾向于付费玩家,严重破坏了虚拟游戏的平衡性。F2P 游戏市场生命周期较短,是一种快餐式的游戏模式。典型代表如《征途》《英雄联盟》《穿越火线》等。

7.4.3　B2P 模式

B2P 模式就是 buy to play,指玩家只需花一次钱,就可以永久畅玩游戏,无后续费用。这种收费模式在国外很普遍,而在中国却是一种新型的运营模式。很多中国玩家也许很难接受先"买"再"玩"的方式。

B2P 模式虽有面对"中国国情"的局限性,但在运营中也有优越性。首先,网游"薅羊毛"现象会减少。在这种方式下,"高价门票"可以把绝大多数"羊毛党"拒之门外,运营商可以对每个服务器的玩家数量有一个更加精确的估计。其次,由于"门票"较贵,能进入游戏的玩家都是资深玩家,游戏环境会有很大的改善,而良好的游戏环境会进一步激发玩家的兴趣,使玩家活跃度提升。最后,对于运营商来说,几个大型的工作室就能摧毁一款游戏的虚拟物品交易秩序,甚至可以直接缩短一款游戏的寿命。面对同时存在的局限性和优越性,该模式的未来变得无法预测。

7.4.4　小结

我国的游戏行业目前有三种主流的运营模式,分别是 P2P 模式(按时收费)、F2P & Item mall 模式(免费游戏、道具收费)以及 B2P 模式(买断制),上面分别阐述了三种模式的优势和劣势。

7.5 网络游戏产业治理变革

7.5.1 文化经济的政策结构性因素

政策分析的结构性因素涉及国家组织的制度特点,国家、市场、社会之间的政策网络因素以及国际环境[15]。从20世纪80年代开始,中国游戏产业所经历的政策环境是一条从行政主导到市场机制主导的发展型产业政策转型之路。

(1) "意识形态"到"国家利益原则"的转变

首先,中国文化产业是改革开放和建设社会主义市场经济的选择,是随着社会主义市场经济体制目标模式的确立,在中国文化的物质基础、制度环境、技术手段和外部环境发生变化后逐步走向发展的[17]。市场经济的最高原则是国家利益,中国的经济发展担负着民族复兴与国家崛起的重任,而文化成了国家综合国力和国际竞争力的重要因素。因此,改革开放以后,中国的国家政策原则从"意识形态"转变为"国家利益原则"[18],而国家利益体现在文化经济上具有多重维度。文化经济的发展首先涉及中国经济转型下新的经济目标,是中国政府转变经济发展方式的国家战略选择。同时,发展文化经济也是满足公民文化需要的必然要求,更是维护中华文化价值理念、保护中国"国家文化安全"的重要手段[18]。在这种国家利益原则下,中国文化经济政策则具有实用主义、民族主义的特征,游戏产业的发展正是在这一原则下,在中国各级政府扮演推手和监管者双重角色身份的作用下发展起来的。

(2) 多元利益主体政策网络

从政策网络来看,中国文化产业政策的制定和实施过程体现了复杂性、综合性和广泛性[19]。中国不存在类似于西方的"多元决策结构"[20],中国文化经济发展的最高决策来自党的指导思想和方针政策,所有政策的制定和执行机构都在党和国家的领导之下。但是,文化产业政策的具体制定和实施牵涉一系列文化政策所规定的相关行政部门,在信息产业、文化产业、体育产业等诸多相关产业交叉、渗透的环境下,多元利益主体将会影响到具体子产业政策的制定和实施。在游戏产业中,形成了国家新闻出版署、文化和旅游部及工业和信息化部三大主要管制的格局。国家新闻出版署有规定、许可、审查、禁止媒体的职权;文化和旅游部则有监管文化内容的权力;工业和信息化部则对互联网内容提供商具有规范和监督的权力,同时监管通信和软件领域。除此之外,公安部、国家市场监督管理总局、国家广播电视总局、科学技术部、国家版权局、商务部等部门对游戏公司、游戏运营商、网吧、媒体等机构进行直接监管。与此同时,由于游戏产业涉及青少年的身心健康问题,中国共产主义青年团在引导青少年树立健康的游戏观念以及游戏产业政策的制定方面也起到了重要作用。因此,在游戏产业的政策网络的作用下,出现了部门和部门、国家和市场、政府和个人、部门和地方等文化政策颁布与执行之间的博弈,尤其是有关游戏产业的问题,长时间没有形成统一的社会舆论。

(3) 新自由主义国际环境

从国际环境来看,商业均质化和新自由主义成为经济全球化发展的主导思想,对文化生产领域产生了巨大的影响。文化产业概念从阿道尔诺和霍克海默提出的批判启蒙理性的"文化工业"到复数的"文化产业",乃至后来的政策性概念"创意产业",是经济全球化和后工业社会经济发展的产物。文化生产的商业化始于19世纪资本主义时期,并且在20世纪初,这种文化生产的商业化反过来加速了工业社会的发展,而文化工业的兴起则伴随着"大众文化"的兴盛。进入20世纪后半期,随着世界经济的繁荣,人们闲暇时间的增多,文化素养的提升,电子媒体的发展和新的商业话语的形成,"文化硬件(cultural hardware)"成为重要的生活消费品[21],文化产业成为重要的经济发展方向。"创意产业"则是政策性概念,提出于1998年的《英国创意产业路径文件》,中国则在《国家"十一五"时期文化发展规划纲要》中正式把"文化创意产业"写入其中。Nicholas Garnham认为"创意产业"概念推广和运用的目的是使文化产业建立在知识产权实践的基础上[22]。因此,这种概念性的运用与流行并没有改变资本主义文化生产的本质,反而加深了后工业时代文化经济的影响力,促进了文化产业全球化。在这一趋势下,文化产业也被经济后发国家看作经济转型的新的机遇。尤其是1998年亚洲金融危机后,以韩国为代表的威权政府大力出台文化产业组合拳政策,实行"文化治国"战略,试图走出一条新的经济发展之路。而中国在2008年全球金融危机后,传统的制造大国优势逐渐丧失,文化产业成为新的经济战略目标。中国加入WTO后,文化生产与消费也逐步纳入世界文化市场体系中,中国文化实力的体现表现为中国在世界文化产业中的资金、技术和市场份额。从某种意义上说,中国是主动地拥抱文化产业全球化,又被动地纳入文化上的伊曼纽尔·沃勒斯坦"现代世界体系"。

中国游戏文化经济正是在实用主义"国家利益原则"、多元利益主体政策网络以及新自由主义文化经济全球化的结构环境中发展壮大并走向产业合法化的。

7.5.2 中国网络游戏产业的动力因素

在以上结构性因素的影响下,中国网络游戏的产业化发展与政府的支持程度息息相关。有学者分析认为整个中国网络游戏产业中市场和国家具有不同的角色作用,推动中国本土网络游戏产业发展的主要力量是非政府的部分,但中国政府采取的措施确实起到了重要作用[23]。网络游戏产业同样具有其特殊性,从世界电子竞技大赛(WCG)成功在中国举办,再到游戏主管部门明确,网络游戏产业从2008年起逐步走向成熟。在这一过程中,政府扶持行为对整个行业的发展起到了催化剂的作用。从1998年起,中国网络游戏产业从萌芽到发展再到相对成熟,经历了萌芽期、探索期、爆发期和成熟期。其中,每一个阶段的发展都与政府的政策管制和扶持息息相关。中国政府机构对中国网络游戏的干预态度和行为有两次明显的转向。

(1) 政策"合法化"的三个阶段

第一个阶段是早期支持阶段。1998年到2004年,在世界范围内的网络游戏风潮下,网络游戏在中国得到了发展,三大电子竞技赛事被引入中国,游戏传媒也开始发展。同时,电子竞技在2003年被国家体育总局认定为体育项目,表示政府对电子竞技的公开支持。

第二个阶段是管理规范阶段,主要体现在政府对电子竞技运动项目管理规定的出台与对网络游戏传媒的严厉管控。2004年之后,网络游戏产业进入了探索期。此阶段,相关部门对网络游戏传媒进行了严厉管控,给网络游戏商业化造成了严重阻碍。在这种趋势下,网络游戏在媒体舆论上处于不利地位,网络游戏行业发展喜忧参半。

第三个阶段是积极推进阶段。2008年,电子竞技被官方重新定义为第78个体育竞赛项。2009年,国家体育总局信息中心被确定为游戏主管部门,这为游戏产业政策主管、扶持的出处厘清了源头。自此,整个中国对电子竞技的舆论风向发生了巨大变化。

(2) 政策转变的动力因素

中国网络游戏的政策"合法化"之路,与中国网络游戏产业的发展之路,乃至整个中国文化产业的发展之路相协同,受中国政府政策影响深远。同时扮演产业的监督规范者和促进产业发展的重要推手的双重角色,中国政府的政策行为对于产业发展轨迹来说至关重要。结合整个网络游戏产业和电子竞技的发展历史以及中国文化产业政策结构性因素分析,技术、市场、产业结构是推动中国电竞行业政策转变的重要因素。

① 不断扩大的市场需求。从市场方面来看,中国网络游戏产业发展可划分为两个大的历史阶段。20世纪90年代,中国网络游戏产业发展缓慢[24],除了政府对游戏产业的严格管制外,国外公司对市场的控制和国内高达90%~95%的盗版率是重要障碍。进入21世纪后,市场需求与成本条件发生了变化。同时,数量庞大的中国青少年网民成为中国网络游戏市场繁荣的重要基础。

② 硬件基础与传媒技术的支持。从技术方面来看,技术的发展与推广是催生网络游戏以及网络游戏市场的核心推动力。技术是网络游戏产业的核心和支柱,传播技术、媒介技术是网络游戏产业发展的催化剂。21世纪初,网络游戏进入PC时代。网吧的兴起与发展为中国网络游戏玩家提供了廉价的网络游戏消费渠道,夯实了网络游戏在中国发展的物质基础。同时,传媒通信技术的日新月异为网络游戏走向文化经济发展之路提供了技术支持。在传媒技术的作用下,互联网进入粉丝经济时代,网络游戏产业找到了以内容为依托的新的增长点,电竞赛事成为网络游戏产业"事件驱动经济"的重要一环,电竞直播也日益成为网络游戏行业新的利益增长点。网络游戏产业生产核心在于网络游戏产品的生产,而网络游戏的本质在于网络游戏文化内容的生产。

③ 日益完善的产业结构。从产业结构来看,中国网络游戏产业规模的形成和本土公司的崛起成为网络游戏产业转变的重要因素。21世纪,中国网络游戏市场的利润率要高于同行竞争的欧美公司,中国网络游戏产业垄断寡头在这一时期形成,在此期间十大网络游戏公司占据80%的市场份额。在中国成为全球网络游戏产业重要市场后,国外资本纷纷寻求进入中国市场的渠道,与中国公司合作,中国本土公司在这一势头下有崛起趋势。自2004年起,中国就已经成为世界上最大的信息与通信技术(ICT)产品出口国,中国游戏公司也开始开拓海外市场,尤其是亚洲市场。

正是在市场、技术、产业结构多重因素促进下,中国政府对网络游戏产业的态度发生了转变,承担并发挥行业引导、政策扶持的作用。

(3) 网络游戏行业政府助力手段

具体分析,政府对网络游戏行业的发展起到了政策扶持、资金支持、舆论支持的作用。

① 资金支持

根据不完全统计,2007—2010年国家体育总局拨放给各地区的电子竞技专项资金共计3.08亿元,主要用于赛事场馆与体育中心的建设,以及一些重大赛事的举办与赞助[25]。例如中国电子竞技运动发展中心(简称CESPC)就是国家体育总局、北京市体育局和石景山区委区政府斥巨资打造的号称"国际领先、国内一流"的电子竞技专业场馆,由 CESPC 打造的游戏冠军联赛竞游 ECL(Esports Champion League)也长期接受政府资助。政府对网络游戏行业的专项拨款对游戏产业的前期发展来说是巨大的资金支持。

② 政策扶持

政府对网络游戏行业的政策扶持主要表现在四个方面。第一,在政策上为游戏正名。将电子竞技列为官方认定的体育项目,主动把握政策话语的传播。第二,把电子竞技明确为体育产业内容,赋权国家体育总局信息中心,把网络游戏行业纳入中国特色体育事业范围。第三,在财政、税收、土地、就业和市场环境等方面出台体育消费、游戏产业、电竞行业等优惠政策,加快体育产业与文化经济的制度红利释放。第四,放松监管助力游戏产业链的形成与完善。文化部门对网吧放松管制、对外资游戏硬件设备生产销售的政策放宽、取消主机游戏禁令等政策有利于网络游戏产业与网络游戏产业闭环的形成。无论是政府主动还是被动地放松管制或者提供政策红利,整个网络游戏产业都得到了政府的政策倾斜,享受着文化产业和体育产业的双重政策优惠。

③ 地方政府积极推动

游戏行业的发展,不仅被视为能够带动文化娱乐产业的发展,而且被视为是拉动地方信息产业和当地旅游业发展的重要手段。在国家政策和利润的催生下,近年来中国众多地方政府纷纷设立游戏运动发展项目。张五常[26]认为地方经济绩效竞争的制度有助于推动中国经济的发展。当前,各地方政府争相投资游戏项目是电子竞技行业发展的重要推动力。地方政府谋求经济战略转移与产业转型,向上要政策与资金,向下做好产业发展所需的基础设施建设工作,各地打着文化产业或者体育产业的大旗,期望以网络游戏产业为助力实现现阶段艰难的经济转型。在这种态势下,中国网络游戏产业遍地开花。

以 WCA 为例,WCA(World Cyber Arena)是中国西部边陲地区银川市设立的世界电子竞技大赛,创立于 2014 年,由银川市政府、银川圣地国际游戏投资有限公司运营,致力于推动电子竞技赛事、网络游戏产业的蓬勃发展,被当地政府定性为符合"产业升级,创新驱动"等发展战略。WCA 的创立充分说明了地方政府谋求经济转型的迫切需要,而网络游戏所代表的文化经济成为转型攻坚战中的重要方向。

④ 积极的舆论引导

从"游戏是洪水猛兽"到"健康的电子竞技活动",近年来,有关电子竞技运动的正面舆论一路高歌,从主流媒体到细分媒体,从官方口径到民间舆论,游戏已经摆脱了之前"误人子弟"的不利形象,与它有关的关键词已经转变为"健康""益智""产业发展"与"国际化"等具有积极正面意义的词语。这种转变与国家层面对于游戏运动与产业的扶持不无关系。为了促进网络游戏产业的发展,需要在文化层面上营造出良好的市场环境与氛围,媒体对于游戏报道的舆论转向可见一斑。

7.5.3 "国家利益原则"下的网络游戏传媒管控

分析中国网络游戏发展的历史,中国政府对网络游戏行业的态度不是从一开始就毫无保留地大力支持,而是随着市场环境与社会舆论的变化不断调整。政策是一把双刃剑,在一定程度上,中国政府对网络游戏产业的政策扶持帮助中国本土公司占有了市场,但是大量模棱两可的政策与规制同时也在一定时期和某些方面制约与阻碍了游戏产业的创新,尤其是对网络游戏产业而言,中国政府对该行业的政策扶持在某一时期相当"暧昧"。

作为促进产业发展的重要推手,中国政府为发展网络游戏产业,首先对本土网络游戏产业进行政策保护,严格控制外国公司直接进入本土市场。同时采取具体措施支持网络游戏产业。但是,由于网络游戏产业和游戏的行业特性具有特殊性,中国政府对网络游戏行业的态度还受到信息控制、技术民族主义与社交恐惧、务实的民族主义影响。这主要体现在管理规范阶段中国政府对游戏传媒的管控。

2004年之后,网络游戏产业进入了探索期,此阶段国家政策对游戏行业相当"暧昧",主要是有关部门对游戏传媒进行了严厉控制。在这一阶段,中国网络游戏发展一直不温不火,网络游戏行业发展喜忧参半。2004年由中华全国体育总会主办的第一届全国电子竞技运动会CEG首届比赛开幕。但就在同年,国家广电总局发布网游类电视节目封杀令,CCTV《电子竞技世界》停播。2004年4月12日,国家广电总局就电脑网络游戏类节目的问题发出《关于禁止播出电脑网络游戏类节目的通知》,网络游戏也未能幸免。随着各地电视台、央视等网络游戏节目的陆续停播,中国的网络游戏几乎丧失了最重要的盈利模式"出卖转播权"。这无疑给尚未发展起来的网络游戏行业当头棒喝,也使得网络游戏项目在媒体舆论上处于不利环境。

导致这种政策冲突的根本原因是中国政府的文化经济政策在国家利益原则的指导下,具有实用主义和民族主义的特征。网络游戏产业涉及中国青少年的身心健康问题,对游戏传媒的内容管控在一定程度上是维护国家文化安全的需要。同时,中国网络游戏产业和网络游戏行业的政策网络具有多头利益主体的特点,涉及国家体育总局、文化和旅游部、工业和信息化部、各大通信运营商、互联网协会组织等。部门和部门、国家和市场、中央和地方等文化政策颁布与执行之间的博弈,使得网络游戏产业在一段时期内没有形成统一的社会舆论。

随着技术、市场、产业结构的升级与社会舆论的推进,2009 年,国家体育总局信息中心被确定为游戏主管部门,这为网络游戏产业的政策主管、扶持的出处厘清了源头。自此,整个中国对游戏的舆论风向发生了巨大变化。2012—2013年,世界电子竞技大赛 WCG 两次在江苏省昆山市顺利举办,这表明网络游戏产业市场具有非常大的吸引力。2013 年,在韩国举办的第四届亚洲室内与武道运动会上,国家体育总局竞体司组建 17 人电竞国家队出征韩国,更是表明了国家已经把网络游戏视作能够代表国家形象的正规的体育项目。2013 年 1 月 13日,CCTV5《体育人间》制作、播放了《在追逐电竞梦想的道路上奔跑》的节目,体现了官方话语的彻底转变。2014 年,世界电子竞技大赛 WCA 落户永久举办地——银川,中央电视台还播放了其宣传广告。2015 年 2 月,国内知名游戏厂商完美世界宣布与华懿(北京)文化娱乐俱乐部有限公司达成战略合作,推出国内首个基于大众电视频道的网络游戏类节目,于全国 20 家主流省会电视台黄金时段同步播出,这可以视作国家对网络游戏舆论的彻底解禁。

7.5.4 小结

从 1998 年起,中国网络游戏产业从萌芽到发展再到相对成熟经历了萌芽期、探索期、爆发期和成熟期。中国网络游戏的产业化发展与政府的支持程度有关,不过目前推动中国本土网络游戏产业发展的主要力量是非政府的部分。

7.6 结论与建议

本章围绕产业链和商业模式这两个关键词,梳理了手游产业的相关发展历程。手游的产生得益于手机终端的发明,手游的发展则建立在手机性能的提升以及移动互联网发展的基础上。从 2012 年产业萌芽发展到如今,手游产业从个体企业的单打独斗到形成以开发商、发行商、渠道和用户为核心的完整产业链模式,再到产业链的进一步发展与扩张、手游平台的形成,在市场的急速变化下,产业链也在顺应市场做出相应的调整。通过产业链的自延和并购,不仅手游企业自身在扩大自己的势力范围,很多其他行业也将触角伸到了手游行业。于是,产业链已经由纵向延伸发展为了横向延伸。在这种情形下,以 IP 为核心,打造泛娱乐全产业链成为手游产业的发展方向。

从盈利模式来看,伴随着我国网络游戏产业的不断发展,上述三种盈利模式已暴露出不少缺陷,游戏运营商需要不断摸索,寻求更加多样化的盈利模式。现在市场上主要是植入式广告。植入式广告是依托游戏娱乐本性带来的黏性和互动性,结合游戏产品文化背景和内容的独特性以及相应的游戏道具、场景或者任务而形成的广告形式。此外还有开发游戏周边产品。游戏周边产品通常指游戏版权所有者开发的或者通过相关授权开发的与游戏内容有关的实物表现形式。游戏周边产品的开发不仅能够为游戏运营商带来额外的市场价值,还能够对玩家参与网络游戏起到促进作用,提高玩家的经济转换成本。

从20世纪80年代开始,网络游戏产业所经历的政策环境是一条从行政主导到市场机制主导的发展型产业政策转型之路。网络游戏产业文化经济正是在实用主义"国家利益原则"、多元利益主体政策网络以及新自由主义文化经济全球化的结构环境中发展壮大并走向产业合法化的。文化经济具有其特殊性,涉及中国经济转型下新的经济目标,是中国政府转变经济发展方式的国家战略选择。不仅如此,文化经济的发展也是满足公民文化需要的必然要求,更是维护中华文化价值理念,保护中国"国家文化安全"的重要手段。在国家利益原则下,中国电子经济行业政策的"合法化"演变体现了文化经济发展与意识形态管理双重目标,兼顾经济目标与文化目标之间的利益平衡与矛盾。

网络游戏已经进入了泛娱乐化、全民化、重度化的新时代,如何能在激烈的市场斗争中脱颖而出是每个网络游戏企业都应该思考的问题。针对上述分析中得到的影响网络游戏企业发展的诸多因素,结合当前网络游戏行业发展的现状,提出以下三条建议:

(1) 创新企业营销模式,提升企业盈利能力

网络游戏发展到今天,其产业模式、产业链已基本成型,企业研发营运与销售等各方面趋于平稳,在这种时期敢于寻求突破才能让企业更进一步。2016年是网络游戏发展的新纪元,电子竞技、VR游戏、平台直播等新内容不断涌现,网络游戏企业之间的竞争也愈加激烈。网络游戏企业需要紧跟行业新趋势,迎合大众不断变化的需求,积极探索营销推广的新模式。

(2) 重视自主研发,培养专业人才

单纯依靠代理在竞争激烈的网络游戏市场难以存活,而自主研发的产品往往会拥有强大的生命力。自主研发使得企业拥有产品完整的权利,在合作或代理中处于主动地位,往往能够站在产业链的上游,获取更多利益。在自主研发方面,强大而有能力的研发团队是产品质量的基础。企业需要建立自己的科研中心和研发团队,投入大量研发经费,通过人才培养和激励政策吸引大批高技术专业人才加盟,为员工创造良好的环境,使其专注于内容与技术创造,以掌握产品的核心技术和自主知识产权,在市场竞争中处于有利地位。

(3) 促进网络游戏产品"出海",加速企业与国际接轨

我国自主研发的网络游戏凭借其浓郁的东方文化背景和极具中国传统武术氛围的操作体系在国际上占有一席之地,在海外市场的收入规模不断扩大。但是,由于我国的网络游戏企业起步较晚,相较于欧洲、日本和韩国等游戏强国,在产品技术和质量上并不占优势。在全球化的新时期,我国网络游戏企业应积极实施"走出去"战略,依靠优质产品和营销推广策略打开海外市场,进行更广阔的市场布局,借助"一带一路"等倡议浪潮,促使企业、产品与国际接轨。

参考文献

[1] 佐斌,马红宇. 青少年网络游戏成瘾的现状研究:基于十省市的调查与分析[J]. 华中师范大学学报(人文社会科学版),2010,49(4):117-122.

[2] 梁栩. 网络游戏企业核心竞争力初探[D]. 成都:西南交通大学,2004.

[3] 高嘉阳. 基于钻石模型的中韩网络游戏产业竞争因素对比分析[J]. 现代经济信息,2015(5):395.

[4] 李治国,郭景刚. 基于因子分析的我国网络游戏产业竞争力实证研究[J]. 企业经济,2012,31(9):102-105.

[5] 周泽,翟清华,朱闪闪. 我国网络游戏企业 SWOT 分析[J]. 中国报业,2013(6):96-97.

[6] 张瑞良,彭蕾. 我国网络游戏产业的现状与对策[J]. 贵州工业大学学报(社会科学版),2005,7(1):112-114.

[7] 侯阳平. 中国网络游戏产业本土化发展策略探析[D]. 长沙:中南大学,2009.

[8] 蒋志洲. 从"OEM"到"自主品牌":中国网络游戏产业的必经之路[J]. 质量与标准化,2013(5):22-24.

[9] 陈党. 我国网络游戏内容监管政策的发展[J]. 岭南师范学院学报,2016,37(2):38-45.

[10] 黄娟娟. 我国网络游戏产业盈利模式研究[D]. 武汉:华中师范大学,2013.

[11] 杨明智. 网络游戏产业成功因素分析[J]. 大众科技,2006,8(4):82-83.

[12] 叶恒. 美日韩网络游戏产业发展模式研究[J]. 企业家天地下半月刊(理论版),2010(2):24-25.

[13] 茅蕾. 中国网络游戏产业运营模式探析:以美韩中三国的比较分析为例[D]. 济南:山东大学,2010.

[14] 陈爱平,许晓青,高少华. 网络游戏发展迅猛电视与游戏融合模式受期待[N]. 财会信报,2013-06-17(C06).

[15] 李汶纪. 新制度主义理论与产业政策分析框架探讨[J]. 社会科学研究,2003(1):27-30.

[16] 张林. 新制度主义[M]. 北京:经济日报出版社,2006.

[17] 单世联. 中国文化产业政策面临的挑战[N]. 文汇报,2013-11-04(10).

[18] 胡惠林. 论20世纪中国国家文化安全问题的形成与演变[J]. 社会科学,2006(11):5-18.

[19] 张琳悦. 论文化产业政策的显性与隐性[J]. 中国文化产业评论,2013(2):169-192.

[20] 石凯. 政策结果的多面向:寻访新政策网络理论[J]. 社会科学研究,2008(5):33-38.

[21] Hesmondhalgh D. The cultural industries[M]. 2nd ed. Los Angeles: SAGE Publications, 2007.

[22] Garnham N. From cultural to creative industries: an analysis of the implications of the "creative industries" approach to arts and media policy making in the United Kingdom[J]. International Journal of Cultural Policy, 2006, 11(1): 15-29.

[23] Cao Y, Downing J. The realities of virtual play: video games and their industry in China[J]. Media, Culture & Society, 2008, 30: 515-529.

[24] Kshetri N. The evolution of the Chinese online gaming industry[J]. Journal of Technology Management in China, 2009, 4(2): 158-179.

[25] Research. 2010—2011中国电子竞技行业研究报告[R],2011.

[26] 张五常. 中国的经济制度[M]. 北京:中信出版社,2009.

网络游戏产业转型升级结构转变因素分析

8.1 绪论

我国网络游戏产业起步于20世纪末期,从最初进口海外产品、过渡期模仿国外产品,到现阶段自主研发游戏产品和进口、出口并存,这不仅是我国网络游戏产业发展历程的体现,而且是我国网络游戏产业赶超欧美、日韩等国家和地区的体现。随着电子信息技术和互联网行业的高速发展,拥有全球最大规模市场的中国网络游戏产业凭借人口红利优势经历了爆发和高速发展阶段。由于发展中出现垄断、产品同质化等问题,国内产业规模增长趋于平稳且有放缓趋势,但海外出口数量激增,出口范围不断扩大。现阶段网络游戏产业链已经趋于成熟,但市场达到瓶颈期,我国网络游戏市场玩家数量增长潜力逐渐消失,因此迫切需要寻求新的道路,进行产业转型升级。现阶段我国网络游戏产业面临以下问题:

第一,网络游戏产业中的格雷欣效应。一方面,目前网络游戏市场属于寡头垄断市场,市场的定价权和主导权都在寡头公司手中,大公司产品成为市场核定标准依据,甚至决定市场研究方向;另一方面,网络游戏产业存在巨大固定成本和不确定投入产出比。现阶段,我国网络游戏产业技术水平有待提高,人才供给不足,大公司通常将技术研发部分外包给国外公司或者专项公司,中小企业不具备自主研发优质产品的能力,只有通过缩短产品开发周期和减少技术人员投入,甚至直接抄袭或模仿市面网络游戏来降低成本,导致产品质量差和生命周期短等问题。因此,现阶段网络游戏市场上产品连山排海且出现质量良莠不齐、内容相似度高、元素简单等问题,玩家无法从中快速有效地挑选适合的产品,造成部分优质产品无法得到推广,企业难以收回成本,不得不宣布倒闭或退出市场,这种劣质产品驱逐优良产品现象形成了网络游戏产业中的格雷欣效应。这种现象在短期内普遍存在,甚至愈演愈烈,循环往复,扰乱市场竞争机制,增加作弊、内容模仿、技术窃取等行为,阻碍企业可持续发展和产业转型升级。长远来看,优质产品会拥有更长的生命周期,但格雷欣效应会降低市场筛选效率和减缓企业的创新进程,最终造成资源浪费,诱发产业问题。随着网络游戏产业发展逐步成熟,市场最终会达到平衡,供给方会通过提升产品质量获得需求方认可,高精尖产品最终会成为主流,因此只有依靠合理的转型升级策略才能消除格雷欣效应。

第二,市场份额集中在大公司手中。网络游戏产业是以互联网技术为基础产生的,研发阶段存在高固定成本、高研发创新成本、高沉淀成本、收入不确定性、难以变卖资产等问题,且具有资本和技术密集等特征,因此网络游戏产业进入壁垒和退出壁垒极高,大公司在市场中占有绝对优势。进入壁垒形成的主要原因是成本过高和规模经济。一方面,网络游戏产业固定成本较高、产品周期长,小企业无法承受长时间无收益或低收益投入,逐渐退出市场。另一方面,网络游戏产业规模经济导致大企业利润率极高,而中小企业处于低利润甚至是亏损状态,虽然起到提高资源利用率的作用,但也阻碍了行业技术进步和有效竞争。退出壁垒源于网络游戏属于虚拟产品这一特征,因此存在较高沉没成本。虚拟产品不同于实体产品,由于它的资产难以被变卖,只能被超低价转售,因此退出行业成本增加,进入行业风险加大。进入壁垒和退出壁垒过高导致网络游戏产业竞争不完全,因此产业创新受限制,当前网络游戏产品同质性高。目前我国网络游戏产业还属于垄断竞争产业,腾讯、网易等行业巨头占据了市场的大部分份额,小企业在技术和资金上能力不足,很难通过游戏形式和内容创新开拓市场。

虽然网络游戏产业存在较多发展问题,但用户消费能力和意愿仍然不断提升。网络游戏产业发展史与我国经济发展史有着极高重合度,都在20世纪90年代末期高速发展。近20年,我国处于经济稳定发展阶段,人们在满足了基本物质需求的前提下,逐渐转向追求精神需求和文化需求,传统娱乐方式与互联网不断紧密结合,衍生出许多新的行业。网络游戏产业借助互联网技术不断丰富产品内容和形式,已经超过影视和广播行业,成为我国最有潜力的文化娱乐行业。

基于我国网络游戏产业存在高度垄断和不正当竞争等问题,只依靠市场这只"手"并不能积极有效地促进发展,必须通过合理化产业政策引导和监督网络游戏产业的发展。但现阶段网络游戏产业发展潜力较大,消费者消费意愿和能力提升迫使产业转型升级。本章选取2015—2019年56家网络游戏上市企业数据作为样本,基于C-D函数建立产业转型升级结构转变方向和潜力测量模型,从人力资本、工资水平、经济规模、技术进步四个方面探究产业转型升级结构转变现状和规律。

8.2 文献综述

8.2.1 国外相关文献综述

国外文献主要从网络游戏产业现状、产业劣势、转型升级建议三个方面进行分析。

(1) 网络游戏产业现状分析。Shankar 等[1]指出网络游戏产业已经成为娱乐产业中最高速发展的产业,并对美国网络游戏企业的产品出口和进口进行研究和分析,认为网络游戏企业主要借助互联网进行海外市场扩张[1]。Strom 和 Mirko 通过研究中、日、韩三国网络游戏产业,强调我国网络游戏产业与这三个国家存在极高相似性,可以通过对其 20 世纪末的产业发展情况进行分析,为中国网络游戏产业发展提供转型升级思路[2]。韩国学者早在 2008 年就讨论了手机游戏和主机游戏之间的替代效应,基于大约 10 万次观察的面板数据,采用变量的固定效应回归估计效应,得出智能设备在 3DS、Wii 和 PSP 游戏机上的替代效应显著,但在 PS3 平台上的替代效应不显著,对 PSP 游戏机的替代效应很小;认为手机游戏对休闲掌机游戏或与手机游戏类似的掌机游戏具有替代效应,但效应很小,因此新游戏和传统游戏会共存一段时间[3]。

(2) 网络游戏产业的产业劣势。基于互联网的发展和全球化进程加快,技术型企业发展不同于传统制造业,在发展初期存在许多劣势。Sezgin 等[4-5]通过对产品发行后的市场选择进行对比分析,发现最先被市场接受的产品会成为主流产品和行业标准,因此先进入的部分企业具有垄断优势,最终形成寡头垄断市场。Gilbert 和 Katz[6]通过对 10 个发展中国家网络产业的研究,发现网络产业存在垄断和版权保护难等问题,而这些问题的解决存在一定困难和较高复杂性;认为在没有政府的干预下,企业是网络市场的控制者和领导者,因此需要从企业的研发运营等方面进行调整。MacInnes 等[7-8]对中国厂商的经营模式进行分析,发现市场存在严重的游戏作弊现象,认为这些外挂、私服等问题会严重影响市场运行和企业发展。Kim 和 Park[9]以图画及其分析和解释为研究方法,对东京游戏市场进行结构分析,构造了四个网络游戏产业生态系统,并构建了产业集群知识体系,认为网络游戏产业发展前期存在产业集中度过高的问题。

(3) 网络游戏产业转型升级建议。美国学者 Williams 结合不同类别的特点和技术需求,从游戏开发、运营渠道和消费者聚集特征等方面进行了全面研究和分析,并对网络游戏产业聚集提出了建议[10]。Claussen 等[11-12]对中国网络游戏企业的规章制度和投资运营进行研究,并将中国和美国网络游戏企业的发展进行对比分析,探讨中国网络游戏企业管理问题,认为中国企业更适合走集体发展道路,改善网络游戏产业的寡头垄断情况十分重要。Schumacher 等[13-14]发现网络游戏的开发商分为两类:一类是 B2C 在线销售,直接与消费者联系;一类则通过企业结盟占据市场,从而建立更大的网络游戏平台。对全球前 100 的企业进行分析,认为第二种方式低成本、高收益,消费者满意度更高。Zhou[15]从消费者角度出发,提出应该注重消费者体验感,而不是仅仅关注数量。Creus 等[16]通过对早期游戏机产品的市场研究,认为企业需要通过提高玩家边际效率来获取收益,而不是依靠市场扩张用数量取胜。Gouws[17]认为将网络游戏与社交结合是增强玩家黏性的最佳选择,合理地将现实世界与游戏世界联系起来是维持网络游戏发展的关键。Gray 等[18-19]认为市场的动态性对数字游戏产业提出了挑战,游戏开发企业必须开发新游戏,以满足游戏玩家不断变化的需求。为了实现这种创新,开发人员倾向于采用一种双向选择的方法,包括开发游戏探索和利用活动。此外,游戏开发团队必须依靠游戏测试人员的反馈来加强开发工作,从而满足游戏玩家需求。Derdenger[20]认为网络游戏存在虚拟资产,但并不意味着不能将其转化为现实资产,政府首先需要设立评估和转化标准,将虚拟资产和现实资产对应,让虚拟资产也能应用现实生活中的法律法规。Yamaguchi 等[21]研究了政府政策对网络游戏产业集聚的影响,认为政府政策对文化产业集聚起到了一定作用,但过度干预不利于文化创意空间的发展。此外,还有部分学者从文化创意产业角度进行研究,麻省理工学院游戏开发专业教授 Harrigan 抛开了技术对网络游戏产业的影响,从文化创意产品角度对网络游戏的发展进行分析,结合玩家心理特征,从艺术角度探讨网络游戏产品发展,为学者开辟了新研究思路[22]。Lee 等[23]通过对中国网络游戏产业的研究,发现虽然中国对于文化创意产业的财政投入有所增加,但由于网络游戏社会负面评价较多,并没有增加产业相关支出,甚至在一定程度限制了网络游戏产业的发展。Liu 等[24]从文化影响力、技术意义和经济价值三个方面对网络游戏产业进行分析,并同其他地区进行对比,认为我国网络游戏产业中企业和相关媒体在一定程度上影响法律法规的制定,并且法律法规呈现出不同的区域特色。

由于地区文化和经济发展不同,欧美地区和亚洲地区对网络游戏研究的侧重点不同。欧美学者的研究大多以企业和消费者为主体,从技术和企业转型升级角度进行分析,而亚洲学者更多地从国家层面进行研究,从产业政策视角分析居多。

8.2.2 国内相关文献综述

我国网络游戏产业起步较晚,国内学者在我国网络游戏产业转型升级方面的研究大多以日韩为参照对象对网络游戏产业现状进行分析,并结合实际发展趋势提出相关的政策建议。国内学者的网络游戏产业转型升级研究大致可以分为产业发展现状、产业发展趋势以及转型升级建议三个方面。

(1) 从产业发展现状来看,学者主要从市场结构和产品方面进行分析。市场结构方面,宋玮[25]和邹亮[26]分别通过问卷调查和 SCP 范式分析我国网络游戏产业发展存在的问题和优势,认为我国网络游戏产业存在市场准入门槛低和退出门槛过高、产品内容雷同和非法复制比例大、人才培养机制不完善、技术创新发展缓慢、市场集中度过高导致价格机制和市场竞争不合理、社会负面评价较多和国家相关法制法规不完善等问题。晏旭[27]研究以腾讯游戏公司和暴雪娱乐公司为核心的产业链结构,发现我国网络游戏产业存在上游环节研发能力不足、中游环节管理运营薄弱、下游环节相关产业联动性和延伸度不够等问题,并且产业中企业联合度低,竞争机制不完善。丁文武[28]从文化传播方面对网络游戏内容进行研究和问卷调查,发现网络游戏娱乐化严重,存在过多暴力因素和虚假内容,不断引导和刺激玩家消费,并且由于网络游戏环境中存在较多不良内容,导致青少年过早接触成人内容和沉迷于游戏。

产品方面,侯阳平[29]通过对网络游戏本土发展状况的研究,发现我国网络游戏存在内容低俗和形式极易引起上瘾等问题,导致市场出现混乱和无序现象。马莹莹等[30-31]从市场营销和创新能力、人才需求三个方面解释了国产网络游戏产品同质化现象,并分别说明同质化在一定程度促进技术进步和不断重复同一类型操作会导致成本增加和社会浪费。刘一郎等[32-33]通过对游戏案例进行分析,认为我国大部分网络游戏公司在交互设计方面严重不足,这导致市场上产品仅仅停留在满足玩家的实用需求层面,忽略了审美和互动感,因此市面上产品表现形式单一,设计不新颖。

(2) 从产业发展趋势来看,学者主要从产业供给方、需求方和监督者三个群体角度进行分析。供给方以游戏企业为主。叶忠等[34]基于上海市 2006—2016 年间游戏企业时空数据,借助 ArcGIS10.2 和 CrimeStat3.3,探讨上海市游戏产业空间集聚及演化特征,发现游戏企业呈现出集聚与扩散并存的双重态势,认为作为产品供给方需形成技术结盟,产品供给地区需分散布局。林蕾[35]通过对游戏市场增长趋势和不同年龄、性别的人群潜力进行研究,认为网络游戏会通过跨行业合作和加强女性产品研究等方式挖掘市场潜力,在女性市场会创造出新游戏类型。王媛[36]认为未来游戏产业会从以客户需求为导向、提升游戏产品质量、实行"基础免费、增值收费"商业模式、注重网络安全和加强网络风险防范以及游戏产品设计与教育功能结合五个方面增强网络游戏产品有效供给。

需求方也就是消费者群体。章浩芳[37]、许强[38]运用管理学、营销学、经济学、行为学及相关学科理论,采用问卷调查的形式,对网络游戏顾客价值、顾客经营管理等进行实证分析并提出合理建议。刘洋和杨学成[39]通过问卷调查对玩家的行为和意向进行分析,发现不同学历和年龄人群呈现不同游戏行为特征,特征间存在交叉性,建议产品设计应该从产品属性、消费体验和信息系统三个方面出发。张春华和温卢[40-41]通过问卷调查发现女性和高学历玩家具有极大的市场潜力,玩家的消费意愿与游戏的难易程度相关,女性玩家倾向于游戏画面感和过程体验,对游戏结果不太注重。

监督者层面是指政府部门相关法律法规的制定和投资情况。刘元发[42]认为我国文化产业在一系列财税政策支持下,取得了较好的发展,但依然存在诸多问题,主要表现在扶持力度不够、支持领域不广、政策稳定性差等方面,合理的产业政策和相适应的法律法规是产业长期稳定发展的基石。陈党和冯白帆[43]认为我国网络游戏产业政策逐渐趋于成熟,玩家权益保护政策和专项政策越来越多,政策措施更加务实与灵活。对于政府目前出台的政策,褒贬评价广泛存在[44]。高嘉阳[45]对政府近20年在文化创意产业和网络游戏产业出台的政策进行分析,认为网络游戏产业快速发展基于政府的支持,但由于产业特殊性,一些产业政策并没有发挥作用甚至造成了资源浪费,因此对产业和政府来说如何合理支持发展是关键也是难题。

(3)部分学者对网络游戏产业转型升级给出了建议,主要包括对产业、企业和政府的建议。产业层面,大部分学者认为提升技术和加强专项人才培养是转型升级的基础。舒畅[46]认为网络游戏产业可持续发展必须加大知识产权保护力度,维护用户合法权益;加快游戏人才储备,创新人才培养模式;增强企业社会责任感,大力倡导绿色网络游戏环境;继续完善网络游戏实名制,加快推进网络游戏分级制。华夏[47]认为国产网络游戏需要解决产品竞争力弱和玩家作弊等技术问题,并结合虚拟现实技术(VR)、增强现实技术(AR)、介导现实技术(MR)等进行技术革新。随着智能手机的发展和便捷化,刘娉[48]通过对比不同手机在网络游戏中的操作性和画面感,认为手机在网络游戏体验方面有着重要作用,提出网络游戏企业可以通过与手机企业合作或者自主开发品牌手机来提高网络游戏和手机的匹配度,提升玩家游戏服务体验感。茆训诚[49]认为网络游戏产业存在发展劣势,产业需要考虑整体发展情况进行合理化转型升级,在考虑利润率情况下起到民族文化输出和国际声誉提升的作用。从企业层面来讲,大多数学者建议从内容上进行改革创新[50-51],刘由钦[52]通过对腾讯、三七互娱以及网易游戏展示的387款游戏进行游戏情景和机制统计,黄漫宇[53]通过对盛大网络游戏模式进行探究,均认为我国网络游戏画面感和操作感不强,存在严重的内容雷同问题,企业需要从内容上进行创新。严佩诗和赵依雪[54]通过对云游戏特点进行分析,认为网络游戏公司作为产业链提供方,内容是产品最本质的部分,在此基础上应结合适配的手段并通过技术革新创造更真实更舒适的游戏环境,以提高玩家游戏体验感。康鹏和赵素华[55]认为我国网络游戏群体居于世界首位,市场潜力大,并且我国有着丰富的历史文化和丰厚文化底蕴,应将中国特色与网络游戏结合,让网络游戏不仅是休闲娱乐工具,而且是文化的载体和知识传播者。吕鹏[56]通过对网络文化价值进行研究和分析,发现现存网络游戏借鉴了历史故事和人物部分元素,但为了迎合大众审美和让玩家更容易上手,对部分真实情况进行随意改动,导致了文化的扭曲和错误知识的传播,认为企业需要在真实的历史和人物上进行合理内容创作。部分学者对网络游戏投放的广告形式给出了建议[57-59]。张任之[60]以《王者荣耀》为例,对广告投放策略进行了细致分析,认为网络游戏中投放广告是网络游戏企业重要的盈利方式,而如何让玩家不因广告离开游戏和降低游戏体验感是企业现阶段面临的难题。

政府对于网络游戏产业的发展至关重要。佟贺丰[61]通过对我国网络游戏的优势和劣势进行分析,认为网络游戏在对经济产生积极促进作用的同时,也伴随着健康文化和绿色网络环境的双重挑战,政府对于网络游戏发展起着重要的引导和监督作用。政府需要通过设立标准和制度来完善网络游戏市场。庹祖海[62]通过对我国网络游戏现状进行分析并与具有代表性的国家进行对比,周志健[63]通过对网络游戏暂停审批问题进行探讨,均认为政府监管的意义在于通过设立准入标准和退出机制净化网络游戏市场,减弱市场集中性和不公平竞争。张兆为[64]通过对147家文化创意公司进行分析,发现由于网络游戏强消费刺激性、高度黏性和低边际成本的经济学属性和市场垄断程度过高,产业补贴政策对于研发水平并没有积极影响,甚至产生了挤出效应,建议政府应加大监管力度,调整市场结构和规范市场行为。乔蓝聪[65]、周芹[66]认为我国网络游戏市场中存在的并购行为逐渐增多,产品以盈利模式为主及广告只介绍产品画面和浅层内容等问题,政府需要提高网络游戏审批的标准,并且在产品的防沉迷方面按照不同类型游戏设立规范和惩罚。

8.2.3 小结

总体来说,虽然近几年我国对于网络游戏产业转型升级的研究增多,但普遍是对现状的分析和法律法规完善的建议,未产生对转型升级有创造性突破的模型,行业内普遍存在的问题也没有得到合理建议,整体研究还较为落后和缺乏实践性。基于我国网络游戏产业起步晚,发展时间短,还没有形成完整统一的生态系统,国内学者的研究更多的是在企业层面,对政府作用没有过多讨论,且忽略了文化特性和社会制度问题,更多的是基于相似的国外市场或者典型游戏模式改善进行分析,并没有提出有中国特色的转型升级建议和意见。就目前情况来看,学者大多是理论学者和在校学生,从事网络游戏相关工作的学者对于网络游戏产业转型的研究很少,这就导致了理论与实践相脱离。因此如何构造适合网络游戏产业转型升级的模型,仍然需要在实践和理论中不断探索和发展。

本章将通过56家网络游戏上市企业的相关数据,基于C-D函数构建产业转型升级结构转变方向和潜力估计模型,试图探究网络游戏产业转型升级的主要影响因素。结果发现技术进步是产业转型升级中结构转变的主要驱动力量,并进一步从内部因素创新强度和人才驱动、外部因素产业规制和产业竞争对技术进步促进产业转型升级机制进行分析,试图研究转型升级传导机制。

8.3　网络游戏产业转型升级SCP范式分析

从市场角度出发对我国网络游戏产业转型升级发展现状进行分析,主要从市场结构、市场行为和市场绩效三个方面进行研究。

8.3.1　市场结构分析

(1) 市场规模和产业的销售量

伴随着互联网的发展和电子信息技术的提升,网络游戏工具从最初的游戏机发展到电脑端。近几年,随着智能手机功能的增加和普及率的提高,移动手机端变成网络游戏的主要载体。玩家拥有更自由的游戏时间、地点选择权,国民生活水平的提高显著性地促进了文化创意产业和娱乐业的发展,因此网络游戏市场规模明显增大。如图8.3.1所示,2014—2020年我国网络游戏产业处于市场规模递增阶段,并且我国已经成为全球最大的网络游戏市场。规模扩张促进市场需求增加,激励产业创新和转型升级。

(2) 市场集中度高和产业进入壁垒增高

在网络游戏产业发展初期,小部分企业凭借资本、运营、营销等优势获得人口红利,占据了大部分市场,这阶段企业出现严重实力分化,小企业面临成本压力逐渐退出市场或者被大企业并购,基于此,产业集中度不断提高,如图8.3.2所示,仅腾讯一家企业就占据市场一半份额。产业核心技术和大部分市场份额都掌握在寡头企业手中,由于产业本身规模经济和成本壁垒的存在,新生企业没有足够资金实力、技术水平、专业人才与寡头企业抗衡,导致产业进入壁垒增高。基于此,如果产业不进行转型升级,必定会加剧集中度和加深壁垒问题。

图 8.3.1　2014—2020 年中国游戏市场实际销售收入

数据来源:伽马数据《2020 年中国游戏产业报告》

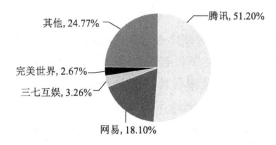

图 8.3.2　2020 年中国网络游戏企业市场规模比例图

数据来源:伽马数据《2020 年网络游戏产业集中度》

(3) 产品同质化现象增多

首先,我国网络游戏起步远远晚于海外国家,在 20 世纪末和 21 世纪初主要通过代理和模仿形式开发产品,因此技术进步缓慢,导致很长一段时间创新水平低下、产品质量未得到优化、内容形式创新度低。其次,我国社会公众对网络游戏存在严重的负面评价,因此直到现在我国还没有系统的网络游戏人才培养体系,降低了我国网络游戏创新的可能性。然后,初期我国网络游戏用户以男性为主,社会和企业存在的固化思维并没有考虑到女性市场,因此网络游戏内容和策划以满足普遍男性玩家需求为主,造成产品相似度高。最后,由于政府并没有明确出台网络游戏版权保护、行为规范等法律法规,并且我国网民知识版权保护意识较弱和盗版网络游戏横行,玩家对于收费类型产品兴趣度降低,因此我国网络游戏模式比较单一。综上所述,我国网络游戏产品同质化严重,主要表现在类型、题材、内容以及收费模式等方面,需要通过创新发展进行产业转型升级、改善现存问题。

8.3.2 市场行为分析

(1) 营销手段

从营销方式来看,初期网络游戏企业为达到开拓市场和吸引玩家的目的,主要以免费模式为主,收费模式包括开通会员、购买道具或皮肤等。但整体来说,玩家消费倾向不高,因此中小企业无法承受高投入、低收入的经营模式,逐渐退出市场或被并购。生存下来的企业不断扩大市场占有率,占据了部分市场和拥有一定玩家数量后,企业开始利用玩家产品黏着度和垄断地位采取收费模式,主要包括点卡、月卡等形式,目前电脑端游依旧是主要收费载体。

从营销策略来看,主要包括线上、线下两种,仍然以线上形式为主,但随着动漫业受众增多,线下以动漫等形式为载体的宣传活动形式不断增多,参与人数不断增加。线下包括广告投入、周边产品售卖、游戏角色 cosplay,线上主要以游戏内部系统、网站、社交媒体等为载体进行广告投放。跨行业宣传合作逐渐增多,与影视剧合作推出同名 IP 电影和电视剧,如早期仙剑系列;与银行联名推出特色银行卡,如招商银行王者荣耀联名信用卡;利用粉丝效应与明星合作,通过明星直播游戏操作、游戏人物 cosplay 等方式进行推广;与美妆博主合作推出游戏人物妆容,如小乔仿妆一度风靡。为了提高游戏产品的市场熟知度,一些大企业甚至自制游戏周边影视作品,例如 2020 年 12 月《王者荣耀》推出蔡文姬和澜系列动画片,将游戏中的人物利用故事联系起来,发挥 CP 效应吸引玩家。

(2) 价格行为

在很长一段时间,我国网络游戏以免费模式为主。随着市场集中度提高,企业逐渐成为产业推动者,加之国民经济水平提高,玩家消费意愿增强,企业开始推出各种收费活动,包括购买游戏卡、皮肤和升级提醒等,玩家可以通过消费获得不同于免费模式的游戏体验感。现阶段价格行为主要包括游戏内置广告(IGA)、计时收费(PTP)和道具收费(FTP)等方式,目前道具收费占据主流地位,玩家可免费进入游戏,但在游戏中购买虚拟道具需要支付相应费用,道具收费给予玩家付费自由选择权,尊重玩家自行体验意愿。

(3) 非价格行为

网络游戏非价格行为主要包括广告策略、品牌个性化和服务创新。广告策略从最初电视等广告投放转变为对游戏人物进行情节构建,赋予人物鲜活的性格特点,塑造出与现实人物相似的游戏人物形象,运用故事情节多面展现游戏内容和形式;品牌个性化是指企业利用热门游戏打造企业品牌形象和提升社会人口度,以旧带新,用有一定用户规模的产品来协助推广新生产品;服务创新是指通过线下体验和线上互动方式提升用户体验感,例如利用电竞、网络直播等方式让玩家更好地了解产品和获得新鲜的视觉、听觉、触觉体验。

8.3.3 市场绩效分析

(1) 规模和收益状况

2008年我国网络游戏产业实际销售收入仅为185亿元,到2015年首次突破了1 000亿元,2020年增长到了2 300多亿元,与此同时,网络游戏市场用户规模不断增加。随着互联网行业和全球科技的不断发展,我国网络游戏产业持续了较长一段时间的稳定发展,市场规模基数不断增大,但市场潜力发掘也开始面临瓶颈,具体表现为网络游戏产业增速逐渐减缓和产品创新水平难以提高。虽然我国网络游戏发展仍然保持在国际前列,高于全球平均水平,并且专家们预计在未来10年时间仍然会平稳增长,但不进行产业转型升级无法保持长久持续发展。

网络游戏产业规模效应促进了产业集中,实力强的厂商拥有市场决定优势,占据市场大部分份额。现阶段网络游戏市场呈现腾讯一家独大、网易和盛大网络紧跟其后、规模前十企业占据80%市场份额等特征,寡头企业把握着市场前进方向。市场潜力挖掘遭遇瓶颈、内容和形式难以创新、产品质量参差不齐等问题向产业发出了警告,新一轮市场竞争正待开启,产业必须转型升级。为扩大规模和提升国际竞争力,大游戏公司开始开拓海外市场,预计在未来5年时间,它们仍然会保持规模扩张,占据更多海外市场份额。

(2) 科技发展

首先,我国网络游戏技术发展历史远远短于欧美和日韩,长期依赖海外技术输入和代理经营造成技术水平长期停滞在一定水平,加之国内核心技术不成熟、人才供给系统不完善,势必会限制产业整体自主研发水平,科技发展缓慢。其次,随着玩家整体消费能力的增强和社会公众对网络游戏认可度的提高,政府开始出台一系列鼓励政策促进产业创新发展,并通过增强知识产权保护提升企业自主创新能力,因此近几年网络游戏产业技术发展开始增速。基于技术发展水平的提升,产业催生了腾讯、网易等有世界影响力的寡头企业,以腾讯《王者荣耀》为例,由于其精美画面感、流畅运行、符合大众习惯性操作、快速bug修复更新等领先技术输出,在短短5个月时间将在线活跃人数从36万提升到7 800万。腾讯作为产业领先者,无论是操作技术、运营技术还是画面设计、系统修复升级能力都处于世界先进水平,并且独辟蹊径开拓了系统运营、手机游戏内存轻量化市场。最后，网络游戏技术不仅要实现玩家快乐游戏、放松愉悦的目的，而且要为玩家提供隐私安全、财产安全等优良游戏环境。目前网络游戏加入实名认证和监督等系统，试图通过对青少年实行游戏选择和时间限制以达到减少其受网络游戏负面影响的目的，部分游戏还增加了玩家匿名举报等功能以减少网络游戏中的恶俗行为。由此可以得出现阶段我国网络游戏技术水平虽已达到平均水平，但仍然需要不断改进。

(3) 雇佣对象

网络游戏产业创新依靠技术输出和专业人才推动，因此不仅需要基础性产业人才，更需要特定方向的技术人才。现阶段我国网络游戏雇佣对象呈现金字塔形状，底层基础性人才即负责产品开发、运营和技术支持、客户服务的人员居多，他们大多是接受过部分相关课程培训的技术人员；中层计算机技术人才即程序设计开发人员，他们基本是计算机、信息技术等专业毕业的大学生或研究生；顶层策划型人才稀缺，包括设计架构师、游戏策划师等研发者，属于产业中金字塔顶端的高精尖人才，他们通常是有着计算机等技术基础并且掌握艺术设计的网络游戏资深玩家。除了网络游戏相关生产输出人才，还衍生了各个学科的跨行业人才，主要包括宣传推广、新闻报道、游戏管理、电竞职业玩手等。

当前我国没有网络游戏产业定向输出系统，但由于网络游戏产业工资水平较高，吸引了大量跨行业人才通过短期培训从事相关职业，计算机专业高才生在毕业选择时也倾向于进入网络游戏企业。

8.3.4 网络游戏产业转型升级机理分析

通过上文 SCP 范式分析发现，现阶段我国网络游戏产业处于发展初期，虽然规模水平得到提升，但是在产业结构和技术水平方面仍有待提高。产业转型升级不单单依靠产业规模扩张和产品数量增加，更依赖于产业转型升级结构转变。基于此，本小节从产业结构方面进一步对产业转型升级问题进行内在机理分析。

(1) 网络游戏产业转型升级结构转变因素分析

产业结构是影响产业规模结构效率的直接因素，因此产业转型升级结构转变直接影响产业转型升级。产业结构主要指产业内资本构成、人力结构、技术水平等，在网络游戏产业中，技术水平直接影响产品质量和企业发展进程，人力结构是产业转型升级结构转变的主观能动性力量，资本构成为产业转型升级结构转变提供经济基础。

通过阅读相关文献发现产业市场集中度过高或过低都会抑制产业规模经济

水平提升。网络游戏产业作为高市场集中度产业,寡头企业生产成本高于中小型企业,导致市场非效率并且促使产业效率损失,产业规模效益难以实现,因此大型企业和中小型企业在结构转变中呈现出不同特征。

(2) 产业结构对产业转型升级的影响机制

网络游戏产业现阶段属于寡头垄断产业,学者普遍认为在寡头市场产业创造性更强。这是因为占据主要市场份额的企业更倾向于制定长期目标,创新是保持垄断的重要方式,它们所占据的高市场份额足以将创新后技术扩散的收益内部化。但如果产业集中度过高,对于寡头企业来说技术创新潜力反而受到限制,因为其不愿意投入过高成本来达到提高创新水平的目的。如果此时寡头企业受到中小型企业积极的技术创新威胁,它们就必须通过技术创新提高自己的市场地位。

在寡头垄断市场中,企业数量较多有利于加快技术创新速度,较小市场份额的企业更大概率成为技术进步的推动者,尽管处于支配地位的寡头垄断企业创新速度通常更快。因此中小型企业进行技术创新有利于推动全产业技术进步,许多学者认为网络游戏产业以寡头为主导、大中小型企业共存的产业结构更具有转型升级潜力。

(3) 技术进步对产业转型升级的影响机制

产业技术进步是指产业内的发明、创新和技术转移,也就是技术转移和技术强化,主要体现为新产品增加和对原有产品的改进。技术进步在市场行为和市场结构中全方面体现,并且可以起到促进经济增长的作用。因此产业技术进步是动态效率的体现,是网络游戏产业经济绩效衡量的重要标准。

技术进步对产业转型升级存在影响,但技术需要通过消化吸收才能作用于产业内部,提升产品质量和优化产业结构,最终达到影响产业转型升级的目的,因此技术进步对产业转型升级的影响存在中介效应,中介变量通常是对企业技术创新具有促进作用的指标。

技术进步对产业转型升级的影响中存在产业外部因素影响机制,产业规制可以起到调节市场失灵的作用,产业内技术水平输出受到限制,政府可以通过产业规制规范企业创新行为,激励产业内部技术创新;产业竞争会影响企业研发和创新积极性,企业行为决策会依据市场竞争力强度进行调整。因此产业规制和产业竞争在技术进步对转型升级的影响中可能发挥一定的调节作用。

8.3.5 小结

本节主要对我国网络游戏产业转型升级现状进行理论分析,利用 SCP 范式分析法从市场结构、市场行为、市场绩效三个方面研究网络游戏产业市场发展现状，为下文转型升级实证研究提供研究背景和参考；对网络游戏产业转型升级的影响因素机理进行分析，发现技术进步影响产业转型升级，并且其存在中介效应和调节效应。

8.4 变量来源与指标构建

8.4.1 理论分析

经济增长理论和发展经济学指出结构转变在经济增长、产业规模扩张、转型升级中发挥核心作用。我国网络游戏产业转型升级依赖于产业转型升级结构转变，吕鹏[56]认为产业结构方向合理化转变可以起到促进产业优质发展的作用，因此对产业转变方向进行度量可以研究出产业发展方向和转型升级目标。叶忠等[34]将产业人力资本结构转变速度作为产业转型升级潜力的衡量，认为对产业转型升级结构转变过程中的因素进行分析可以起到产业转型升级方向和核心影响力度量作用。基于此，本章基于C-D函数构建产业转型升级结构转变方向和潜力估计模型，以此来度量产业转型升级方向和潜力，并从人力资本、经济规模、技术进步、工资水平四个方面分析其对产业转型升级结构转变方向和潜力的影响。网络游戏产业存在高集中度的问题，中小型企业和大型企业在产业技术、经济规模等方面存在极大差距，因此本章通过对企业规模进行划分来区分企业属性，深入研究产业中企业各自的特征和转型升级方向。

8.4.2 数据来源

网络游戏产业作为新兴产业并没有权威官方产业数据发布，学者研究大多利用文化创意产业数据进行经济学问题分析，这种数据容易获得且具有完整性，在数据计量处理过程中往往呈现出较高的显著性。但网络游戏产业与文化创意产业整体特征并不完全吻合，结论存在误差和偏差，因此本章选取网络游戏产业中的具体企业数据作为样本数据。网络游戏产业属于高集中度行业，大规模企业占据主要市场份额，并且许多网络游戏企业将网络游戏作为拓展性业务，并不属于网络游戏产业，基于数据可得性、市场占有率和有效性，剔除上市时间短、数据缺失和网络游戏业务占比低于40%的上市企业，最终筛选出56家企业。

本章选取2015—2019年沪深两市和香港H股56家具有代表性的网络游戏上市公司数据作为样本，对样本进行筛选和处理，具体流程如下：首先对ST

类观测值进行剔除,然后对存在缺失或者异常的相关变量数据进行删除,最后删除当年 IPO 的观测值以避免上市当年业绩操纵的影响。经过上述筛选,得到 265 个观测值。数据来自上交所、深交所、CSMAR 和 Wind 数据库。根据企业规模将其划分为大型企业和中小型企业两类建立产业时间序列数据,并在此基础上依据企业所在地区发展程度建立面板数据。

8.4.3　结构转变方向度量

由于产业转型升级会带来就业结构变化和整体创新水平变化,即产业转型升级结构转变与产业内人力资本构成和技术创新水平息息相关,产业转型升级中人力资本特征和技术创新水平发生变化会促使产业整体结构发生变化。本章借鉴 Grandadam[12] 网络游戏产业转型升级结构转变方向指数,构建如式(8.1)所示的测量模型:

$$DTL_{i,t} = \frac{LR_{i,t}}{LS_{i,t}} \cdot \frac{K_{i,t}}{\frac{1}{n}\sum_{j=1}^{n}K_{j,t}} \tag{8.1}$$

式中,DTL 表示产业转型升级结构转变方向指数;LR 和 LS 分别表示研发人员和总工作人员数量;K 表示企业产出水平,用企业一个周期内利润总额测量;n 表示测量指标个数;t 表示年份。

由此得出表 8.4.1 所示的网络游戏产业转型升级结构转变方向指数。

表 8.4.1　产业转型升级结构转变方向指数

年份	2015	2016	2017	2018	2019
平均 DTL	0.042 1	0.043 2	0.041 9	0.051 7	0.046 7
标准差	0.001 8	0.021 2	0.012 7	0.013 4	0.034 2

数据来源:笔者依据 56 家上市网络游戏企业数据整理计算所得。

表 8.4.1 显示近几年我国网络游戏产业转型升级结构转变方向平均数值基本保持稳定,但标准差呈增加的趋势,说明整体产业结构比较稳定,但产业内企业差距较大,可能是产业集中度过高导致企业结构分布不一致,存在较大差距。

8.4.4　结构转变潜力度量

本章通过构建产业转型升级结构转变潜力指数来反映结构转变强度,借鉴陈党和冯白帆[43]产业转型升级结构转变强度模型建立思想,建立产业转型升级结构转变潜力度量指数,其计算公式如下:

$$STL_{i,t} = \frac{DTL_{i,t} - DTL_{i,t-1}}{\frac{1}{n}\sum_{j=1}^{n}DTL_{j,t}} \cdot \frac{A_{i,t}}{\frac{1}{n}\sum_{m=1}^{n}A_{m,t}} \quad (8.2)$$

式中，STL 表示产业转型升级结构转变潜力指数；A 表示企业技术水平，用企业周期内总产品数量表示。高嘉阳[45]认为我国网络游戏产业集中度过高的问题导致企业规模严重影响企业结构转变，企业规模的差异会导致其转型升级结构也呈现较大差异。基于此，本章将产业转型升级结构转变潜力指数分为大型游戏企业产业转型升级结构转变潜力指数（$LSTL$）和中小型游戏企业产业转型升级结构转变潜力指数（$SSTL$）。

基于式（8.2）测算出我国网络游戏产业大型企业和中小型企业产业转型升级结构转变潜力指数，如表 8.4.2 所示。

表 8.4.2 产业转型升级结构转变潜力指数

年份	2015	2016	2017	2018	2019
平均 $LSTL$	0.002 1	0.017 1	0.008 2	0.001 3	0.003 2
平均 $SSTL$	−0.004 2	0.003 1	0.000 9	0.001 2	0.023 2

数据来源：笔者依据 56 家上市网络游戏企业数据整理计算所得。

表 8.4.2 显示大型企业产业转型升级结构转变潜力指数逐渐减小，可能是因为产业集中度提高导致大型企业数量逐渐减少，大型企业已经具有市场控制权，转型升级积极性减弱；中小型企业产业转型升级结构转变潜力指数增加，可能是因为寡头垄断留给中小型企业的市场份额有限，企业不得不通过结构优化转型升级，技术创新积极性增强。

8.4.5 基于 C-D 函数的估计模型

结合网络游戏产业转型升级结构转变方向指数和网络游戏产业转型升级结构转变潜力指数，本章从结构转变方向和潜力两方面分析产业转型升级的主要驱动力量是资本推动还是技术推动。本章估计模型基于柯布-道格拉斯生产函数构建，如式（8.3）所示：

$$Y_t/n = A_t K_t^\alpha L_t^\beta \quad (8.3)$$

式中，Y_t/n 表示企业年度实际产出，用企业年度利润作为测量指标，其中 n 表示所选企业个数；A 表示企业技术进步水平，用企业当年自主研发产品数量衡量；K 和 L 分别表示资本存量和人员规模，分别用企业总资产和年底员工数量作为测量指标;参数 α 和 β 分别代表资本产出弹性系数和人力资本产出弹性系数。根据产业转型升级影响下的结构模型,其产业结构决定模型可进一步表示为:

$$\ln L_t = c + \phi_1 \ln Y_t + \phi_2 \ln K_t + \gamma_t + \varepsilon_t \tag{8.4}$$

式中,γ_t 表示包含技术进步的外部冲击的控制变量;ε_t 表示吸纳了地区效应和时间效应的随机扰动;ϕ_1、ϕ_2 为系数。综合网络游戏产业转型升级结构转变方向和潜力,基于产业转型升级影响下的人力结构模型,进一步构建产业转型升级影响下的产业结构模型:

$$\ln DTL_t = c_0 + \phi_1 \ln(Y_t/n) + \phi_2 \ln K_t + \phi_3 \ln W_t + \gamma_t + \varepsilon_t \tag{8.5}$$

$$\ln STL_t = c_1 + \sigma_1 \ln(Y_t/n) + \sigma_2 \ln K_t + \sigma_3 \ln W_t + \gamma_t + \varepsilon_t \tag{8.6}$$

式中,W 表示企业员工平均月工资;DTL 表示产业转型升级结构转变方向指数;STL 表示产业转型升级结构转变潜力指数;Y_t/n 表示企业年度实际产出;K 表示资本存量;γ_t 表示包含技术进步的外部冲击的控制变量;ε_t 表示吸纳了地区效应和时间效应的随机扰动;ϕ_1,ϕ_2,ϕ_3,σ_1,σ_2,σ_3 为系数。

8.4.6 小结

我国网络游戏产业结构现阶段高度不协调,结构转变严重影响产业转型升级,因此本章从结构转变方向和潜力两方面对网络游戏产业转型升级结构转变因素进行分析,重点分析网络游戏产业转型升级的主要驱动力量是资本推动还是技术推动。

8.5 实证分析

本节基于时间序列数据和面板数据对产业转型升级结构转变方向和潜力影响因素进行实证分析。

8.5.1 时间序列数据分析结果

利用变量水平值论证经济学平衡关系容易导致误差,对数据进行差分处理会引起长期信息丢失。因此,对于平稳序列处理可以采用协整检验和因果检验来确定时间序列的长期均衡关系和因果关系,这要求在建立模型之前检验水平数据的平稳性。本章采用 ADF 方法检验平稳性,结果表明模型的一阶方差是平稳的,在此基础上进行时间序列估计,得到如表 8.5.1 所示的结果。

表 8.5.1　基于时间序列数据的产业结构影响因素分析

变量	产业转型升级结构转变方向指数	大型企业产业转型升级结构转变潜力指数	中小型企业产业转型升级结构转变潜力指数
K	−0.000 0(0.237 8)	−0.000 0(0.536 7)	−0.000(0.142 3)
W	0.000 2*(0.012 3)	0.001 2*(0.563 8)	−0.003 4*(0.647)
A	0.009 1*(0.384)	0.000 2*(0.564 1)	0.001 1**(0.036 2)
L	0.003 1(0.974 2)	0.000 0(0.034)	0.083 6(0.642 9)
C	6.583(0.283 9)	0.183 9(0.783 2)	78.16(0.082 3)
R^2	0.053 6	0.001 2	0.003 4
$R^2(a)$	0.116 2	0.006 5	0.017 8
对数似然值	54.876	109.891	98.273
F 统计值	13.982	16.89	4.092

注：*** $p<0.01$，** $p<0.05$，* $p<0.1$。

表 8.5.1 表明中国网络游戏产业转型升级结构转变方向和潜力主要影响因素是工资水平和技术进步，工资水平在 10% 水平下显著促进产业转型升级结构转变方向，在 10% 水平下对大型企业产业转型升级结构转变潜力产生促进作用，但对中小型企业反而产生抑制作用，这可能是产业间人才分配不均匀和工资刚性导致的，说明大型企业比中小型企业更具有工资作用力度；技术进步对产业转型升级结构转变方向在 10% 水平下显著促进，在 10% 水平下对大型企业和在 5% 水平下对中小型企业产业转型升级结构转变潜力均产生促进作用，并且对中小型企业促进程度更大，说明中小型企业技术进步可以更加有效地加速产业转型升级。

8.5.2　面板数据回归结果

本小节将产业按照企业所在地区划分为一线城市（FCC）和非一线城市（NFCC），并基于此建立虚拟变量对不同城市企业面板数据进行模型估计。基于面板数据的估计结果如表 8.5.2 所示。

表 8.5.2　基于面板数据的产业结构影响因素分析

	产业转型升级结构转变方向指数	大型企业产业转型升级结构转变潜力指数	中小型企业产业转型升级结构转变潜力指数
K	0.002 3(0.004)	−0.000 1(0.654)	−0.000 3(0.169)
W	0.003 7**(0.001)	0.000 4(0.265)	−0.001 2(0.130)

(续表)

	产业转型升级结构转变方向指数	大型企业产业转型升级结构转变潜力指数	中小型企业产业转型升级结构转变潜力指数
A	0.023 1*(0.067)	0.006 2*(0.025)	0.000 0(0.000 2)
L	0.034 3(0.947)	0.132 3(0.892)	0.192 3(0.834)
FCC	0.895 6**(0.987)	0.995 6**(0.453)	0.823 4(0.293)
$NFCC$	0.004 5(0.016)	0.000 4(0.172)	2.193 4(0.273)
C	16.223(0.037)	15.892(0.002)	78.16(0.082 3)
R^2	0.342 6	0.012 4	0.001 3
$R^2(a)$	0.442 9	0.092 8	0.172 3
对数似然值	26.892	65.283	65.82
F 统计值	87.283	14.293	3.883

注：*** $p<0.01$，** $p<0.05$，* $p<0.1$。

表 8.5.2 显示工资水平和技术进步依然促进网络游戏产业转型升级结构转变方向，与上节时间序列结果保持一致，但工资水平对大型和中小型企业产业转型升级结构转变潜力并没有显著影响，与上节时间序列结果不一致，可能是企业地区分布不协调导致的。人才分布具有地区特征，并且一线城市在 5% 水平下明显促进产业转型升级结构转变方向和大型企业产业转型升级结构转变潜力，说明一线城市更具有产业结构方向转变的能力。技术进步依然显著促进产业转型升级结构转变方向，并且技术进步对大型企业产业转型升级结构转变潜力产生显著的促进作用，但没有对中小型企业产生作用。一线城市明显对产业转型升级结构转变方向有正向促进作用，与此同时，也对大型企业产业转型升级结构转变潜力有正向促进作用，说明一线城市具备更好的网络游戏产业转型升级结构转变环境，这与现实情况相吻合。

8.5.3 实证结果和解释

本章利用时间序列数据和面板数据对我国网络游戏产业转型升级结构转变方向和大中小型企业产业转型升级结构转变潜力进行分析，得出以下结果：

（1）经济规模和人员规模并不会对产业转型升级结构转变方向和大中小型企业产业转型升级结构转变潜力产生正向促进作用。网络游戏产业人口红利逐渐消失，利用人员规模无法高效发掘产业发展潜力，难以起到产业结构优化作用；现阶段网络游戏产业经济增长趋于平稳，收入高速增长阶段已经过去，经济刺激不适应现阶段市场特征。

(2) 技术进步对网络游戏产业转型升级结构转变方向和大型企业产业转型升级结构转变潜力产生显著正向促进作用,但对中小型企业结构转变潜力并没有产生显著作用,说明现阶段我国网络游戏产业依靠技术进步驱动产业结构优化。中小型企业技术进步水平受限,大型企业拥有产业核心技术,并且目前我国网络游戏产业属于寡头企业引导发展,大型企业对产业影响力高。但随着产业集中度不断提升,大型企业技术进步积极性减弱,会阻碍产业结构优化和转型升级,因此需要鼓励中小型企业进行技术创新。

(3) 工资水平在短期内对网络游戏企业产业转型升级结构转变潜力产生促进作用,长期并没有发挥明显作用。产业存在工资刚性,从业者在短期内会更多地考虑工资水平,但长期会考虑平台/产业发展潜力、企业经营理念等因素,这会对工资激励产生干扰作用。

(4) 一线城市具有更好的网络游戏产业转型升级结构转变方向和潜力。一线城市具备更先进的技术水平,拥有更完善的基础设施和更优秀的技术人才,为产业转型升级结构转变提供更优良的环境。

8.5.4 小结

本章基于 C-D 函数构建网络游戏产业转型升级结构转变方向和潜力估计模型,以此来衡量产业转型升级结构转变方向和潜力,利用 2015—2019 年网络上市游戏企业时间序列数据和面板数据,从技术进步、工资水平、经济规模、人力资本四个方面进行影响因素分析。

结果发现,时间序列数据显示技术进步和工资水平可以促进产业转型升级结构转变方向,同时对大型企业产业转型升级结构转变潜力产生正向促进作用,但对中小型企业产业转型升级结构转变潜力产生了一定程度的抑制作用,这可能是由于产业间人才分配不均,高水平人才在一定工资水平下更倾向于选择大企业平台;面板数据显示,技术进步与工资水平正向促进产业转型升级结构转变方向和大型企业产业转型升级结构转变潜力,但工资水平对大中小型企业均没有显著影响,这可能是由于产业间存在工资刚性,工资水平只能在一定时期发挥促进人才引进的作用,长期来看仍然是技术进步起到产业结构优化和转型升级的作用。在加入城市分类这一虚拟变量后,一线城市呈现出显著的结构转变方向和潜力促进作用,这同现阶段网络游戏产业聚集效应相符合,地区优势可以更有效地促进产业结构优化,进一步影响产业转型升级。

基于以上分析,网络游戏产业转型升级结构转变中技术进步是核心影响因素,技术进步在产业转型升级中发挥促进作用。现阶段,我国网络游戏产业可以通过技术聚集优化产业结构,中小型企业可以通过技术提升进行企业结构有效转变,大型企业可以通过人才吸引和技术进步共同驱动结构优化。

8.6　结论与建议

网络游戏产业技术进步是核心影响因素,技术替代在产业转型升级中发挥着极强的作用。网络游戏产业现阶段结构方向转变和潜力转变主要依靠技术进步驱动,技术进步可以对大型企业和中小型企业产业转型升级结构转变潜力同时产生促进作用。一线城市相比于其他城市更具有产业技术聚集效应,现阶段我国网络游戏产业更倾向于在北上广深等一线城市建立研发和运营基地,高学历专业人才也更倾向于选择在一线城市工作。工资水平对大型企业产业转型升级结构转变潜力具有显著促进作用,中小型企业工资水平提升并没有体现出显著结构潜力提升效果,这可能是平台效应导致人力资源更倾向于向大企业转移,并且现阶段大型企业在工资水平方面优势更为明显。依据以上结论,提出以下建议:

(1) 积极培育网络游戏产业技术孵化器

政府依据地区产业发展现状建立以网络游戏技术开发为主的产业园区。现阶段,北京、上海、杭州、珠海、深圳等城市网络游戏产业较为发达且存在互联网、信息技术等产业科技园区,利用地理优势,以网络游戏企业巨头为核心聚集产业链上的相关企业,如游戏开发企业、游戏硬件生产商、电脑设备提供商、网吧、游戏产品运营商等。充分利用科研机构科技资源和游戏企业人才、资金、市场影响力等资源,建立特定元素网络游戏技术产业基地,如可建立动画游戏专项基地,从产业链上各环节进行聚集合作,从而达到产业高效转型升级。

(2) 推行绩效第一的奖金分配方案,提高员工产出效率

奖金分配必须建立在工作效率和质量的基础上,遵循"一流人才、一流业绩、一流报酬"的原则。首先,绩效分配向创新人才、研发人才、绩效突出者倾斜;其次,需要考虑分配规则的公平性,正常奖金的成本核算以准成本核算的方式,按照"高利低提、中利中提、低利高提"的比例原则进行分配;然后,权力到位,根据本单位的实际情况进行自主分配,按岗位取酬、按劳务取酬、按业绩取酬,将脑力劳动与体力劳动结合、高技术与高风险结合,使企业与员工风险共担、责任共负、效益共创,职工的奖金分配数额随企业经济效益情况发放;最后,需要做到公平公开,在民主的基础上逐步完成二级和三级分配,即部门与部门之间的工资水平提升可以起到吸引人才的作用。

(3) 增加研发投入占比,大胆创新

我国网络游戏产业已经不能依靠人口红利优势扩大玩家规模,现阶段需要通过提高玩家活跃度和刺激玩家消费等方式扩大产业规模,因此企业可通过增加研发投入占比、提升创新强度进行创新升级。一方面,可以创新内容和形式,利用互联网和信息技术等领域的先进科技丰富网络游戏形式和提升用户游戏体验感,并融入人文风情、古建筑设计、传统手工艺等文化元素提升网络游戏产品内容质量。另一方面,可以细分玩家市场,更加精准地把握玩家特征和倾向,挖掘新的市场潜力。

(4) 提高行业进入标准,弱化产业竞争力

我国网络游戏产业已经具备转型升级条件,可以通过提高产业进入门槛,优化产品质量和市场结构,弱化产业竞争力,实现更好的转型升级。首先,可以制定产业产品质量标准,从产品性能、画面设计、操作流畅性等方面设定门槛;其次,可以对产业内开发商和运营商设置创新研发项目标准和技术水平要求,优化产业结构;最后,企业要增强自我管理意识,政府应该引导企业进行结构优化,促进其在管理、研发等方面转型升级。

参考文献

[1] Shankar V, Bayus B L. Network effects and competition: an empirical analysis of the home video game industry[J]. Strategic Management Journal, 2003, 24(4): 375-384.

[2] Won, Do-yeon. A study on condition and development plan of region game industry[J]. Journal of Regional Studies, 2008, 16(3): 93-121.

[3] Park J H, Park H, Park J W. Consideration of domestic portable game industry from portable game industry[J]. Proceedings of the Korea Contents Association General Conference, 2006, 4(1): 177-180.

[4] Sezgin S. Digital games industry and game developers in Turkey: problems and possibilitie[J]. Moment Journal, 2018, 5(2): 17-18.

[5] Kim J S, Lee T Y, Kim T G, et al. Studies on the development scheme and the current state of Korea Game Industry[J]. Journal of Digital Convergence, 2015, 13(1): 439-447.

[6] Gilbert R J, Katz M L. An economist's guide to U. S. v. microsoft[J]. Journal of Economic Perspectives, 2001, 15(2): 25-44.

[7] MacInnes I, Hu L L. Business models and operational issues in the Chinese online game industry[J]. Telematics and Informatics, 2007, 24(2): 130-144.

[8] Subramanian A M, Chai K H, Mu S F. Capability reconfiguration of incumbent firms: Nintendo in the video game industry[J]. Technovation, 2011, 31(5/6): 228-239.

[9] Kim Y, Park H. A study on Senior friendly function game industry and culture contents technology(CT) R&D development process. [J]. Journal of Digital Convergence, 2009, 7(4): 119-121.

[10] Williams D. Structure and competition in the U. S. home video game industry[J]. International Journal on Media Management, 2002, 4(1): 41-54.

[11] Claussen J, Falck O, Grohsjean T. The strength of direct ties: evidence from the electronic game industry[J]. International Journal of Industrial Organization, 2012, 30(2): 223-230.

[12] Grandadam D, Cohendet P, Simon L. Places, spaces and the dynamics of creativity: the video game industry in Montreal[J]. Regional Studies, 2013, 47(10): 1701-1714.

[13] Schumacher L. Immaterial fordism: the paradox of game industry labour[J]. Work Organisation, Labour and Globalisation, 2007, 1(1): 3-5.

[14] Brink M, Cameron M, Coetzee K, et al. Sustainable management through improved governance in the game industry: research article[J]. South African Journal of Wildlife Research, 2011, 41(1): 110-119.

[15] Zhou Y Y. Bayesian estimation of a dynamic model of two-sided markets: application to the U. S. video game industry[J]. Management Science, 2016, 63(11): 3874-3894.

[16] Creus A, Clares-Gavilán J, Sánchez-Navarro J. What's your game? Passion and precariousness in the digital game industry from a gameworker's perspective[J]. Creative Industries Journal, 2020, 13(3): 196-213.

[17] Gouws A. The game industry demands scientific selection[J]. Stockfarm, 2017, 7(8): 46-47.

[18] Gray G C, Nikolakakos T. The self-regulation of virtual reality: Issues of voluntary compliance and enforcement in the video game industry[J]. Canadian Journal of Law and Society, 2007, 22(1): 93-108.

[19] Wang N, Liu W. From the industry perspective of China's game industry research quantitative analysis[J]. Statistics and Application, 2017, 6(2): 138-145.

[20] Derdenger T. Technological tying and the intensity of price competition: an empirical analysis of the video game industry[J]. Quantitative Marketing and Economics, 2014, 12(2): 127-165.

[21] Yamaguchi S, Iyanaga K, Sakaguchi H, et al. The substitution effect of mobile games on console games: an empirical analysis of the Japanese video game industry[J]. The Review of Socionetwork Strategies, 2017, 11(2): 95-110.

[22] Harrigan P, Wardrip-fruin N. Second person: role-playing and story in games and

playable media[M]. Cambridge：MIT Press，2010.

[23] Lee S C，Suh Y H，Kim J K，et al. A cross-national market segmentation of online game industry using SOM[J]. Expert Systems with Applications，2004，27（4）：559-570.

[24] Liu J W，Wang Y H，Tsai J C A，et al. Ambidextrous innovation and game market fit performance：feedback from game testers[J]. Journal of Computer Information Systems，2019，59(3)：233-242.

[25] 宋玮. 中国网络游戏产业发展研究[D]. 北京：首都经济贸易大学，2012.

[26] 邹亮. 基于SCP范式的我国网络游戏产业发展研究[D]. 哈尔滨：哈尔滨商业大学，2014.

[27] 晏旭. 我国网络游戏产业链的优化之路：以腾讯和暴雪公司为例[D]. 南昌：江西财经大学，2019.

[28] 丁文武. 净化网络游戏环境保障青少年健康成长[J]. 北京邮电大学学报（社会科学版），2005,7(4)：17-19.

[29] 侯阳平. 中国网络游戏产业本土化发展策略探析[D]. 长沙：中南大学，2009.

[30] 马莹莹. 同质化竞争下中国网络游戏的发展策略研究[D]. 西安：陕西科技大学，2013.

[31] 卓武扬. 网络游戏产业研究[J]. 江西财经大学学报，2004(1)：51-55.

[32] 刘一郎，王喆. 网络游戏交互设计研究[J]. 工业设计，2021(2)：45-46.

[33] 黄俊杰. 手机游戏中的文化营销创新策略：以《阴阳师》为例[J]. 商业经济，2017(8)：87-92.

[34] 叶忠，褚劲风，顾怡. 上海游戏产业空间集聚及演化研究[J]. 世界地理研究，2019,28(3)：155-162.

[35] 林蕾. 中国游戏产业发展与潜力分析[J]. 市场研究，2020(5)：65-69.

[36] 王媛. 网络文化产品感知对消费意愿的影响研究：以网络游戏产品为例[D]. 西安：西安建筑科技大学，2020.

[37] 章浩芳. 网络游戏顾客价值感知要素实证研究[D]. 杭州：浙江大学，2006.

[38] 许强. 我国网络游戏产业的特点和发展趋势[J]. 经济管理，2007,29(9)：67-69.

[39] 刘洋，杨学成. 中国网络游戏玩家的消费行为及其影响因素分析[J]. 中国社会科学院研究生院学报，2010(3)：84-89.

[40] 张春华，温卢. 网络游戏消费行为及其影响因素的实证研究：基于高校学生性别、学历的差异化分析[J]. 江苏社会科学，2018(6)：50-58.

[41] 温卢. 网络游戏消费行为的影响因素分析：基于南京高校学生的实证研究[D]. 南京：南京财经大学，2019.

[42] 刘元富. 促进我国文化产业发展的财税政策研究[D]. 北京：财政部财政科学研究所，2014.

[43] 陈党，冯白帆. 中国网络游戏政策发展轨迹与形成逻辑探究[J]. 吉林工商学院学报，

2016,32(1):103-107.
- [44] 王君. 中国移动游戏市场的SCP研究[D]. 上海：上海社会科学院,2020:4-8.
- [45] 高嘉阳. 网络游戏产业的政府行为与企业市场决策[J]. 学术研究,2015(3):74-84.
- [46] 舒畅. 中国网络游戏产业可持续发展战略研究[J]. 中国产业,2012(10):48-49.
- [47] 华夏. 中国网络游戏发展史研究[D]. 沈阳：辽宁大学,2018.
- [48] 刘娉. 文化创意产业对经济增长的影响：评《文化创意产业的经济效应》[J]. 当代财经,2020(7):2.
- [49] 茆训诚. 我国网络游戏产业结构变化和企业行为选择：基于产业价值链竞争部位价值弹性的视角[J]. 当代财经,2007(8):98-102.
- [50] 张梵晞,苏慧. 网络游戏品牌营销传播策略：以"腾讯游戏"为例[J]. 商场现代化,2012(11):35-38.
- [51] 李治国,郭景刚. 基于因子分析的我国网络游戏产业竞争力实证研究[J]. 企业经济,2012,31(9):102-105.
- [52] 刘由钦. 我国网络游戏发展及其内容生产偏向：基于大型多人在线游戏的考察[D]. 武汉：武汉大学,2017.
- [53] 黄漫宇. 从盛大看网络游戏运营企业的主要商业模式[J]. 中南财经政法大学学报,2005(4):114-118.
- [54] 严佩诗,赵依雪. 5G时代云游戏布局的思考与探索[N]. 国际出版周报,2020-08-17(011).
- [55] 康鹏,赵素华. 网络游戏产业面临的机遇和挑战[J]. 辽宁大学学报(自然科学版),2008,35(1):89-93.
- [56] 吕鹏. 我国网络游戏产业市场绩效研究-SCP范式的应用[D]. 济南：山东大学,2009.
- [57] 应冬乐. 网络游戏广告研究[D]. 南京：南京师范大学,2007.
- [58] 贺俊. 创新平台的竞争策略：前沿进展与拓展方向[J]. 经济管理,2020,42(8):190-208.
- [59] 宋子健,陈家乐,赵家悦. 手机游戏广告对消费者游戏意愿和消费意愿的影响因素：基于Logistics回归和SEM模型[J]. 现代经济信息,2019(13):129-131.
- [60] 张任之. 竞争中性视角下重点产业政策实施效果研究[J]. 经济管理,2019,41(12):5-21.
- [61] 佟贺丰. 关于我国网络游戏产业的SWOT分析[J]. 科技管理研究,2006,26(8):54-55.
- [62] 庹祖海. 大力净化网络游戏市场构建和谐网络文化环境[J]. 北京邮电大学学报(社会科学版),2005,7(4):15-17.
- [63] 周志健. 游戏版号审批暂停对互联网游戏行业的影响及原因的研究[D]. 北京：北京外国语大学,2020.
- [64] 张兆为. 基于政策视角的我国网络游戏产业合理化发展研究[D]. 武汉：武汉大

学,2019.
[65] 乔蓝聪.游戏行业并购中高业绩承诺风险与防范[J].经济研究导刊,2019(32):20-22.
[66] 周芹.基于收益分成法的网络游戏著作权价值评估[D].武汉:中南财经政法大学,2017.

网络游戏产业全要素生产率研究
——以 A 股网络游戏板块上市公司为例

9.1 绪论

随着信息技术的普及,据中国互联网络信息中心发布的第 43 次《中国互联网络发展状况统计报告》,截止到 2018 年 12 月,我国网民规模达到 8.29 亿人,互联网普及率达 59.6%。同时,值得注意的是,我国手机网民规模达到 8.17 亿人,网民使用手机上网的比例更是提升至 98.6%[1]。在网民规模迅速扩大的背景下,我国网络游戏产业呈现稳步增长的态势,网络游戏产业已经成为我国互联网经济中的重要一环,同时可观的市场规模、日益完善的产业体系、雄厚的资金支持使其发展前景呈乐观态势。在这种背景下,对于网络游戏产业的效率研究也逐渐受到相关领域学者们的重视。

全要素生产率是衡量部门生产经营活动效率的重要指标,被广泛地用于国家或地区的经济发展质量评价中。随着相关数据库的完善和计量工具的发展,全要素生产率的概念被拓展到产业甚至是微观企业的经营效率问题上。近年来,陆续出现将全要素生产率这一概念引入文化娱乐产业的研究,例如,郭淑芬等[2]利用 DEA-Malmquist 模型对 2009—2011 年中国各地区文化产业效率进行测算,结果发现中、西、东部之间文化产业全要素生产率存在差异,并且其差异主要归因于规模效应。

目前对于网络游戏产业问题的研究仅停留在定性层面上对于其商业模式以及定价最优化理论模型的讨论,缺乏对于网络游戏产业整体经营发展状态的定量化讨论。本章从网络游戏产业的全要素生产率角度出发,基于具有产业代表性的 A 股网络游戏板块上市企业的财务信息,结合增长核算法和经济计量法对网络游戏产业企业全要素生产率进行测算。一方面,采用索洛残差法分省市测算区域网络游戏产业的全要素生产率,比较不同区域之间的生产率差异;另一方面,利用 DEA-Malmquist 指数法在进行测算的同时进行效应分解,解释影响网络游戏产业全要素生产率的动因。再进一步采用 Tobit 模型研究对区域网络游戏产业的全要素生产率产生影响的因素。通过以上研究,力图对网络游戏产业的发展现状进行揭示,并且分地区进行比较,从经营效率的角度总结出目前网络游戏产业的发展格局,为进一步优化网络游戏产业发展方向提出相关建议。

9.2 文献综述

9.2.1 全要素生产率

全要素生产率(total factor productivity,TFP)指的是在一定时期内生产经营活动的效率,是衡量一个企业、产业乃至国家的经济增长和技术进步的重要指标。一般意义上,TFP 被归因于技术进步、管理创新、组织变革等。TFP 测算的发展是在柯布-道格拉斯生产函数[3]的基础上进行的。1956 年 Abramovitz[4]首先提出存在生产要素(例如劳动、资本)之外的其他因素能促进总产出的增长,具体在柯布-道格拉斯生产函数中被反映为常数项 A,这一观点也成为之后研究全要素生产率的定义之一。随后学术界对 TFP 以及技术进步等因素对于经济增长、产出增长、经营效率增长的影响研究迅速增多,并不断拓展到各个行业领域。

(1) 全要素生产率理论研究

① 索洛剩余(索洛)

1957 年,索洛(Solow)在《技术进步和总量生产函数》[5]中假设资源充分利用、市场完全竞争、规模报酬不变和希克斯技术中性,对 1909—1949 年美国的经济增长情况进行实证研究,提出基于柯布-道格拉斯生产函数的基本表达形式,认为产出可以看作是生产要素投入的函数,用产出的增长率减去生产要素投入的增长率就可以得出其他因素所导致的产出的增长率。同时索洛认为其他因素指的就是技术进步,而通过该计算就可以得出技术进步对于产出的贡献,也就是"索洛剩余"。索洛的研究被认为是全要素生产率研究的开端,揭示了技术进步在经济增长中的作用,但由于过分严格的前提假设和武断地将表示其他因素的余值等同于技术进步而受到质疑。

② 生产要素的投入量和生产率(丹尼森)

1962 年,丹尼森(Denison)在《美国经济增长的源泉和我们面临的选择》[6]中提出,经济增长的"源泉"有两部分——生产要素的投入量和生产率。生产要素的投入量也依据柯布-道格拉斯生产函数分为了劳动力投入和资本投入两部分,其中在劳动力的投入中,丹尼森不仅考虑了劳动力的数量,还考虑了劳动力的质量,即劳动力素质;生产要素的生产率是丹尼森这篇论文的重点,被认为有三部分影响因素,即资源配置、规模经济和知识。丹尼森认为教育能促进知识进步,不仅在经济增长中具有重要的作用,还能极大限度地影响未来的经济增长方式,生产率的提高主要是知识进步的结果。丹尼森在其后续的研究中,对1948—1981年美国经济增长源泉的因素进行分解,结果显示劳动力要素投入和资本要素投入的系数分别是1.34和0.56,一定程度上反映了当时劳动力密集型为主的经济结构;而资源配置、规模经济、知识和其他因素的系数分别为0.23、0.26、0.66和-0.03,这一实证结果与丹尼森之前的结论相契合,知识在生产率的提升中、经济增长中发挥着重要作用。

③ 超越对数生产函数(乔根森)

1967年,乔根森(Jorgenson)在《生产率变化的解释》[7]中,采用超越对数生产函数对生产率的研究理论和研究方法进行进一步的研究。乔根森不仅同时测算了总体和不同部门的全要素生产率,而且将不同的产出、资本要素和劳动要素进行分类,他认为劳动投入增长基于劳动时间和劳动质量两方面,经济增长的源泉不是生产率而是人力资本的投入和非人力资本的投入。

(2) 具体产业全要素生产率测算的实证研究

随着对于产业发展问题的关注和全要素生产率测量方法的进步,国内外学者开始关注不同产业的全要素生产率问题,力图通过全要素生产率的测算和相关效应的分解,剖析产业发展现状。本章将从产业全要素生产率测量方法的角度切入,对近年来的相关文献进行整理。

① 增长核算法

增长核算法是在全要素生产率测量研究的初级阶段被广泛采用的一种基础指数方法。它基于新古典理论,以索洛残差法为代表,以柯布-道格拉斯生产函数为依据,具体操作为用经济增长率减去劳动、资本等要素投入的增长率,其所得的结果就是除去要素投入对产出的贡献之后,其他因素对产出的贡献。按照索洛的观点,增长核算法认为这里的其他因素的贡献就是全要素增长率。

国内外学者在对不同产业的全要素生产率的测算中应用了增长核算法,主要采用的是索洛残差法。

郭克莎[8]选取了1979—1990年我国服务业的相关投入产出数据,利用索洛残差法测算得出样本期内我国服务业的全要素生产率的年均增长率为2.58%。李江涛等[9]选取2000—2014年全国30个省份的工业数据,采用索洛残差法测算我国工业全要素生产率,结果显示我国工业全要素生产率在样本期内呈现波动下降的趋势。王蛟龙等[10]选取了1998—2015年全国制造业的相关数据,运用全要素生产率(LP)方法,测算了我国制造业企业的全要素生产率,得出了在样本期内我国制造业的行业年均全要素生产率为7.27%,而在制造业企业中,资本密集型企业/行业的全要素增长率增速最高。郭春娜等[11]从企业的角度出发研究行业的全要素生产率,他们收集了2001—2015年中国制造业各行业的企业数据,测算了制造业行业之间和地区之间的全要素生产率的差异,样本涵盖了中国各种所有制形式的企业且产值占中国工业总产值的95%以上,以确保样本的行业代表性。夏杰长等[12]在柯布-道格拉斯生产函数的基础上建立了全要素生产率测算一般模型,对2007—2016年中国服务业以及服务业细分行业的全要素生产率进行测算,发现房地产业、金融业等资本密集型行业的全要素生产率明显高于公共管理业、社会福利业等行业。

由于增长核算法操作简单、适用性强,在全要素生产率的测算中被学者们广泛使用,同时也有相当一部分学者,在经典的索洛残差法模型理念的基础上,对全要素生产率测算模型进行了进一步的发展。但同时也有一部分学者注意到,由于增长核算法的假设要求过于严格且在投入产出效率分析中单一的指标并不能很好地衡量经济产出的效率问题,增长核算法也受到了很多的质疑。

② 经济计量法

正是因为增长核算法存在着诸多的不足,后人在计量模型和计量工具发展的基础上,运用多样化的计量方法对全要素生产率进行了更加具体准确的测算。Chung等[13]建立了ML指数用来测度瑞典造纸厂的全要素生产率,第一次通过计量工具的使用考虑了环境因素对于产出的影响,为准确测算经济增长效率提供了借鉴。刘兴凯等[14]以中国服务业为研究对象,运用Malmquist指数方法测算1978—2007年中国28个省区市服务业全要素生产率的变化特点,并从时间和空间上进行了分析。郑微微等[15]运用规模报酬不变的DEA模型,选取江苏养猪业的相关调研数据,对养猪行业的全要素生产率进行了测算。李玥等[16]以CCR模型为基础,采用Malmquist指数测算了长三角经济带上11个省市2007—2016年物流行业的全要素生产率,并且对全要素生产率效应进行分解,结果显示,虽然样本期内长三角11个省市物流行业的全要素生产率维持在较高的水平,但技术效率不佳,存在投入的无效使用。方国柱等[17]运用DEA-Malmquist指数模型,采用2011—2016年我国柑橘生产的相关数据,测算了柑橘生产的全要素生产率,从时间上分析了样本期内我国柑橘生产的全要素生产率的变化特点,从空间上比较了不同地区柑橘生产的全要素生产率的差异。

(3) 具体产业全要素生产率影响因素的实证研究

目前学者们除了在全要素生产率测算层面,通过测算TFP得出企业或行业的发展效率现状外,还进一步利用计量模型探究其他外部条件或环境因素对企业或行业全要素生产率的影响,从而从影响因素的角度为企业进一步提高全要素生产率、技术进步效率提出建议。

王耀中和张阳[18]以改革开放以来我国服务业为研究对象,选用 Tobit 模型,以基于 DEA 模型的 Malmquist 指数为因变量,以城市化水平、消费需求水平、市场化水平、对外开放为自变量进行回归检验,得出的结论为城市化水平、消费需求水平和市场化水平显著促进了中国服务业 TFP 的提高,而对外开放对其影响不显著。蒋绵绵等[19]使用 Tobit 模型研究了国民经济运行状况、利率水平、企业上市情况以及企业股权结构等宏观和微观 8 个影响因素对证券公司全要素生产率的影响,结果显示资产质量状况对公司的经营效率存在正的显著影响,第一大持股比例与证券公司的经营效率存在显著的负相关关系,而上市公司的经营效率显著高于非上市公司。基于该回归结果,得出了不断优化证券公司股权结构,不断强化以净资本为核心的风险控制体系等建议。

9.2.2 网络游戏产业

(1) 网络游戏产业概述

根据许强提出的定义,网络游戏是基于 Internet,使用 TCP/IP 协议的可允许许多人参加的电子游戏项目,而网络游戏产业是围绕网络游戏形成的涵盖上游开发商、中游运营商以及下游渠道商的文化产业[20]。中商产业研究院的数据显示,2017 年,中国网络游戏用户规模达到 4.4 亿人,增长率达到 6%,中国网络游戏产业在逐渐形成完整有序的产业链的同时,对我国经济的推进作用进一步加强[21]。2018 年 10 月,在国务院发布的《中共中央 国务院关于完善促进消费体制机制进一步激发居民消费潜力的若干意见》中提出拓展数字影音、动漫游戏、网络文学等数字文化内容,完善游戏游艺设备分类,严格设备类型与内容准入,充分印证了我国网络游戏产业的发展前景。

从产业链来看,网络游戏行业的上游是游戏开发商,负责游戏的开发和更新;中游是游戏运营商,负责网络游戏平台的运营管理;下游是游戏渠道商,负责连接游戏运营商和游戏用户。

(2) 网络游戏产业研究现状

目前对网络游戏产业的研究主要停留在定性层面。一方面对网络游戏产业的产业性质、产业发展现状、商业模式、产业发展问题及相关治理模式进行理论性阐述。张俊苹[22]介绍了世界网络游戏产业的发展现状,并将中国网络游戏产业发展现状和举措与国外代表性国家的网络游戏产业发展和举措进行了比较,从而揭示了中国网络游戏产业发展的问题并提出相关建议。佟贺丰[23]对中国网络游戏产业进行了SWOT分析,并认为要加快中国网络游戏产业的良性发展需要加大政府的扶持力度,进行高端人才培养和游戏开发。孙高洁[24]对我国网络游戏产业竞争环境进行了分析,认为我国网络游戏产业竞争环境目前面临着过分竞争、进入壁垒过低、市场信息失真等问题,并据此提出相关建议。王元等[25]对网络游戏产业发展的阶段、存在的问题进行了分析,认为网络游戏产业目前存在严重的发展不平衡以及市场规则不健全的问题,对网络游戏产业的健康发展提出了建议。刘胜枝等[26]对20世纪90年代以来我国政府部门对网络游戏产业管理的态度、体制和措施等的变化进行了系统性的介绍,认为这一变化的发生与产业发展和社会需求相关。

另一方面,部分学者从盈利模式、定价机制、消费者行为等角度对网络游戏平台企业进行理论模型分析。李大凯等[27]假设网络游戏消费者理性、服务器容载率充足、网络游戏产品无差异以及消费者的预期支付不变,构建网络游戏消费者需求函数,研究免费运营模式下的厂商和收费模式下的厂商之间的消费者需求,研究两种运营模式下的盈利差异。高波等[28]在研究网络游戏产业利润最大化策略时,在马歇尔需求函数中引入选择成本要素构建利润模型,利用该模型得出网络游戏厂商实现利润最大化需要在提供多样化增值服务的同时控制消费者选择成本。李长银等[29]基于平台经济学理论,从网络外部性的角度构建了与网络游戏产业具有一致性的需求函数,研究游戏厂商收费模式选择的影响因素,最终得出网络效应强度和用户积累成本是厂商选择不同收费方式的根本原因。

9.2.3 小结

从现有文献来看,对网络游戏产业的研究以定性研究为主,主要就产业及创新机理、形式和过程进行探讨。由于网络游戏产业兴起的时间不长,缺少定量分析的相关数据,对于它的实证研究还很少,尤其是对我国网络游戏产业效率还少有涉及,研究对象的集中性和研究方法的单一性导致在分析网络游戏产业创新对社会的经济意义和影响时缺乏全面性和完整性。

9.3 模型设定与数据来源

9.3.1 索洛残差法

索洛残差法是增长会计法的一种,是索洛于1957提出的基于柯布-道格拉斯生产函数的方法。索洛残差法假设规模收益不变和技术中性,认为全要素生产率等于技术进步率,因此,全要素增长率就等于产出 Y 的增长率减去各投入要素(一般认为是劳动和资本)增长率的差。索洛残差法的缺陷在于假设约束强,包括了完全竞争假设、规模效益不变假设、经济资源充分利用假设以至于技术进步率等于生产率增长率,在现实中往往无法满足。

柯布-道格拉斯生产函数的基本形式为:

$$Y = AL^{\alpha}K^{\beta} \tag{9.1}$$

进行对数转换得:

$$\ln Y = \ln A + \alpha \ln L + \beta \ln K \tag{9.2}$$

$$\ln A = \ln Y - (\alpha \ln L + \beta \ln K) \tag{9.3}$$

式中,Y 表示产出;L 表示劳动要素投入;α 表示劳动的产量弹性系数,表示增加一单位的劳动要素投入所带来的产量的增加量,也可以称作劳动力产出份额;K 表示资本要素投入;β 表示资本的产量弹性系数,表示增加一单位的资本投入所带来的产量的增加量,也可称作资本产出份额;A 表示综合技术水平,也就是我们需要求得的全要素生产率。需要注意的是,在假定规模报酬不变的情况下,$\alpha + \beta = 1$。

因此可以得出如下回归方程:

$$\ln Y = \ln A + \alpha \ln L + \beta \ln K + \mu \tag{9.4}$$

代入数据通过回归可得出劳动力产出份额 α 和资本产出份额 β,代入式(9.3)可以得到全要素生产率增长率。

9.3.2 DEA-Malmquist 模型

数据包络分析(DEA)是 Cooper 和 Rhodes 于 1978 年提出的评价效率的以线性规划为理论基础的非参数分析方法,它剔除了主观因素的影响,对样本量的要求不高,在不需要对生产函数进行设定的前提之下,基于多个投入和多个产出数据构造出生产前沿面,得出不同部门在现有投入产出结构的效率值。Malmquist 指数是 Malmquist 在 1953 年提出的评价生产效率的指标,1982 年 Caves 等首次将使用 DEA 模型测算出的 Malmquist 指数作为全要素生产率。

Malmquist 指数计算公式为:

$$M_0^{t+1} = \left[\frac{D^t(x_0^{t+1}, y_0^{t+1})}{D^t(x_0^t, y_0^t)} \times \frac{D^{t+1}(x_0^{t+1}, y_0^{t+1})}{D^{t+1}(x_0^t, y_0^t)} \right]^{\frac{1}{2}} \tag{9.5}$$

式中,根据何琴清等对于Malmquist指数的解释,x^t、y^t分别表示t期的投入向量和产出向量;$D^t(x_0^{t+1}, y_0^{t+1})$表示以$t$期的前沿技术为基准的$t+1$期的产出差距函数。

DEA-Malmquist模型将全要素生产率分解成了技术进步变化(TC)、纯技术效率变化($PTEC$)和规模效率变化(SEC)三部分,并且认为全要素生产率$TFP = TC \times PTEC \times SEC$。

9.3.3 Tobit模型

Tobit模型是1958年由Tobin提出的回归模型,其函数形式是:

$$y_i = \begin{cases} x'_i\beta + \mu_i, & x'_i\beta + \mu_i > 0, \\ 0, & x'_i\beta + \mu_i \leqslant 0 \end{cases} \quad (9.6)$$

若不限制y_i,则μ_i为均值为0、方差为σ^2的独立正态分布变量。但实际在该模型中,$y_i \leqslant 0$的值都被去除,因而μ_i的分布是截尾正态分布,均值不为0,不能采用普通最小二乘法估计模型参数。因此,Tobit模型采用极大似然法估计参数,似然模型为:

$$L = \prod_{y_i > 0} \frac{1}{\sigma} f\left(\frac{y_i - x'_i\beta}{\sigma}\right) \prod_{y_i \leqslant 0} F\left(\frac{-x'_i\beta}{\sigma}\right) \quad (9.7)$$

本章测算出的全要素生产率均大于0,作为因变量受到了取值范围的限制,采用普通最小二乘法会忽视随机误差项的异方差性,从而导致估计出的参数是有偏且不一致的,因此普通最小二乘法就不再适用于估计方程的回归系数。因此本章选择采用极大似然法的Tobit模型是较好的选择。

9.3.4 样本与数据

(1) 全要素生产率测算的样本和数据

根据DataEye发布的《中国移动游戏行业年度报告》,在国家通过政策对游戏行业进行大规模管控的情况下,我国网络游戏企业之间两极分化十分严重,超过50%的市场份额只集中在例如完美世界、云游控股以及腾讯控股下的几家大型企业手中,因此本章认为对于我国网络游戏行业有代表性的较大型且成熟企业的研究能很大程度上代表我国网络游戏产业的发展状况。因此,本章出于样本的行业代表性与数据可获得性,选取了2014—2018年5年间归于A股网络游戏板块的66家上市公司(参见本章后附表)作为索洛残差法测算中的研究样本,同时根据公式(9.3),将资产总计设定为K(资本投入),应付职工薪酬设定为L(劳动力投入),营业收入设定为Y(总产出)。表9.3.1反映了索洛残差法测算中样本的描述性统计结果。

表 9.3.1 索洛残差法样本描述性统计结果

变量名		平均值	标准差	最小值	最大值	观察值
营业收入	整体	3.550×10^9	7.170×10^9	1.060×10^7	6.490×10^{10}	$N=330$
	组间		6.640×10^9	4.060×10^7	4.220×10^{10}	$n=66$
	组内		2.810×10^9	-1.230×10^{10}	3.000×10^{10}	$T=5$
资产总计	整体	6.860×10^9	9.030×10^9	1.110×10^8	6.360×10^{10}	$N=330$
	组间		8.590×10^9	3.160×10^8	5.830×10^{10}	$n=66$
	组内		2.920×10^9	-1.740×10^{10}	1.920×10^{10}	$T=5$
应付职工薪酬	整体	6.070×10^7	9.140×10^7	353 500	6.790×10^8	$N=330$
	组间		8.340×10^7	1.040×10^6	5.250×10^8	$n=66$
	组内		3.870×10^7	-1.760×10^8	2.870×10^8	$T=5$
年份	整体	2016	1.416	2 014	2 018	$N=330$
	组间		0	2 016	2 016	$n=66$
	组内		1.416	2 014	2 018	$T=5$
企业	整体	33.50	19.08	1	66	$N=330$
	组间		19.20	1	66	$n=66$
	组内		0	33.50	33.50	$T=5$

由于 DEA 无法处理负值数据,在剔除掉包含缺失数据和负值数据的样本后,确定了 27 家 A 股上市的网络游戏公司作为本章的 DEA 模型样本。本章选取流动资产、固定资产净值和应付职工薪酬作为投入指标,充分反映了资本和劳动两关键要素投入的作用;选取营业收入和净利润作为产出指标,表 9.3.2 反映了样本的描述性统计结果。需要指出的是,由于样本量的不同,索洛残差法的测算结果和 DEA 模型的测算结果之间可能存在差异,本章认为是样本差异所引起的。

表 9.3.2 DEA 模型样本描述性统计结果

变量名		平均值	标准差	最小值	最大值	观察值
营业收入	整体	5.420×10^9	9.600×10^9	1.210×10^8	6.490×10^{10}	$N=135$
	组间		8.750×10^9	3.410×10^8	4.220×10^{10}	$n=27$
	组内		4.220×10^9	-1.040×10^{10}	3.190×10^{10}	$T=5$
净利润	整体	5.140×10^8	5.880×10^8	1.526×10^6	3.200×10^9	$N=135$
	组间		5.010×10^8	4.240×10^7	2.320×10^9	$n=27$
	组内		3.200×10^8	-1.100×10^9	1.830×10^9	$T=5$

(续表)

变量名		平均值	标准差	最小值	最大值	观察值
流动资产	整体	4.420×10^9	5.000×10^9	2.340×10^8	2.340×10^{10}	$N=135$
	组间		4.470×10^9	4.060×10^8	1.880×10^{10}	$n=27$
	组内		2.380×10^9	-1.060×10^{10}	1.630×10^{10}	$T=5$
固定资产	整体	7.760×10^8	1.110×10^9	3.277×10^6	4.750×10^9	$N=135$
	组间		1.090×10^9	1.060×10^7	4.100×10^9	$n=27$
	组内		2.640×10^8	-9.600×10^8	1.510×10^9	$T=5$
应付职工薪酬	整体	8.020×10^7	8.740×10^7	1.812×10^6	4.720×10^8	$N=135$
	组间		7.360×10^7	5.980×10^6	2.450×10^8	$n=27$
	组内		4.880×10^7	-1.560×10^8	3.070×10^8	$T=5$
年份	整体	2016	1.419	2014	2018	$N=135$
	组间		0	2016	2016	$n=27$
	组内		1.419	2014	2018	$T=5$
企业	整体	14	7.818	1	27	$N=135$
	组间		7.937	1	27	$n=27$
	组内		0	14	14	$T=5$

(2) Tobit 模型的样本和数据

本章在前人相关研究的基础上,结合目前中国网络游戏产业发展的实际情况,研究经济发展水平、城市化水平、资本市场规模、技术市场规模、市场化水平、对外开放水平、政府财政支出、劳动力素质水平对我国网络游戏产业全要素生产率的影响。相关假设及对应指标如表 9.3.3 所示。

表 9.3.3 Tobit 模型变量说明

变量	变量说明	数据来源	假设
经济发展水平	地区生产总值	国家统计局分省数据、各省/市《统计年鉴》及《国民经济和社会发展统计公报》(2014—2017)	正相关
城市化水平	城市人口占总人口的比重		正相关
资本市场规模	金融业产值占第三产业总产值的比重		正相关
技术市场规模	技术市场成交额占工业总产值的比重		正相关
市场化水平	政府消费占 GDP 的比重		正相关
对外开放水平	进出口总额占 GDP 的比重		正相关
政府财政支出	地方财政一般预算支出		正相关
劳动力素质水平	城镇私营单位就业人员平均工资		正相关

本章以 2014—2017 年通过索洛残差法测算得出的我国 17 个省市的网络游戏产业的全要素生产率为被解释变量,以这 17 个区域的地区生产总值、城市人口占总人口的比重、金融业产值占第三产业总产值的比重、技术市场成交额占工业总产值的比重、政府消费占 GDP 的比重、进出口总额占 GDP 的比重、地方财政一般预算支出、城镇私营单位就业人员平均工资指标所对应的变量为解释变量,表 9.3.4 反映了样本的描述性统计结果。

表 9.3.4　Tobit 模型样本描述性统计结果

变量名		平均值	标准差	最小值	最大值	观察值
全要素生产率	整体	13.717 35	9.524 044	0.99	46.13	$N=68$
	组间		8.536 147	1.367 5	33.242 5	$n=17$
	组内		4.593 938	−0.640 147 1	38.429 85	$T=4$
经济发展水平	整体	3.187 416	2.241 349	0.230 332	8.970 523	$N=68$
	组间		2.258 876	0.247 942 3	7.779 564	$n=17$
	组内		0.386 775 4	2.188 838	4.378 376	$T=4$
城市化水平	整体	6.072 942	1.243 926	4.002 281	8.957 131	$N=68$
	组间		1.263 711	4.305 77	8.820 001	$n=17$
	组内		0.147 965 7	5.769 452	6.370 524	$T=4$
资本市场规模	整体	1.549 861	0.397 558 9	0.832 892 8	2.515 409	$N=68$
	组间		0.401 231 6	0.882 233 7	2.402 648	$n=17$
	组内		0.065 380 8	1.328 834	1.685 457	$T=4$
技术市场规模	整体	0.771 871 1	2.216 473	0.012 636 1	10.498 1	$N=68$
	组间		2.258 275	0.032 590 8	9.491 449	$n=17$
	组内		0.203 212 4	−0.346 525 7	1.778 527	$T=4$
市场化水平	整体	1.379 201	0.440 869 4	0.845 046 8	2.825 135	$N=68$
	组间		0.418 376 6	0.904 616 3	2.391 344	$n=17$
	组内		0.164 816 4	0.588 286 4	1.812 993	$T=4$
对外开放水平	整体	0.535 442	0.508 452 8	0.024 982 6	1.978 979	$N=68$
	组间		0.506 284 9	0.059 761 2	1.715 246	$n=17$
	组内		0.116 948 8	0.237 270 6	1.085 287	$T=4$
一般财政支出	整体	5.808 564	2.903 815	1.099 74	15.037 48	$N=68$
	组间		2.853 786	1.289 905	12.616	$n=17$
	组内		0.807 904 1	2.345 202	8.230 042	$T=4$

(续表)

变量名		平均值	标准差	最小值	最大值	观察值
劳动力素质水平	整体	4.075 193	0.848 590 3	2.741 4	7.073 8	$N=68$
	组间		0.776 207 7	3.041 1	6.205 25	$n=17$
	组内		0.380 242 9	3.160 143	4.943 743	$T=4$
年份	整体	2015.5	1.126 347	2014	2017	$N=68$
	组间		0	2015.5	2015.5	$n=17$
	组内		1.126 347	2014	2017	$T=4$
地区	整体	9	4.935 404	1	17	$N=68$
	组间		5.049 752	1	17	$n=17$
	组内		0	9	9	$T=4$

9.3.5 小结

本节是对我国网络游戏产业的实证分析,用以拓展研究对象和创新研究方法,从而使对网络游戏创新的分析更加全面和完整。

9.4 实证分析

9.4.1 索洛残差法测算结果

利用 Stata 软件按照式(9.3)分别使用混合回归模型、固定效应模型以及随机效应模型,通过未使用聚类稳健的 F 检验和豪斯曼检验确定将固定效应模型作为最佳方案,并得出以下聚类稳健的固定效应回归估计结果:

$$\ln \hat{Y} = 2.462 + 0.280 \times \ln L + 0.622 \times \ln K$$

$$(4.55) \qquad (2.42) \qquad (9.8)$$

$$R = 0.78 \quad F = 31.89$$

将 $\alpha=0.280$,$\beta=0.622$ 代入式(9.3),可以得出 66 家上市公司的全要素生产率测算结果。

66 家网络游戏产业上市公司分布在全国 17 个省市中,其中广东省和浙江省分布最多。本章用省市代表性公司的全要素生产率均值表示省市网络游戏产业全要素生产率,具体网络游戏公司的全要素生产率测算结果如表 9.4.1 所示。

表 9.4.1 索洛残差法下省市网络游戏产业全要素生产率

	2014	2015	2016	2017	2018
安徽省	8.19	20.30	19.09	17.20	20.74
北京市	18.90	17.35	15.69	14.13	14.96
福建省	25.17	27.66	25.47	29.10	34.85
广东省	13.43	9.99	14.43	12.39	19.79
贵州省	2.95	7.29	6.78	6.82	6.93
海南省	3.72	3.43	3.79	3.52	1.62
河南省	16.57	22.42	18.30	27.09	24.13
湖南省	4.42	3.94	3.12	3.93	3.09
江苏省	14.07	13.45	12.67	15.67	15.77
辽宁省	8.04	6.52	13.30	10.22	9.58
青海省	9.23	7.58	6.35	4.60	6.23
山东省	31.42	30.85	31.36	39.34	46.41
山西省	1.19	0.99	2.05	1.24	8.94
上海市	17.10	17.74	14.37	10.89	14.42
四川省	19.54	8.94	8.37	8.45	4.44
浙江省	15.33	14.42	13.19	12.05	13.45
重庆市	46.13	24.04	8.44	7.06	10.27
全国	16.11	15.26	14.85	14.64	17.51

从整体来看，我国网络游戏产业的全要素生产率在 2014—2018 年稳定在 15 左右，该值明显高于其他产业，说明近年来我国网络游戏产业的产业效率和技术进步呈乐观和积极发展的趋势。但是在 2014—2017 年呈下降趋势，该测算结果与中国产业信息网在 2017 年发布的中国游戏市场规模增速状况相契合（图 9.4.1），在该时期内，随着前期网络游戏企业的迅猛增加，我国对于网络游戏产业的政策正在逐渐优化，游戏行业的监管不断加强。2016 年的数据显示，2016 年游戏行业诉讼达到 58 件，涉及金额达 6 379 万元，充分表明了在这个时期内，产业链正在经历整顿完善阶段；同时从网络游戏市场的同比增长规模来看，我国网络游戏产业的人口红利逐渐消失，用户规模逐渐趋于稳定。随后到 2018 年全要素生产率出现上升，可以充分体现出，在进入 2018 年之后，在我国网络游戏产业准入门槛和行业秩序趋于完善的背景下，消费者规模趋于稳

定,更多的网络游戏企业着力于优化游戏质量和服务水平,我国网络游戏产业迸发出新的生机。

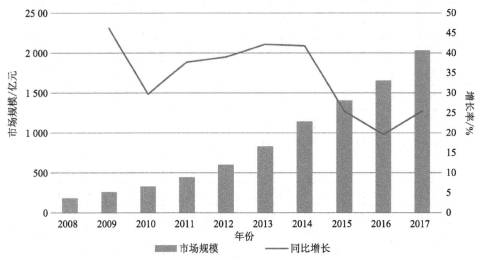

图 9.4.1　2008—2017 年中国网络游戏市场规模及其增速

从区域来看,总体上可以将省市分为三个层次:首先是全要素生产率高于全国平均水平的省市,如山东省、福建省、河南省、安徽省;其次是全要素生产率接近全国平均水平的省市,如北京市、上海市、江苏省、广东省、浙江省;最后是全要素生产率低于全国平均水平的省市,如青海省、辽宁省、湖南省、贵州省、海南省、山西省、四川省、重庆市,其中增长最明显的是安徽省,下降最明显的是重庆市。从该结果来看,经济发展程度较高甚至网络游戏产业发展较成熟的上海市、北京市、广东省、江苏省以及浙江省的全要素生产率接近全国平均水平,说明该类省市对于全国网络游戏产业有最大程度的影响;同时该类省市的全要素生产率并不高,说明该类省市在技术创新、组织改革以及发展体系建立上面已经进入了成熟的阶段,因此全要素生产率并不高。而全要素生产率最高的省市山东省、福建省、河南省、安徽省,由于政策倾向、比较有力的资金支持和靠近网络游戏产业聚集区,是目前网络游戏发展处于初级阶段但存在发展前景的省市,这些省市应当借鉴发展程度高的省市在产品创新、技术进步方面的经验,完善产业发展和产业链建设。全要素生产率最低的省市,由于区域经济发展水平限制以及产业集聚不足,网络游戏产业的发展长期处于不乐观状态,该类区域为进一步激活网络游戏产业生命力,应当加大扶持力度,推进技术进步和产品创新,积极推动初创企业的发展以提升区域网络游戏产业的创新力。

9.4.2 DEA-Malmquist 模型测算结果

利用 DEAP 软件对 27 家符合样本要求的 A 股上市网络游戏公司进行 2014—2018 年全要素生产率变动的测算，由于测算结果为变动情况，因此只显示 4 年的测算结果。按照 DEA-Malmquist 指数法进行因素分解，将全要素生产率变动分解为技术效率变动、技术变动、纯技术效率变动以及规模效率变动。同时按照企业测算结果平均水平得出样本期内我国网络游戏产业的全要素生产率变动情况（表 9.4.2 和图 9.4.2）。

表 9.4.2 DEA-Malmquist 模型下网络游戏产业全要素生产率变动及其因素分解

年份	技术效率变动	技术变动	纯技术效率变动	规模效率变动	全要素生产率变动
2015	1.162	0.797	1.098	1.058	0.927
2016	1.042	0.827	1.041	1.001	0.862
2017	1.018	1.036	1.003	1.015	1.055
2018	0.850	1.042	0.962	0.884	0.886
均值	1.012	0.919	1.025	0.988	0.930

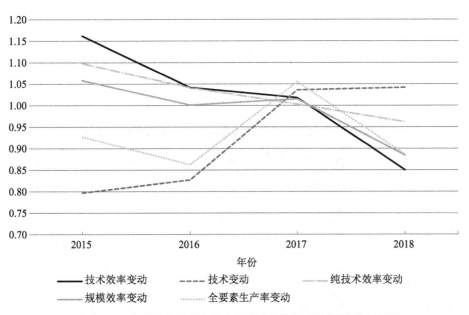

图 9.4.2 中国网络游戏产业全要素生产率因素分解指标变动图

从测算结果来看，2015—2018年，我国网络游戏产业全要素生产率变动稳定在0.8~1的水平，说明我国网络游戏产业已经进入了持续增长的同时保持相对稳定的发展阶段。就技术效率变动指数而言，其增长呈持续下降趋势，且其下降程度在四个效应中最为显著；但技术变动指数的增长呈持续上升的趋势，且增长程度最为显著，所以可以认为，2014—2018年，我国网络游戏产业进行了一系列的技术升级，但由于技术投入时间短，因此在短样本期内，新技术还未实现充分高效运用，其一降一升，一定程度上促使了样本期内的全要素生产率处于稳定状态。所以总体上可以认为，技术进步是我国网络游戏产业全要素生产率增加的主要原因。从纯技术效率变动指数来看，其增长呈略微下降趋势，到2018年小于1，表明随着我国网络游戏产业规模的扩大，更多在组织管理上的问题显现出来，我国网络游戏产业需要进一步提升管理水平和组织运行效率。从规模效率变动指数来看，其增长变动2017年到2018年经历了大幅度的下降，此前虽一直保持在1以上，但也呈现出增长势态不强势的迹象，主要原因是，在经历爆发式增长之后，我国网络游戏产业规模陷入瓶颈，网络游戏企业两极分化严重，小型企业频频面临破产和相关不合规诉讼事件，且网络游戏企业在省市级政策的驱动下，也不再局限于东南部发达地区，逐渐向内陆，例如河南、安徽等地转移，导致网络游戏产业的产业集聚水平下降。

9.4.3 Tobit模型估计结果

本章运用Stata软件，以我国17个具有网络游戏企业代表性的省市为样本，对区域网络游戏产业全要素生产率和影响因素采用随机效应Tobit模型进行回归，回归结果如表9.4.3所示。

表9.4.3 中国17个省市网络游戏产业Tobit模型回归结果

解释变量	回归系数	标准差	Z值	P值
经济发展水平	3.707**	1.882	1.97	0.049
城市化水平	−6.392**	2.723	−2.35	0.019
资本市场规模	6.494	5.393	1.20	0.228
技术市场规模	0.812	0.961	0.85	0.398
市场化水平	−6.586*	3.635	−1.81	0.070
对外开放水平	12.864**	5.073	2.54	0.011
政府财政支出	−2.233*	1.319	−1.69	0.090

(续表)

解释变量	回归系数	标准差	Z 值	P 值
劳动力素质水平	3.017	2.419	1.25	0.212
常数项	32.903***	11.011	2.99	0.003
个体效应标准差	5.266	1.432	3.68	0.000
扰动项标准差	5.110	0.551	9.27	0.000
	Wald chi2(8)=19.59		Prob>chi2=0.012 0	

注：*、**、***分别是指在1%、5%、10%显著性水平下显著。

由回归结果可知，在8个解释变量中，资本市场规模、技术市场规模、劳动力素质水平对我国省市网络游戏产业的全要素生产率的影响不显著，这可能与网络化环境下，区域之间技术市场、资本市场一体化，区域界线不明晰以及劳动力的流动速度快有关。

在对我国省市的网络游戏产业影响显著的变量中，区域经济发展水平与网络游戏产业全要素生产率呈现正相关关系，与预期相同。经济发展水平越高，产业发展所需要的相关基础设施、市场需求等越充足，使得网络游戏产业能更有效率地落地发展，产业的全要素生产率越高。

政府消费占GDP的比重越低，经济发展由市场拉动的比重越高，市场化水平越高，网络游戏产业在资源配置方面的效率和资源利用率就越高，网络游戏产业的市场健全程度越高，网络游戏产业的全要素生产率越高，该结果与预期相同。

对外开放水平与网络游戏产业的全要素生产率呈现正相关的关系，与预期相同。对外开放有助于网络游戏产业发展所需要的人才、技术及资金的流入和扩散，同时面向国际市场的需求进一步推动网络游戏产业的技术创新，从而提高网络游戏产业的全要素生产率。

城市化水平与网络游戏产业的全要素生产率呈现负相关的关系，与预期相反。城市人口的过分集中，一定程度上使得劳动力要素的投入过剩，城市化水平越高，区域网络游戏产业的全要素生产率反而越低。

政府财政支出与网络游戏产业的全要素生产率呈现负相关的关系，与预期相反。政府财政支出越多，一定程度上反映了政府对于经济的影响作用越大，不利于网络游戏产业的自主创新和资源的主动配置，对其全要素生产率具有不利影响。

9.4.4 小结

本节对网络游戏产业全要素生产率进行了实证分析，具体分析了目前我国网络游戏产业发展的现状和问题。

9.5 结论与建议

本章基于数据的可获得性和样本代表性,选用 A 股网络游戏板块上市的代表性网络游戏公司数据,研究我国网络游戏产业的全要素生产率。

首先,本章采用增长会计法中的索洛残差法对 2014—2018 年 5 年间被归于网络游戏板块的 66 家 A 股上市公司进行全要素生产率的测算,并且按照区域(省市)将企业进行分类得出区域的网络游戏产业全要素生产率,研究得出如下结论:从整体来看,我国网络游戏产业的全要素生产率保持稳定但出现下滑的迹象;从区域来看,经济发展水平高、产业发展较完善、游戏企业较集中的省市——北京市、上海市、江苏省、广东省、浙江省,全要素生产率最接近全国平均水平,该类省市的产业发展状况对全国网络游戏产业的全要素生产率影响最大,且区域产业发展已经进入了技术创新和组织变革的瓶颈期;全要素生产率高于全国平均水平的省市——山东省、福建省、河南省、安徽省,普遍特征为资金支持较有力、积极扶持网络游戏企业以及靠近网络游戏产业聚集区;全要素生产率低于全国平均水平的省市明显受限于区域整体的经济发展水平。其次,本章通过经济计量法中的 DEA-Malmquist 模型,对符合样本要求的 27 家公司进行全要素生产率测算,同时得出因素分解结果,结果显示:在全要素生产率变动的测算上,在样本期内,我国网络游戏产业全要素生产率变动稳定在 0.8~1 的水平,我国网络游戏产业已经进入了持续增长的同时保持相对稳定的发展阶段;在因素分解分析上,技术效率变动指数的增长呈持续下降趋势,技术变动指数的增长呈持续上升的趋势,纯技术效率变动指数的增长呈略微下降趋势,规模效率变动指数增长不强势,2017 年到 2018 年经历了大幅度的下降。可以得出如下结论:在样本期内,技术进步是我国网络游戏产业全要素生产率增长的主要原因,我国网络游戏产业进入产业升级、自主创新的发展新阶段,同时也是发展瓶颈阶段,新技术投入还未充分体现效用;随着我国网络游戏产业规模的扩大,出现了组织管理问题和产业聚集水平下降的问题。

我国网络游戏产业经过前期的高速增长,已经逐渐失去了产业人口红利,全要素生产率处于相对稳定的增长期,进入产业升级优化、重视自主创新的新阶段,且技术进步、组织管理、产业集聚规模对网络游戏产业的发展都显示出重要的作用。我国网络游戏产业应加大整顿力度,管控准入门槛,加快精品原创游戏的输出,形成丰富成熟的游戏产品体系,同时展望海外市场,加强海内外游戏企业的交流合作,推动游戏出口。网络游戏产业发达地区不应按部就班,要调整研发策略,重视自主研发和组织改革,提供优质 IP,推动大、中、小型游戏企业的投资合作。对于目前网络游戏产业高速发展地区的企业,在发展的同时要注意监管问题,借鉴发达地区的发展经验,认真研究细分类用户,识别自身团队优势,支持中小型企业的集聚和发展,提供相应的渠道和资金支持。

在对区域网络游戏产业全要素生产率影响因素的研究中,经济发展水平、市场化水平以及对外开放水平对网络游戏产业的全要素生产率具有显著的促进作用,而城市化水平、政府财政支出对其具有显著的抑制作用。为进一步推动网络游戏产业全要素生产率的增长,一方面,要完善网络游戏产业发展的市场环境,通过资源整合、配套设施完善推动产业的集聚,在市场的作用下刺激企业创新;另一方面,推动网络游戏出口和相关资本的引入,在开拓新市场的同时在新的用户群体与竞争者的压力下和多元化资本的支持下赋予企业创新的灵感。

参考文献

［1］国家图书馆研究院. 中国互联网络信息中心发布第43次《中国互联网络发展状况统计报告》[J]. 国家图书馆学刊,2019,28(2):13.

［2］郭淑芬,王艳芬,黄桂英. 中国文化产业效率的区域比较及关键因素[J]. 宏观经济研究,2015(10):111-119.

［3］Cobb C W, Douglas P H. A theory of production[J]. American Economic Review, 1928, 18(1):139-165.

［4］Abramovitz M. Resource and output trends in the United States since 1870[J]. The American Economic Review, 1956, 46(2):5-23.

［5］Solow R M. Technical change and the aggregate production function[J]. The Review of Economics and Statistics, 1957, 39(3):312-320.

［6］Denison E F. The sources of economic growth in the United States and the alternatives before us[J]. The Economic Journal, 1962, 72(288):935-938.

［7］Jorgenson D W, Griliches Z. The explanation of productivity change[J]. The Review of Economic Studies, 1967, 34(3):249-283.

［8］郭克莎. 总量问题还是结构问题?产业结构偏差对我国经济增长的制约及调整思路[J]. 经济研究,1999,34(9):15-21.

［9］李江涛,褚磊,纪建悦. 房地产投资与工业全要素生产率[J]. 山东大学学报(哲学社会科学版),2018(5):131-139.

［10］王蛟龙,代智慧. 中国制造生产率增长研究[J]. 统计与决策,2018,34(20):118-121.

［11］郭春娜,陈春春. 制造业全要素生产率的差异性研究:基于制造业规模分布及其变化[J]. 价格理论与实践,2018(12):143-146.

［12］夏杰长,肖宇,李诗林. 中国服务业全要素生产率的再测算与影响因素分析[J]. 学术月刊,2019,51(2):34-43.

[13] Chung Y H, Färe R, Grosskopf S. Productivity and undesirable outputs: a directional distance function approach[J]. Journal of Environmental Management, 1997, 51(3): 229-240.

[14] 刘兴凯,张诚. 中国服务业全要素生产率增长及其收敛分析[J]. 数量经济技术经济研究,2010,27(3): 55-67.

[15] 郑微微,胡浩,周力. 基于碳排放约束的生猪养殖业生产效率研究[J]. 南京农业大学学报(社会科学版),2013,13(2): 60-67.

[16] 李玥,李成标. 长江经济带物流全要素生产率测度及时空演变[J]. 统计与决策,2018,34(19): 109-113.

[17] 方国柱,祁春节,雷权勇. 我国柑橘全要素生产率测算与区域差异分析:基于DEA-Malmquist指数法[J]. 中国农业资源与区划,2019,40(3): 29-34.

[18] 王耀中,张阳. 改革开放以来中国服务业生产率实证分析[J]. 管理评论,2011,23(10): 10-18.

[19] 蒋绵绵,杜朝运,王滨江. 证券公司经营效率影响因素分析:基于超效率DEA模型与Tobit模型[J]. 财会通讯,2014(32): 21-24.

[20] 许强. 我国网络游戏产业的特点和发展趋势[J]. 经济管理,2007,29(9): 67-69.

[21] 中商产业研究院. 中国网络游戏分类及产业链分析[R], 2018.

[22] 张俊苹. 网络游戏产业的现状及趋势[J]. 文艺争鸣,2006(3): 134-139.

[23] 佟贺丰. 关于我国网络游戏产业的SWOT分析[J]. 科技管理研究,2006,26(8): 54-55.

[24] 孙高洁. 我国网络游戏产业竞争环境分析[J]. 科技管理研究,2007,27(10): 53-54.

[25] 王元,许晔. 关于促进网络游戏产业健康发展的建议[J]. 中国科技论坛,2013(5): 81-83.

[26] 刘胜枝,张小凡. 网络游戏产业发展中政府管理的路径分析[J]. 编辑之友,2015(5): 24-27.

[27] 李大凯,孙曰瑶. 免费与收费商业模式下厂商盈利能力的比较分析:以网络游戏产业为例[J]. 广西社会科学,2010(11): 65-68.

[28] 高波,李大凯. 免费商业模式下厂商利润最大化的运营对策研究:以网络游戏产业为例[J]. 宏观经济研究,2012(11): 25-31.

[29] 李长银,陈慧慧,高寒. 网络外部性视角下的网络游戏产业收费模式研究[J]. 经济经纬,2015,32(1): 66-71.

附表 索洛残差法 TFP 测算结果（分企业）

企业代码	2014	2015	2016	2017	2018	均值	企业代码	2014	2015	2016	2017	2018	均值
000004	6.460	9.057	31.687	13.634	34.300	19.028	002464	13.915	12.484	12.186	13.991	19.556	14.426
000503	3.715	3.425	3.794	3.524	1.624	3.216	002502	14.253	7.264	8.052	7.070	9.773	9.282
000676	16.570	22.415	18.300	27.090	24.134	21.702	002517	11.162	42.848	23.941	19.234	12.675	21.972
000701	92.247	84.265	93.364	120.52	158.00	109.68	002526	16.352	12.723	11.016	15.418	17.337	14.569
000835	28.155	9.508	9.790	9.432	3.348	12.047	002555	5.143	28.673	25.430	21.874	27.910	21.806
000839	8.890	8.838	8.134	9.063	7.877	8.560	002558	46.127	24.038	8.436	7.063	10.272	19.187
000917	13.717	11.735	12.727	14.176	16.927	13.856	002564	11.659	10.896	3.232	23.856	15.484	13.025
000977	46.490	48.983	51.709	63.268	75.487	57.187	002571	11.245	11.921	12.753	12.526	13.568	12.403
000997	17.261	19.340	17.547	19.713	18.301	18.433	002602	12.967	19.594	21.061	18.094	20.559	18.455
002113	2.456	2.899	4.843	2.990	10.185	4.675	002619	12.474	6.237	6.648	7.607	7.523	8.098
002174	22.682	18.933	17.267	15.891	16.118	18.178	002624	19.200	16.028	10.651	13.000	14.878	14.751
002292	15.705	16.605	13.824	13.248	12.526	14.382	002699	15.395	10.117	8.403	9.454	8.601	10.394
002354	13.837	5.329	10.194	9.593	11.423	10.075	300027	12.474	13.281	10.974	15.004	14.246	13.196
002425	13.879	10.052	5.018	5.642	7.285	8.375	300031	22.604	20.418	22.432	22.221	28.002	23.136
002445	10.885	12.599	10.218	8.797	7.409	9.982	300043	29.082	18.420	15.674	15.150	14.579	18.581
002447	8.726	7.313	12.725	8.005	5.817	8.517	300051	8.423	5.272	6.165	6.396	6.324	6.516

(续表)

企业代码	2014	2015	2016	2017	2018	均值	企业代码	2014	2015	2016	2017	2018	均值
300052	9.114	7.709	7.839	8.572	9.654	8.578	300533	16.107	11.330	9.012	9.228	7.509	10.637
300053	7.843	8.983	7.530	9.860	8.318	8.507	600037	1.194	0.988	2.047	1.241	8.939	2.882
300071	18.630	27.298	24.541	21.454	24.830	23.351	600100	11.895	6.802	3.867	6.976	31.553	12.219
300133	14.123	14.175	19.260	16.867	16.262	16.138	600138	0.924	7.923	14.100	15.541	16.263	10.950
300148	11.076	11.804	6.561	7.699	9.784	9.385	600173	27.824	28.425	27.062	18.795	20.525	24.526
300174	14.812	15.329	12.365	13.912	25.211	16.326	600226	10.754	11.052	10.240	5.837	6.358	8.848
300242	15.346	15.406	39.254	36.000	86.384	38.478	600234	24.262	14.742	14.337	5.086	5.460	12.777
300288	2.952	7.289	6.778	6.818	6.926	6.153	600532	15.754	25.679	24.536	20.185	15.895	20.410
300299	9.572	7.604	7.659	8.054	7.335	8.045	600576	9.979	18.759	3.873	2.565	1.926	7.420
300300	16.722	14.728	5.744	5.796	7.505	10.099	600601	9.227	7.581	6.346	4.597	6.227	6.796
300311	10.366	6.006	9.032	11.033	11.716	9.631	600633	1.546	6.915	16.978	13.056	11.487	9.997
300315	6.690	5.878	7.025	6.553	9.260	7.081	600634	5.418	4.614	8.376	6.848	5.171	6.086
300418	32.113	16.994	15.478	12.081	13.746	18.083	600637	27.571	30.157	23.737	14.183	14.608	22.051
300431	7.883	6.646	6.416	6.283	6.326	6.711	600652	12.892	12.030	12.551	11.750	11.134	12.071
300467	22.615	21.794	20.474	17.181	15.935	19.600	600714	10.920	8.380	6.958	7.458	5.522	7.847
300494	35.465	33.993	27.729	26.327	26.734	30.050	600715	12.255	0.370	6.346	3.642	3.414	5.206
300518	25.253	18.408	18.390	13.955	27.038	20.609	600770	19.933	19.694	19.563	18.326	18.973	19.298

10 网络游戏消费的影响因素研究
——基于 Steam 平台数据的实证

10.1 绪论

网络游戏就是互联网在线游戏,是信息通过网络进行传播实现虚拟交流的一种通信方式,简称网游,其英文表述是 The Online Game[1]。在全球经济动荡的背景之下,网络游戏产业却表现出稳健而迅速的增长,随着全球游戏市场的快速发展,目前全球游戏玩家达到 23 亿人。数据显示,2012—2017 年全球游戏市场规模从 706 亿美元增长至 1 217 亿美元,年均复合增长率达到 11.5%。伴随着全球游戏市场联盟化、职业化,游戏市场加速发展,2018 年全球游戏市场规模达到 1 379 亿美元,比去年增加了 162 亿美元,同比增长了 13.3%,其中,数字游戏营业收入将占 91% 的市场份额,达到 1 253 亿美元。由此可见,游戏市场的发展之迅猛。在影响游戏消费的因素方面,学术界已有一些研究成果,但研究多集中于游戏玩家消费行为的影响因素,以消费者为研究主体,研究成果主要集中于以下领域。

一方面,研究将视角聚焦于游戏质量,建立其对游戏消费的影响模型 TAM,国内有一部分研究通过改进此模型进行网络游戏消费行为研究。如刘洋、杨学成[2]提出了一个基于 TAM 模型的理论框架,并引入产品属性和消费体验两个新的变量,发现产品属性对网络游戏玩家的消费意向有很大的影响力,而消费体验对玩家的消费意向影响不大。大量的国外学者专注于研究网络游戏的消费者行为,这部分研究较之于本章角度更加微观。如在消费者游戏体验方面,Chiou、Wan[3]从沉浸理论和人本主义需求理论的角度,探索了影响台湾地区青少年玩家游戏成瘾的因素;Griffiths、Chumbley 则考察了玩家性别、玩家的个体性格、游戏激励机制内部强化作用、玩家的技能强弱对游戏体验的诸多影响。而另一部分学者更关注影响网络游戏玩家忠诚度的影响因素,Choi、Kim[4]从产品设计的角度出发,论述了人们继续玩网络游戏的原因;

Whang、Chang[5]则探讨了网络游戏玩家忠诚度与转换成本可接受程度的作用关系。

另一方面,研究针对高校学生这一典型消费者群体,李光贤[6]以18~25岁的在校大学生为研究对象,认为消费者的性别、年龄和对网络游戏投入程度(时间、花费和关注度)的不同,会导致其对网络游戏产品属性的感知和使用态度不同,进而影响其进一步的消费行为。温卢、张昊雯、左怡[7]以南京高校学生为研究对象,发现影响高校学生网络游戏消费行为的因素主要有娱乐社交性、游戏产品创新、易用价值感知以及营销方式等外部因素。而且男女玩家、不同职业和不同年龄阶段以及不同居住地玩家的消费动机和消费行为的特点也有所差别[8]。Ellison[9]在一所高校内对大学生参与网络游戏的行为动机做了相关调查,调查结果显示游戏内容品质、玩家自我满足的程度、游戏带来的幻想、与其他玩家的互动交流等是影响大学生网络游戏消费的因素。

此外,还有部分研究基于社会学或心理学理论对网络游戏的消费情况进行分析,网络游戏品质会通过沉浸感的中介作用对忠诚产生影响[10]。Bartle[11]在《红心、梅花、方块、黑桃：MUD游戏玩家分类》中,将MUD(Multi-User Dungeon)类的游戏玩家做了四种分类：第一类是以取得成就感(achievement within game context)为目的的玩家,第二类主要是为了从游戏中探索虚幻(exploration of the game)的玩家,第三类是以社交互动(socializing with others)为目的的玩家,第四类主要是以强迫他人(imposition upon others)为目的的玩家,而这四类玩家对于游戏的消费倾向都有所不同[12-14]；Hsiao和Chiou[15-16]的研究发现社交特征会通过乐趣体验的中介作用对游戏态度和意愿产生影响；汪涛[17]等认为个体特征、网络游戏特征、社交特征、知觉和体验会影响网络游戏消费,而且个体特征、网络游戏特征和社交特征还会通过知觉和体验影响网络游戏消费。

以上研究成果或以消费者为研究主体,观察消费者本身的差异如年龄、性别等的不同,分析其对游戏消费行为的影响；或采用TAM模型研究游戏产品本身的特点,如网络游戏产品特性会通过消费者的感知影响其使用态度；或采用社会学或心理学等方面的理论考察用户心理、行为动机、社交作用等对游戏消费的影响。

本章在中观的视角下,采用大型游戏平台Steam近期的实际消费数据,实际考察游戏价格、游戏类型、是否为独立游戏等因素对游戏消费的影响。采用较为精确且时效性强的截面数据进行实证研究,选择二元Logit模型考察各因素对游戏消费情况的影响,为网络游戏消费研究提供一个新的研究角度。

在此情况下，研究网络游戏销量的影响因素具有其实际意义，一方面可以补足这方面的研究空白，另一方面可以运用最新的数据得到相对准确的结果，具体明确各种因素对网络游戏销量的影响程度，为游戏开发者及从业人员提供一定的参考。

10.2　Steam 平台热门游戏特征分析

Steam 平台作为目前全球较大的综合性数字游戏软件发行整合平台，拥有大量的用户，大量玩家在该平台购买并下载游戏，并且会在平台上分享和讨论游戏内容[18]。Steam 是游戏平台领域的先行者，具有非常好的口碑，目前为止鲜有其他同类型平台能与之匹敌。Steam 平台拥有来自游戏开发商和消费者的双向信任，至今已运行十余年，平台上的游戏数量众多，种类各异，故来自其平台的游戏数据具有较好的代表性与较高的可信度。现收集 2018 年 11 月至 2018 年 12 月 Steam 平台热门趋势榜上的 100 款游戏的基本数据，并对其进行基本的描述性统计分析。

10.2.1　游戏价格

游戏价格是玩家购买游戏时的一个重要考虑因素，而不同游戏的售价相差较大，这体现了游戏发行公司或者游戏工作室对其游戏不同的销售推广策略和不同的定位。

由图 10.2.1 可知，在 2018 年 11 月至 12 月最热门的 100 款游戏中占比最大的是免费游戏，这些免费游戏中一部分通过零价格吸引更多的游戏玩家下载游戏，以期制作出爆款游戏提高游戏公司的知名度和业界地位；另一部分也会通过零价格门槛吸引玩家进入游戏，在游戏过程中设置需要消费的环节，玩家往往为了获得更好的游戏体验而选择消费，而这也是游戏制作公司的一种经典销售策略。在其余的付费游戏中，占比最大的游戏定价为 10～19.99 美元，同时也有

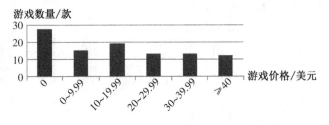

图 10.2.1　游戏价格

12款游戏的定价超过40美元,定价最高的是 *DARK SOLS* Ⅲ,售价为59.99美元。定价较高的游戏多以精美的制作让玩家产生代入感,以叙事精巧、故事性强、玩法多样、可玩性高等特点吸引玩家购买游戏。一些经典优秀的游戏更可以带给玩家深层次的思考、长久的回味,玩家也愿意为此支付较高的游戏价格。

10.2.2 发行天数

考察游戏的发行天数,可以得知热门趋势榜单上的游戏多为近期当红游戏或是长期经典游戏。收集连续两个月热门趋势榜单上的100款游戏资料,整理数据结果如图10.2.2所示。

由图10.2.2可知,热门游戏排行榜上的游戏发行时间差距较大,发行时间较早的经典游戏数量多于近期热门游戏。近一年内发行的游戏有15款进入了热门游戏榜单,其中近一个月发行的有2款,近三个月发行的有5款,这说明新发行的游戏如果能够以其独特的游戏创意、新颖的玩法吸引

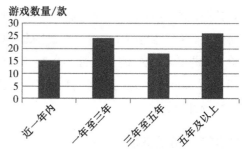

图10.2.2 游戏发行时间

玩家,很有可能进入热门游戏榜单,增加其游戏知名度,获得更好的销售成绩。在榜单中占据更大比重的是发行天数相对较长的经典游戏,其中发行时间在一年至三年的游戏有24款,发行时间在五年及以上的多达26款,这说明游戏玩家对经典游戏的热情是经久不息的,新的游戏玩家进入该平台也会优先考虑购买下载这些经典游戏,如《反恐精英》、*Dota* 2、《军团要塞》等,这些游戏在发行时间远超五年的情况下依旧保持着极高的热度和玩家活跃度。

10.2.3 游戏评分

该评分指的是玩家认为其评分高于Steam平台上百分之多少的其他游戏,故该指标是一个相对值。观察热门游戏榜单上的100款游戏,评分结果如图10.2.3所示。

图中,纵坐标是游戏数量(总数为100),横坐标是评分高于Steam

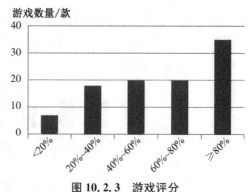

图10.2.3 游戏评分

平台上百分之多少的其他游戏。可以看出,进入热门游戏榜单的游戏玩家评价相对较高,仅有三十余款游戏评分低于平均水平。这说明评价较高的游戏更容易成为热门游戏,当然玩家评价较低的游戏也有可能凭借其某一方面的突出优势,如游戏话题性强、社交功能显著等获得较高的游戏热度。

10.2.4 玩家游戏时长

该指标描述的是玩家在近两周内玩该款游戏的平均总时长,可在一定程度上表现出玩家的游戏体验,统计结果如图 10.2.4 所示。

可以看出,有 43 款游戏其玩家两周内玩该游戏的时间为 5~10 h,即平均每天在半小时左右;此外,有近 10 款游戏玩家平均每天在线时长超过 2 h,此类游戏普遍规模较大,所含类型丰富,且含有一定的社交功能,如 *Black Desert Online*、*Dota 2* 等游戏。

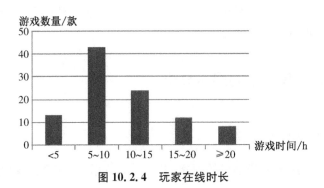

图 10.2.4　玩家在线时长

10.2.5 是否为独立游戏

游戏产业如同电影产业,大型游戏的开发需要资金雄厚的发行商赞助,因此发行商对游戏有很大的决定权。大部分希望制作风险低、受大众欢迎的游戏被称为商业游戏;而没有商业资金的影响或者不以商业牟利为第一目的、独立完成制作的游戏作品,都可被认为是独立游戏制作行为。观察热门排行榜中的 100 款游戏,其构成如图 10.2.5 所示。

可以看出,在热门游戏中独立游戏占了较大的比重,2018 年 11 月

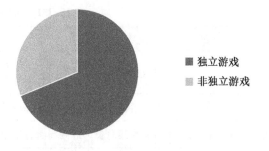

图 10.2.5　是否为独立游戏

至12月的热门游戏中,有69款独立游戏进入榜单,占到了全部游戏的近七成。独立游戏开发者没有游戏公司或游戏发行商提供的资金,必须独力负担开发过程中的所有花费。相对地,开发者可以决定游戏的走向,做自己想做的游戏,往往可以推出有崭新观点的作品,而不用受制于游戏公司或市场。一款成功的独立游戏往往比商业游戏更加大胆、更加开放,有其个性的视角,在创意上推陈出新并勇于突破商业游戏的传统模式。独立游戏是个性化的,它给了游戏制作者们充分发挥的空间。由于独立制作不受外界干预和限制,独立游戏常常大胆突破商业游戏的固有模式及固有类型,从玩法、剧情、视觉效果乃至游戏主题、传达方式等方面进行创新,这也是大量独立游戏可以进入热门游戏排行榜的原因[19]。

10.2.6 小结

以上是对2018年11月至2018年12月Steam平台热门趋势榜上的100款游戏的基本数据进行的描述性分析。

10.3 影响游戏销量的因素分析

10.3.1 模型设定

本节为分析影响游戏销量的因素,考虑样本数据特征以及参数特征,设计如下计量模型:

$$Y = \alpha_1 + \alpha_2 price_i + \alpha_3 playtime_i + \alpha_4 scorerank_i + \alpha_5 indie_i + \alpha_6 publisher_i + \alpha_7 developer_i + \alpha_8 days_i + \mu_i \qquad (10.1)$$

模型中所用变量的具体含义如表10.3.1所示。

表10.3.1 所用变量含义

变量	含义	解释
Y	游戏销量	考察Steam平台上各款游戏销量,销量达到10 000 000及以上=1,销量10 000 000以下=0
$price$	游戏价格	游戏在Steam平台上的发行价格
$playtime$	玩家在线时长	近两周所有玩家平均在线时长
$scorerank$	游戏评分	该游戏评分高于Steam平台上其他游戏评分的比例

(续表)

变量	含义	解释
$indie$	独立游戏	是否为独立游戏,独立游戏=1,非独立游戏=0
$publisher$	发行商	发行商是全球五十大游戏公司=1 发行商不是全球五十大游戏公司=0
$developer$	开发商	开发商是全球五十大游戏公司=1 开发商不是全球五十大游戏公司=0
$days$	游戏发行天数	游戏的发行天数
μ	随机误差项	

10.3.2 变量解释及数据来源

(1) 被解释变量 Y

Y 表示游戏销量,出于保护 Steam 用户隐私的考虑,确切的游戏销量无法获取,只能获得相对精准的游戏销量区间。本章将游戏销量达到 10 000 000 及以上的游戏定义为畅销游戏,设定为 1;将游戏销量未达到 10 000 000 的游戏定义为非畅销游戏,设定为 0。

(2) 解释变量

考虑影响游戏销量的诸多因素,结合已有文献及数据可得性,本章选取以下因素作为解释变量:

游戏价格(price):此为影响消费者消费行为的重要因素,代表消费者愿意为此游戏支付的价格。

玩家在线时长(playtime):选取该游戏近两周所有玩家的平均总在线时长,用以考察游戏的可玩性及对玩家的吸引程度。

游戏评分(scorerank):此因素代表该游戏的评分高于 Steam 平台百分之多少的其他游戏,反映 Steam 平台游戏用户对该游戏的喜爱程度。

独立游戏(indie):由于独立游戏较少受到开发商、投资方的影响,能够更好地反映开发者的个人风格,反映游戏的创新性及独特性。

开发商与发行商(publisher、developer):规模较大、声誉较好的开发商及发行商更有可能开发出高质量的游戏,此项用来衡量游戏的质量保障。

游戏类型数量(labelnumber):本章总结动作类、模拟类、策略类、冒险类、真人扮演类、多人在线真人扮演类六个热门游戏类型,考察该游戏包含多少项游戏类型标签,以此衡量消费者是否喜爱设计和玩法更为复杂的游戏。

(3) 控制变量

游戏发行天数（days）：游戏发行天数会在一定程度上影响游戏的销量，将此设定为控制变量以降低其对结果的影响。

本章试图对 Steam 游戏平台的相关数据进行分析，数据来自 SteamSpy 数据库。SteamSpy 是利用 Steam 提供的 Web API 每天抓取数百万个公开用户的资料，并以此估算所有游戏在整个 Steam 中的销量、玩家以及地区分布等的一个公开网络平台。虽然 Steam 存在大量私密用户无法抓取游戏库数据，以及 SteamSpy 本身存在误差，但是因为 SteamSpy 本身会提供一个置信区间，所以考虑误差之后，数据的可信度相对较高。

(4) 数据来源

根据数据的可得性、时效性及统计口径的一致性，收集 2018 年 11 月至 2018 年 12 月 SteamSpy 平台近期流行游戏榜单，这样可以看到最新的流行趋势，数据时效性强，能更好地反映影响当下游戏销量的因素。通过此榜单获得 100 组 2018 年第四季度最流行游戏的销量、发行价格、玩家在线时长、游戏评分、是否为独立游戏、开发商与发行商名称、发行时间等信息。全球 50 大游戏公司排名来自知名游戏杂志 *Edge*。

10.3.3 小结

本节通过模型设定、变量解释及数据来源的分析，为下面的实证分析创造条件。

10.4 实证分析

10.4.1 不引入交叉项

根据上文中所设模型，考察各因素对游戏销量的影响。根据该模型及数据特点，选用二元 Logit 模型，结果如表 10.4.1 所示。

表 10.4.1 影响游戏销量的因素

	二元 Logit 模型
C	0.156
price	−0.092***
playtime	0.071

(续表)

二元 Logit 模型	
$scorerank$	2.303
$indie$	0.644
$publisher$	0.57
$developer$	−0.055
$labelnumber$	−0.53
$days$	0.012***
R^2	0.531

注：*** 表示在1%的水平下显著。

由表10.4.1可知,价格的高低对人们是否选择购买游戏的意愿有着非常显著的影响。当游戏价格提高时,消费者购买游戏的意愿会显著下降。而游戏品质较高使得玩家拥有更好的游戏体验,因此玩家愿意投入更多的时间在游戏当中,这会提高消费者购买游戏的概率;独立游戏表示该游戏由独立团队研发制作并维护更新,代表着该游戏更具有独特性和创新性,更能明显地体现出游戏开发者的个人气质,因此会提高消费者购买该游戏的概率;游戏的开发商与发行商若为网络游戏产业内知名度较高、综合评价较好的大公司,在一定程度上可以保证该游戏的品质与用户体验,会提高消费者购买游戏的概率。此外,与我们推测不同的是,游戏类型标签较多并不会提高消费者购买游戏的概率,反而对此有一定的负面影响。

10.4.2 引入交叉项

上面证明了在影响消费者是否购买游戏的因素中,价格的作用至关重要,当游戏价格提高时消费者的购买意愿会随之降低。下面我们引入交叉项,探讨在不同的情况下价格对于消费者购买游戏意愿的影响是否会不同。

(1) 游戏为独立游戏

当游戏为独立游戏时,影响因素 $indie=1$,在模型(10.1)的基础上,设定如下：

$$\begin{aligned}Y=&\alpha_1+\alpha_2 price_i+\alpha_3 playtime_i+\alpha_4 scorerank_i+\\&\alpha_5 indie_i+\alpha_6 publisher_i+\alpha_7 developer_i+\\&\alpha_8 price_i\times indie_i+\alpha_9 days_i+\mu_i\end{aligned} \quad (10.2)$$

(2) 游戏的开发商和发行商为业内知名公司

当游戏的开发商和发行商为业内知名公司时,影响因素 $publisher$ 和 $developer$ 分别取 1,在模型(10.1)的基础上,设定如下:

$$Y = \alpha_1 + \alpha_2 price_i + \alpha_3 playtime_i + \alpha_4 scorerank_i + \\ \alpha_5 indie_i + \alpha_6 publisher_i + \alpha_7 developer_i + \\ \alpha_8 price_i \times publisher_i + \alpha_9 days_i + \mu_i \tag{10.3}$$

$$Y = \alpha_1 + \alpha_2 price_i + \alpha_3 playtime_i + \alpha_4 scorerank_i + \\ \alpha_5 indie_i + \alpha_6 publisher_i + \alpha_7 developer_i + \\ \alpha_8 price_i \times developer_i + \alpha_9 days_i + \mu_i \tag{10.4}$$

(3) 游戏含有多种类型标签

对以上模型进行二元 Logit 回归,结果如表 10.4.2 所示。

如果游戏的玩法及设计相对复杂,游戏可被同时定义为策略类游戏、冒险类游戏、动作类游戏、模拟类游戏等。此处用一款游戏拥有的游戏类型标签数量来衡量游戏的复杂程度,当一款游戏同时拥有三个及以上的标签时,影响因素 $labelnumber = 1$。在模型(10.1)的基础上,设定如下:

$$Y = \alpha_1 + \alpha_2 price_i + \alpha_3 playtime_i + \alpha_4 scorerank_i + \\ \alpha_5 indie_i + \alpha_6 publisher_i + \alpha_7 developer_i + \\ \alpha_8 price_i \times labelnumber_i + \alpha_9 days_i + \mu_i \tag{10.5}$$

(4) 游戏的类型

考察消费者在购买不同的经典类型游戏时,价格的变动对消费者购买意愿的影响是否存在异质性,分别对动作类游戏、冒险类游戏、角色扮演类游戏、模拟类游戏进行检验,在模型(10.1)的基础上,建立如下模型:

$$Y = \alpha_1 + \alpha_2 price_i + \alpha_3 playtime_i + \alpha_4 scorerank_i + \\ \alpha_5 indie_i + \alpha_6 publisher_i + \alpha_7 developer_i + \\ \alpha_8 price_i \times action_i + \alpha_9 days_i + \mu_i \tag{10.6}$$

$$Y = \alpha_1 + \alpha_2 price_i + \alpha_3 playtime_i + \alpha_4 scorerank_i + \\ \alpha_5 indie_i + \alpha_6 publisher_i + \alpha_7 developer_i + \\ \alpha_8 price_i \times adventure_i + \alpha_9 days_i + \mu_i \tag{10.7}$$

$$Y = \alpha_1 + \alpha_2 price_i + \alpha_3 playtime_i + \alpha_4 scorerank_i + \\ \alpha_5 indie_i + \alpha_6 publisher_i + \alpha_7 developer_i + \\ \alpha_8 price_i \times RPG_i + \alpha_9 days_i + \mu_i \tag{10.8}$$

$$Y = \alpha_1 + \alpha_2 price_i + \alpha_3 playtime_i + \alpha_4 scorerank_i +$$
$$\alpha_5 indie_i + \alpha_6 publisher_i + \alpha_7 developer_i + \quad (10.9)$$
$$\alpha_8 price_i \times simulation_i + \alpha_9 days_i + \mu_i$$

表 10.4.2 含交叉项参数估计结果

	(2)	(3)	(4)	(5)
C	−0.658	−0.991	−0.896	−0.988
price	−0.035**	−0.102**	−0.102**	−0.051***
playtime	0.041	0.070	0.071	0.066
scorerank	−1.326	−2.250	−2.338	−2.489
indie	1.079*	0.598	0.640	0.585
publisher	0.471	0.056	0.598	0.557
developer	−0.218	−0.129	−0.455	−0.185
labelnumber	−0.356	−0.519	−0.519	−0.393
price × indie	−0.186*			
price × publisher		0.053		
price × developer			0.035	
price × labelnumber				−0.025
price × action				
price × adventure				
price × RPG				
price × simulation				
days	0.001***	0.001***	0.001***	0.001***
R^2	0.477	0.434	0.433	0.434

	(6)	(7)	(8)	(9)
C	−0.971	−1.001	−0.927	−1.051
price	−0.106**	−0.120**	−0.091**	−0.070**
playtime	0.075	0.079	0.071	0.074
scorerank	−2.159	−1.943	−2.298	−2.459
indie	0.692	0.709	0.635	1.183
publisher	0.560	0.770	0.575	0.780

(续表)

	(6)	(7)	(8)	(9)
$developer$	−0.038	−0.012	−0.063	−0.159
$labelnumber$	−0.572	−0.657	−0.527	−0.538
$price \times indie$				
$price \times publisher$				
$price \times developer$				
$price \times labelnumber$				
$price \times action$	0.027			
$price \times adventure$		0.073*		
$price \times RPG$			−0.003	
$price \times simulation$				−0.196
$days$	0.001**	0.001***	0.001***	0.001**
R^2	0.433	0.444	0.431	0.458

注：***、**和*分别表示在1%、5%和10%的水平下显著。

由上表可以看出，价格的提高会显著地影响消费者购买游戏的意愿，使消费者购买该款游戏的概率降低，但是，根据不同的分类标准，价格的变化对购买意向的影响产生了异质性。

10.4.3 小结

当独立游戏的价格提高时，会导致其目标消费群体的购买意愿大大降低，潜在消费者的购买概率随之下降。这在一定程度上是独立游戏的特点所决定的，不同于大型商业游戏的开发需要大量资金，发行商对游戏有很大的决定权，独立游戏开发者没有游戏开发商或游戏发行商提供的资金，必须独力负担开发过程中的所有花费。相对地，开发者可以决定游戏的走向，做自己想做的游戏，往往可以推出具有崭新观点的作品，而不用受制于游戏公司或市场。较小的制作团队使得游戏成本更易于控制，但制作相对粗糙，画面不像大型商业游戏那般精良，因此独立游戏的销售价格普遍低于大型商业游戏。且独立游戏的受众与目标消费者也与大型商业游戏不同，相对于通过充值或者"氪金"来获得更好的游戏体验，他们更关注游戏本身的风格和游戏所体现的创作者思想，此类消费者对价格更为敏感，所以一旦独立游戏的价格有了较大幅度的提高，消费者对此反应可能更为强烈。

而在大型商业游戏方面,根据模型(10.3)、模型(10.4),通过观察价格与知名游戏公司的交叉项系数可知,当游戏的开发商与发行商为行业知名公司,如 Valve、开发出《我的世界》等爆款游戏的 Mojang Studios、任天堂 EAD 等大型游戏公司或者知名游戏工作室时,价格的提高反而会在一定程度上提高消费者购买游戏的概率。这在很大程度上出于消费者对知名游戏公司的信任,消费者相信较高的游戏价格代表着更加优良的游戏制作,如画面精美、流畅度高、数值体系完善,游戏的趣味性和可玩性都有较高的保障,所以在这种情况下消费者愿意支付较高的价格来获取更好的游戏体验。

模型(10.5)反映的是当一个游戏更为复杂,涵盖了多种游戏类型时,价格的提高会给消费者的购买意愿带来怎样的影响。可以看出,当一款游戏拥有三个及以上的游戏标签,即该游戏涵盖了多种游戏类型时,可以给玩家提供更丰富的游戏体验,但是也导致了游戏主要属性不明确,很难在一个类型上带给消费者极致的游戏体验,达不到其选择该款游戏所预期的效用;且游戏标签多在一定程度上意味着更加难以入门,对新消费者来说操作难度较大,随着游戏价格的提高,消费者购买游戏的概率会有所降低。

模型(10.6)、模型(10.7)、模型(10.8)、模型(10.9)代表在不同的游戏类型中价格的变化对消费者购买游戏概率的不同影响。在动作类游戏和冒险类游戏中,价格的提高会提高消费者的购买概率,而在角色扮演类游戏和模拟类游戏中,价格的提高会使得消费者的购买意愿降低。总体来说,偏爱角色扮演类和模拟类游戏的消费者对价格更为敏感,而动作类、冒险类游戏的质量和可玩性很大程度上取决于游戏世界观的搭建,游戏世界观越完整,玩家对游戏世界的样貌了解越清晰,沉浸感越强,持续游戏的意愿也更强烈。完整的世界观可以让玩家明确游戏背景、游戏的主要内容、势力关系、整体格局等内容,而这些都需要在较高制作成本的基础上才得以实现,因而相对高的价格也更容易被消费者所接受。

10.5 结论与建议

通过以上分析可知,价格是影响游戏销量最主要的因素,价格的提高会降低消费者购买游戏的概率。游戏的高质量高品质,具有独特立意与极具创意性的独立游戏会增强消费者的购买意愿;而在业内综合评价较高的具有良好声誉的游戏开发公司与发行公司也会给消费者以信心,增强其对游戏的购买欲望。反之,游戏所含类型过多、设计元素过于冗杂不会扩大游戏的潜在消费者群体,反而会降低其购买欲望。

在不同类型的游戏下,游戏价格的提高对消费者购买意愿的影响也不尽相同。独立游戏的价格提高会使消费者的购买意愿显著下降,与之对比强烈的是由知名游戏公司发行的大型商业游戏,当知名游戏公司发行的游戏价格有所提高时,反而会在一定程度上提升玩家的兴趣,提高其购买该游戏的概率。当一款游戏覆盖的类型过于繁杂时,并不会带给玩家更好的游戏体验,而价格的提高也会使玩家购买此类游戏的概率降低。不同游戏类型的玩家对于价格提高的反应也有所差异,在动作类游戏和冒险类游戏中,价格的提高会提高消费者的购买概率,而在角色扮演类游戏和模拟类游戏中,价格的提高会使消费者的购买意愿降低。

根据上述结论提出以下建议:

(1)在覆盖成本的基础上,游戏发行者可以相对降低游戏的价格,选择游戏内购买、游戏内增加广告等多种盈利方式。这样可以在很大程度上增加网络游戏消费者的数量,提升游戏的知名度并获得更高收益。

(2)独立游戏应谨慎提高游戏价格。优秀的独立游戏在一定程度上抛弃了只是简单地通过游戏性和令人上瘾的游戏机制来吸引玩家,因为其游戏作品总会反映出创作者所处的文化环境以及创作者本人对生活的思考,因而可以更好地体现游戏文化的内涵。故独立游戏创作者需要平衡好游戏创新性、独立性和游戏市场之间的关系,在发布时更全面地考虑市场需求,合理定价。

(3)由知名游戏公司发行的大型商业游戏在定价方面具有较大的弹性,大型商业游戏更应该注意以精美画质、丰富的剧情内容、严谨公平的激励机制、运行流畅的服务器等吸引消费者购买游戏,提升玩家的游戏体验。

(4)游戏开发者不宜在一款游戏中加入太多的游戏类型和过于冗杂的游戏元素,这样会使游戏定位模糊,降低消费者的购买欲望。

(5)针对不同的游戏类型可以采取不同的定价策略,应谨慎观察市场中消费者的行为并对此做出及时反应。

参考文献

[1] 从云飞. 河南网络游戏产业发展研究[J]. 新闻爱好者,2012(12):19-20.

[2] 刘洋,杨学成. 中国网络游戏玩家的消费行为及其影响因素分析[J]. 中国社会科学院研究生院学报,2010(3):84-89.

[3] Chiou W B, Wan C S. A further investigation on the motives of online games addiction [C]//National Educational Computing Conference, July 5-7, 2006, San Diego.

[4] Choi D, Kim J. Why people continue to play online games: in search of critical design

factors to increase customer loyalty to online contents[J]. Cyberpsychology and Behavior, 2004, 7(1): 11-24.

[5] Whang L S M, Chang G. Lifestyles of virtual world residents: living in the on-line game "lineage"[J]. Cyberpsychology and Behavior, 2004, 7(5): 592-600.

[6] 李光贤. 网络游戏产品消费行为影响因素研究：以成都地区大学生玩家为例[D]. 成都：西南财经大学, 2011.

[7] 温卢, 张昊雯, 左怡. 高校学生网络游戏消费行为的影响因素分析：基于南京高校的实证研究[J]. 新媒体研究, 2018, 4(17): 5-8.

[8] 焦明文. 网络游戏消费行为的实证研究[D]. 太原：中北大学, 2016.

[9] Ellison N B, Steinfield C, Lampe C. The benefits of facebook "friends": social capital and college students' use of online social network sites[J]. Journal of Computer-Mediated Communication, 2007, 12(4): 1143-1168.

[10] 江晓东, 余璐. 网络游戏品质对玩家忠诚度的影响：沉浸体验的中介效应[J]. 上海管理科学, 2010, 32(6): 76-80.

[11] Bartle R. Players who suit MUDS[J]. Journal of MUD Research, 1996(7): 34-50.

[12] Billieux J, Chanal J, Khazaal Y, et al. Psychological predictors of problematic involvement in massively multiplayer online role-playing games: illustration in a sample of male cybercafé players[J]. Psychopathology, 2011, 44(3): 165-171.

[13] Thomas J B, Peters C O, Tolson H. An exploratory investigation of the virtual community Myspace.com: what are consumers saying about fashion? [J]. Journal of Fashion Marketing and Management: An International Journal, 2007, 11(4): 587-603.

[14] 毕钰. 基于社会网络的网游用户消费行为研究[D]. 哈尔滨：哈尔滨工业大学, 2012.

[15] Hsiao C C, Chiou J S. The effect of social capital on community loyalty in a virtual community: Test of a tripartite-process model[J]. Decision Support Systems, 2012, 54(1): 750-757.

[16] Hsiao C C, Chiou J S. The effects of a player's network centrality on resource accessibility, game enjoyment, and continuance intention: a study on online gaming communities[J]. Electronic Commerce Research and Applications, 2012, 11(1): 75-84.

[17] 汪涛, 魏华, 周宗奎, 等. 网络游戏消费的影响因素[J]. 心理科学, 2015, 38(6): 1482-1488.

[18] 李毅鹏, 吴思淼. 基于STEAM平台的产品因素对于游戏相关消费影响的实证研究[C]//管理科学与工程学会. 管理科学与工程学会2016年年会论文集. 镇江：江苏大学出版社, 2016.

[19] 苑心怡. 独立游戏现状及未来发展可能性研究[D]. 南京：南京艺术学院, 2015.

11 网络游戏产业海外并购研究

11.1 绪论

2018年,世界范围内的企业兼并数量超过10万个,涉及交易额为4.1万亿美元,略低于2017年的4.7万亿美元。其中,中国交易数量为12 101笔,交易额为5 926亿美元,同比2017年下降6%,这是自2015年以来连续第三年出现下降。2016年中国在海外并购上超越美国,成为世界上最大的海外企业收购国,2016年也是目前中国海外并购交易的历史高点。在2016年底,由于受政策影响,外国兼并管理组织认为对外的项目资本投入必须满足理性原则,据2017年末统计的数据来看,中国全年的海外兼并交易数量为867笔,兼并数额达到1 420亿美元。可以预见的是,在新的海外并购监管政策之下,海外并购活动仍将十分活跃。中国在2018年度的海外兼并贸易金额超过了1 169亿美元,比2017年度的并购贸易金额降低了5个百分点。整理世界范围内的2018年度跨境并购贸易行为,中国企业的跨区域并购贸易数量占到全球第五,占据总贸易数量的7%。2018年世界并购交易活动涉及的金额超过1.7万亿美元,这个数字比2017年的并购交易金额多了近32个百分点。而2018年度,中国出现外企兼并本土企业的项目交易额超过了567亿美元,较2017年度的涉项数额提升了25%,已经远超2015年度外企兼并中国本土企业的项目交易额550亿美元,成为迄今为止我国年度外企兼并本土企业项目交易额的最高值。

中国市场经济的发展促使其游戏行业也得到稳步发展,但由于国内的游戏市场开始趋于饱和,游戏企业开始寻求布局海外市场,腾讯游戏已经成为国内游戏企业兼并国外游戏公司的核心力量。腾讯游戏通过强大的市场运作,实现了对大多数国外游戏厂商的并购。腾讯作为我国首批的海外投资企业,早在2011年就成立了高达7.6亿美元的海外并购基金。腾讯最成功的海外并购项目是对Riot Games等全球游戏产业巨头的并购,通过外国游戏产品和游戏设计模式的引入，腾讯游戏现在已经在端游产业体系内占据了较大的市场份额，不仅实现了对中国端游市场的强势抢占，还在全球范围内的端游产业体系内占据了一席之地。笔者在研究中国游戏产业在海外的并购行为时，以腾讯兼并外国游戏厂商巨头Riot Games为分析对象，引入企业跨地区并购的相关资料，同时参考腾讯游戏在外国游戏产业领域的投资并购战略信息，通过对并购动因和并购绩效的分析和评价，总结出对中国网络游戏产业发展有益处的结论和建议。

现阶段，中国学术界在网络游戏产业跨境兼并收购方面的学术研究成果还比较少，笔者在研究中国网络游戏产业在海外的并购行为时，以我国网络游戏产业的跨境兼并收购行为为分析对象，探讨了我国网络游戏产业在跨境收购方面的发展现状，同时探寻国内企业在实行跨境兼并收购战略时存在的问题及成因；以兼并收购的刺激因素和业绩提升两个指标的结合性研究为分析对象，验证跨境兼并收购行为能否实现企业的预期战略目标，同时给予具有可行性的参考意见，为其他企业提供参考和经验，以提升企业的全球市场份额和竞争力。结合中国网络游戏产业海外并购特点和腾讯并购Riot Games的案例，研究中国网络游戏产业在海外的兼并收购行为可以发现，腾讯兼并外国游戏厂商巨头Riot Games的动因是其全球性的发展规划设计，同时中国网络游戏产业市场格局的不断转变也推进了腾讯对Riot Games公司兼并项目的快速实行，腾讯兼并收购Riot Games公司后，已经能够预期到本次兼并收购的正向影响作用以及规模效应、协同效应。通过对腾讯兼并收购Riot Games公司的研究可知，刺激我国网络游戏公司实行跨境兼并收购战略的主要动因就是其战略性布局的改变，一旦其战略性布局需要企业通过兼并收购行为实现技术革新、管理层次或者地理区位布局的时候，企业就会做出兼并收购计划，进而开始开展对其他企业的兼并收购行为，当然企业的兼并收购行为也与市场环境的变化有关。企业通过兼并收购海外的游戏企业，不仅有利于海外市场的布局，还能够利用自身的用户流量优势给海外企业带来效益。并购是否给企业带来协同效应，是否包含在企业未来发展的战略规划中，这些都是网络游戏企业在海外并购上是否取得成功的重要标准。同时还需要重视对并购过程中各种风险因素的有效管控，资本经济市场因为并购行为产生的变化以及并购后企业经营业绩的变化也应当受到关注。在本章的最后，总结和归纳了腾讯并购Riot Games公司案例对我国企业的启示。

在研究中国网络游戏产业在海外的并购行为时，通过收集中西方企业海外并购的案例，从业绩成果和产生因素两方面分别整合国内企业在跨境兼并收购方面的理论和实践资料，这些资料将作为腾讯跨境并购案例分析的基础理论体系。笔者选择腾讯兼并外国游戏厂商巨头Riot Games作为分析中国网络游产业在海外并购行为的案例,以其战略策略和发展现状为切入点,分析腾讯兼并收购 Riot Games 公司的促发因素和收购后效益的提升情况。采取演绎法对中国网络游戏产业的现状、宏观环境和海外并购遇到的问题进行归纳总结,从而推理出市场的一般性规律。运用财务指标分析法对腾讯并购 Riot Games 前后几年的财务报告进行数据的选取和整理,从企业的财务情况和经营成果的角度对并购绩效做出评价。

11.2 文献综述

11.2.1 并购和海外并购的含义

并购的含义是将两家及以上的、具有自主运营权限的公司通过某种拆分组合的方式,重构成为一家新公司的过程,通常并购还可以解释为兼并收购。实际上,经济市场内的大部分并购都是竞争力较强的公司吞并竞争力较弱的公司。

所谓的海外并购,实际上就是企业拆分重构主体涉及本国之外的地区或者国家,也可以看作是甲国企业采取特定方式购买乙国企业的全部或者部分股份的过程。海外兼并收购行为通常会涉及两个及以上的经济环境,因此海外并购要比本土并购行为具有更大的风险。其中"甲国企业"指代的就是兼并收购行为的发出主体,"乙国企业"指代的是异地需要被兼并收购的公司。而所谓的特定方式主要是指做出兼并收购行为的企业直接给被兼并公司进行资金注入的方式,一般资金注入方式有现金植入、以股换股、商业融资等。

11.2.2 并购和海外并购的类型

根据兼并收购双方主体主营业务之间的关系,并购行为可以分为横向兼并收购、纵向兼并收购以及混合兼并收购三种。在中国现阶段发展情况下,这三种并购类型之间存在较大差别。横向并购次数是最多的,占总数一半左右;纵向并购则相对较少,集中在利润受原材料成本影响较大的行业;混合并购大多发生在一些具有多元化布局且有开拓第二主业动机的成熟型企业中。

根据并购目的的不同,可以分为财务型并购和战略型并购;根据实施并购主体的不同,可以分为直接并购、间接并购、上市公司与 PE 结合型并购方式。

11.2.3 文献综述

通过对国内外海外并购的研究发现,西方普遍观点认为并购是实现企业战略目标和商业目标的方式之一,企业战略的正确性是并购达到这些目标的关键因素。国内对海外并购的研究还处于早期阶段,相关文献出现时间较晚,但由于我国在海外并购活动中表现活跃,海外研究也在不断丰富。早期国内关于海外并购的研究主要集中在海外并购是否出现正向的绩效,即企业是否能通过并购行为而获利。根据整合的海外并购相关资料可知,中国学术界在海外兼并收购方面的分析研究基础是外国在跨境兼并收购方面的理论体系。虽然最近几年,我国学术界开始创造性地以跨境兼并收购行为业绩增长情况为研究切入点,但由于数据资料和绩效评价方法的不同,研究结果也存在差异。

郭建鸾等[1]分析了上海证交所在1997年度内有并购行为的85家企业,研究发现采取并购的公司在并购公告前后股价没有发生显著的变化,这表示产业综合市场通常不会因本企业兼并行为的发生而出现较大的变化。

崔恩慧[2]第一次以企业并购后的绩效提升情况为研究对象,以五年为绩效变化研究周期,结果表明企业并购之后,其经济效益和运营水平并不会在短时间内出现较大的提升,通常情况下,并购之后第一年的各项指标都是下降的,之后几年表现出明显的好转,因此在短时间内并购预期是无法实现的。

薛俊杰[3]认为海外并购能为我国TMT行业企业带来巨大回报。通过对腾讯并购Supercell后的绩效进行评价分析得出,尽管该次海外并购在短期内未实现资本市场的利好,但并购后在可供观察的期间出现了正向的绩效,证明了腾讯此次海外并购是成功的。

龚武[4]认为从世界范围内的企业并购绩效变化情况来看,国内企业的表现还是非常好的,可能是中国的很多企业在并购方面都拥有比较丰富的经验。事实证明,中国企业要想将并购的优势得到最大限度的发挥,必须得到当地政府的支持,对其少加干涉,但监管方面需要更加严格。

孙华鹏等[5]研究发现,调查的样本并购公司平均股票溢价达到29.05%,而收购公司的平均股票溢价为-16.76%,因此对收购公司产生的是负面的影响。但是从并购公司长期的绩效来看,还是产生了积极乐观的影响。林莎等[6]运用会计研究法,对1999年度67个有并购行为企业的纯利润率和核心业务利润率参数进行了分析,结果显示,如果在并购前绩效不乐观的企业,在实行并购战略之后,其纯利润率和核心业务利润率会出现较大的提升,并购后几年的财务绩效出现上升趋势,这表明从整体上来看并购对公司的经营业绩有良好的改善作用。

文献[7]提出并购不仅是弥补公司资源缺陷的一种方式,还是公司的资源和人才获得补充的手段。若并购公司不了解自身的资源以及能力,目标公司的资源以及能力也是未知的,则双方公司资源是否互补也是不确定的,并购后的整合难度变大,并购的风险也随之增高。

文献[8]认为并购整合之后企业的绩效是判断海外并购成功与否的关键,而财务指标就是反映企业绩效最直接的表现。并购后企业长期的经营情况受到怎样的影响是判断的标准,并购整合之后是否发挥了作为一个整体企业的协同效应和规模效应。

Uddin等[9]认为在英国的公司跨国并购中出现了协同效应。在1994—2003年期间考察373家英国并购公司的短期股价表现后,研究人员发现这些公司利用产品、要素和资本市场的不完善之处,在短期内为股东创造财富收益,研究结果表明,公司的收益会受到所选择的交易特异性、公司特异性和地理特征的影响,这些因素在进行海外并购时也应多加关注。

11.2.4 小结

从收集到的情况来看,国内外学者在海外并购的相关理论上均进行了大量的研究,海外并购理论体系也建立得相对完善。在研究侧重点方面,国外学者普遍比较关注的是企业并购后是否出现协同效应;而国内学者的研究则侧重于海外并购企业绩效如何,是否给其企业带来正面影响等。纵观各国学者在跨境并购方面的理论成就可以发现,在并购行为产生的动因以及兼并收购行为实行后的绩效提升情况等方面的研究较少,研究深度和广度也不足。

11.3 网络游戏产业海外并购现状分析

11.3.1 网络游戏产业的现状

根据中新游戏研究中心(CNG)的数据资料,2018年,我国的网络游戏产业营业收入整体仍然呈现上涨趋势,但是其增速明显要小于2017年。从数据来看,我国网络游戏产业市场在2018年的交易额较2017年同比增长了5.3个百分点,营业总收入达到2 144.4亿元,约占全球网络游戏产业体系市场份额的三分之一(图11.3.1)。2018年,我国具自主研发权限的网络游戏营业收入超过了1 600亿元,较2017年同比增长了至少17个百分点。

2018年,我国网络游戏用户规模达6.26亿人,较2017年增长7.4%,增幅放缓(图11.3.2)。

图 11.3.1　我国网络游戏产业的实际营销收益
（数据来源：中新游戏研究中心）

图 11.3.2　我国网络游戏用户规模
（数据来源：中新游戏研究中心）

分析 2018 年的网络游戏产业数据可以知道,海外网络游戏产业已经成为我国网络游戏从业公司抢占的新高地,也是其实现增收的主要方式之一。从中国网络游戏向海外市场的发展方式来看,主要的途径就是国内网络游戏公司以海外互联网公司为跳板,以手机生产厂商的产品为平台,通过双方签订持续性的协作协议，实现自身产品在海外网络游戏市场的发展。不仅如此，有些中国网络游戏厂商还采取自建海外网络游戏平台的方式进行产品营销，在这方面取得较好成效的有腾讯、游族网络等公司，它们通过为特定地区制定差异化网络游戏平台的方式，以投放地可接受的方式进行网络游戏产品或者服务的营销，进而实现其海外网络游戏市场战略布局的有效推进。由图 10.3.3 可知，2018 年，中国具自主研发权限的网络游戏在海外市场的收益超过 95 亿美元，较 2017 年的收益总额多了 13.1 亿美元，增幅达到了 15.8 个百分点。

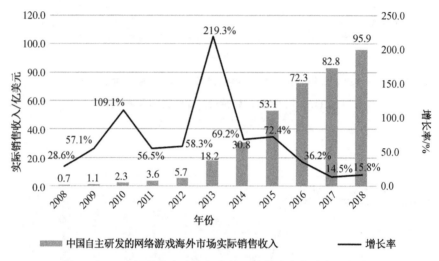

图 11.3.3　中国具自主研发权限的网络游戏在海外市场的收益
（数据来源：中新游戏研究中心）

分析中国网络游戏产业布局现状可以发现，电子竞技类产品的主要营业收入项目为网络游戏项目、网络游戏直播项目、游戏比赛项目。而这里面收益占比比较小的两个项目类型是电子赛事和游戏直播，营业收入占比最大的项目是网络游戏，即手游和端游产品和服务。但是这种游戏产业格局不会一直保持，因为中国电子竞技产业体系日趋完善，整个电子赛事的产业布局逐渐形成，这必然会导致电子赛事项目会抢占手游与端游的市场。尽管竞争会日趋激烈，但是电子赛事潜在的经济效益会被进一步激发，其营业收入将会出现显著增长。报告显示，2018 年中国电子赛事经济收益为 834.4 亿元，较 2017 年的电子赛事收益增加了 14 个百分点。同时需要注意的是，我国手机端、平板等移动设备上的虚拟游戏项目收益首次超过客户端电子竞技游戏，占比达到 55.4%。另据统计，2018 年中国电子竞技用户规模达到 4.28 亿人，同比增长 17.5%。

11.3.2 网络游戏产业的宏观环境分析

宏观环境的影响对企业的发展至关重要,由于企业自身特点不同,对其影响的宏观环境因素也不同。本章采用 PEST 分析方法,分别从社会、经济、政治、技术层面对中国网络游戏产业的宏观环境进行分析。

(1) 政治环境分析

在政治环境上,国家对娱乐文化产业的发展高度重视,政策上给予了大量支持。随着中国经济的高速增长,游戏企业和游戏种类日益丰富,同时中国网络游戏产业也面临着严格的监管,用于规范网络虚拟游戏标准化、惩治违法违规虚拟游戏内容的文件《关于严格规范网络游戏市场管理的意见》于 2017 年正式出台。一直以来,中国网络游戏产业都存在文化内涵不足的现象,很多网络游戏过分低俗,没有较好的文化内涵,甚至很多网络游戏产品为了吸引用户而做出歪曲历史的设计。这些现象都表明,中国网络游戏文化建设体系存在很多不足,整个网络游戏产业环境还需要进一步的净化。针对这种情况,2018年,教育部联合其他相关部门共同出台了《预防控制青少年近视方案》,明确写明:"要控制电子游戏的发展方向,严格把控新上线网游的文化内涵品质,同时注意控制在线电子游戏的总数量,制定符合中国特色的网游上线时间限定机制,以限定网络用户在电子游戏上的时间投入,特别是需要针对未成年人设计对应的电子游戏限定制度并将这种制度应用于线上游戏中,以做到游戏时间的提醒和有效把控。"

(2) 经济环境分析

在经济环境上,国内经济不断提升,居民可支配收入不断增高,网络游戏产业也得到了一定的发展。同时,随着消费水平的提升,国民文娱生活的丰富需求使得中国网络游戏产业市场更广阔。2017 年中国网络游戏产业的在职职员约为 146 万人,而且在计算机相关行业内,从事电子竞技游戏行业的月平均薪资能够达到 1.2 万元,是整个计算机产业体系内平均薪资最高的行业。从人才需求市场提供的招聘信息可以知道,2018 年电子竞技游戏行业薪资最高的是硕士岗位,其月平均工资超过了 1.4 万元,而本科学历的电子竞技游戏行业工作人员薪资在 1.2~1.3 万元之间。同时从数据中可以看出,网络游戏产业体系各个岗位的薪资待遇水平是不同的,其中游戏策划人员、开发人员工资较高,而客服、推广人员工资比较低。

(3) 社会环境分析

中国网络游戏产业在 2017 年迎来了井喷式的发展,2018 年电子游戏《英雄联盟》开始入驻雅加达亚运会,成为官方表演项目。而我国网络游戏产业体系也逐渐进入了纵深发展时期,移动游戏产业的发展日趋完善,各电子游戏厂商逐渐开始重视电子游戏产业的细分市场,而二次元型游戏产品因其网络用户忠诚度较高、虚拟内容比较容易构建而得到网络游戏开发企业的关注,这对中国异次元游戏开发模式的推进也起到了促进作用。

(4) 技术环境分析

虚拟网络为电子竞技游戏提供了实现的平台,实际上,互联网平台可以看作承载网络游戏产业发展的"画布",如果没有网络技术,那么游戏也就无从谈起,由此可知电子游戏的技术发展直接受到其所处信息技术水平发展状况的影响。国家统计局的资料表明,信息化技术发展到2018年,国内的互联网用户超过了8亿人,互联网在民众中的普及率已超过了57.9%。随着直播行业的兴起以及女性玩家数量的增多,电子竞技在国内的热度不断提升,中国网络游戏产业的发展值得期待。中国信息化技术的不断发展,促使我国的网络游戏产业也得到了快速发展,加之网络游戏产业内的资本涌入,促使游戏直播产业格局日趋稳定。不仅如此,游戏直播作为网络直播平台的主要营业项目,其依托网络平台的强大影响力,在网络游戏行业链条中占据了相对比较优势的发展地位。

11.3.3 网络游戏企业海外并购现状

2018年全球范围内的跨境兼并收购行为依然火热,尽管兼并收购的数量同比出现了减少,但是总体来说还是高于过去兼并收购贸易数量的平均值,同时单笔涉项金额也出现了显著的增长。还需要注意的是,企业兼并收购行为的政府监管逐渐加强,因此很多跨境兼并收购项目因为受到政治风险因素的影响而被迫叫停,这种企业跨境兼并收购需要解决的政治风险因素已经成为世界范围内的企业并购难题。据不完全统计,2015年全年共计有8宗中国网络游戏公司跨境兼并收购案例发生,2016年全年共计有7宗中国网络游戏公司跨境兼并收购案例发生。但是到了2017年,因为海外在企业兼并收购方面加强了限制措施,导致我国企业面临资金出境难的困境,跨境企业兼并收购的贸易宗数反而出现了减少。2016年,全球范围内的游戏产业公司兼并收购重组贸易金额超过了215亿美元,而涉项金额最大的一笔是腾讯针对游戏公司Supercell的兼并收购交易,Supercell公司84%的股份被腾讯以86亿美元成功收购,这也是全球游戏产业的企业兼并收购历史贸易行为中涉项金额最大的并购。2016年10月,巨人网络借壳的上市公司世纪游轮通过组建财团的形式并购了Playtika公司,涉项金额达45亿美元。游戏公司Playtika在游戏产业技术方面的实力达到了国际顶尖水平,同时Playtika的人工智能化水平和大数据处理水平也极其突出,其主营业务为游戏改造,畅销游戏代表作为《疯狂老虎机》(Slotomania)。巨人网络期望能够通过并购Playtika开拓海外市场,增强企业的实力。2017年5月到11月,金科文化总计出资66亿元,购买了主营互联网儿童早教型游戏项目、拥有著名《会说话的汤姆猫》的Outfit 7公司的全部股权。

11.3.4 网络游戏企业海外并购存在的问题

我国互联网企业跨国并购存在员工流动性大、战略整合可能与预期不匹配等与其他行业海外并购相同的问题,但同时由于其特殊性也存在由数据安全引发的政治风险以及并购后用户量与黏性降低的问题。

(1) 跨国并购数据安全问题引发的政治风险

由于互联网这种数据资源驱动型企业的特殊性,并购过程中会发生数据的共享,国家数据的安全性问题则是重中之重,出于国家对数据安全的重视,企业在进行海外并购时将会面临极大的政治风险。国内互联网公司在海外并购时,需要注意拟收购企业所处地区的政治环境,政治风险可能导致并购活动无法实施,或者导致并购后整合难以进行。国家数据安全引起的政治风险是阻碍我国互联网企业跨国并购的重要因素。然而对于互联网企业来说数据资源是相当重要的,并购的主要目的也包括整合被并购企业的数据,如果因为国家数据安全性问题难以进行并购或者并购后的数据整合,那么对于互联网企业来说该并购行为就失去了意义。以阿里巴巴收购雅虎案为例,在阿里巴巴对其进行收购时,美国政府机构就着重考虑了美国数据进入中方企业的数据安全性问题。在该并购中遇到的最大问题就是政府对于国家数据安全方面存在隐患的担忧,严重限制了该并购活动的进行。因此,互联网企业在进行跨国并购时,外国政府对于数据安全问题的限制是企业进行并购的一个较大阻碍。

(2) 战略整合与预期不匹配

双方企业并购要根据自己的战略目标进行有效整合,否则难以达到并购的预期目标,在市场竞争中失去先机。由于并购活动会导致企业原有组织架构以及经营策略发生变化,在相关交易活动中,要着重考虑并购后企业的整合与战略发展方向是否符合预期,并且要有效落实并购后企业在战略整合中的过渡工作。由于互联网企业发展速度较快,市场竞争非常惨烈,因此互联网公司必须重视其战略目标的设计和实际市场环境之间的关系。但是因为互联网产业的快速发展与市场的多样性,企业进行并购时的预期与企业完成并购后的战略目标并不匹配。

(3) 团队成员流动率较高

跨国并购由于双方处于不同国家,具有不同的文化与宗教信仰,在并购后公司在人员整合与文化整合上会存在很大的阻碍。并购后,由于团队成员可能不适应并购后的公司文化与管理制度,造成人员流失。两家企业完成并购之后,其人才流失率远远超过并购前的正常水平。相关调查报告结果表明:有接近五分之三的高素质人才会在并购后 5 年之内跳槽。一般来说,与企业间的技术、管理、经营等整合相比,人才整合受到很多因素干扰,具有更大的难度,如传统习俗、价值取向、个体观念等。由于互联网领域的企业并购通常伴随着管理层的更换,在此情况下,原有团队会受到巨大冲击,极易导致人才流失。因此,企业完成并购之后还需要认真思考,怎样才能尽量保留掌握核心技能的人才。

11.3.5 小结

以上是对我国网络游戏产业现状、宏观环境和海外并购现状的分析。

11.4 并购案例分析——以腾讯并购 Riot Games 为例

11.4.1 动因分析

(1) 腾讯游戏战略发展需要

为了探索腾讯并购 Riot Games 的动因,将腾讯并购 Riot Games 与巨人网络并购 Playtika 进行对比分析。2016 年,巨人网络以世纪游轮为载体实现了主体资本在金融市场上的上市目标,之后巨人网络公司以 45 亿美元的价格兼并收购了位于以色列的 Playtika 公司。Playtika 总部设立于以色列,是一家主营人工智能和虚拟数据分析业务的游戏公司。巨人网络和 Playtika 进行并购重组之后,当年的营业收入就达到 17 亿美元,重组后公司以每年近 3 亿美元的效益增长速度在迅速扩大。这是一次非常成功的兼并收购项目,巨人网络公司通过两个企业的重组和技术整合,实现了其在信息化数据技术上的快速发展、游戏产业规模的迅速扩大,使其在人工智能技术研究上走上了新的高度,这给巨人网络公司全球化战略发展目标的实现带来了新的动力,并助力中国企业通过海外收购"走出去"、开拓新的发展机会。腾讯凭借其早期庞大的用户量,在休闲游戏上一直处于领先地位,2003 年《QQ 游戏》发布,腾讯正式开始启动线上娱乐项目战略,仅一年的时间,其线上虚拟游戏《QQ 游戏》就取得了同时段用户数量超过 65 万人的好成绩,一举超越了此前的线上游戏巨头联众公司成为中国线上游戏产业的领军企业。腾讯公司在2008年正式取得韩国网游《穿越火线》的国内线上代理权,同时购买了Riot Games公司出品的经典手游《英雄联盟》,以七百多万美元的价格获取了Riot Games公司22.34%的股份。2011年2月腾讯收购Riot Games公司92.78%的股份,9月《英雄联盟》正式开始在腾讯客户端试运行,到了2011年11月初,《英雄联盟》同时段内的最高在线网游用户超过了61万人。两年以后,腾讯公司不仅将《英雄联盟》推向了世界范围内的端游市场,还取得了同时段内最高在线网络端游用户超过550万人的成绩。2015年腾讯公司完全收购Riot Games。《QQ游戏》的成功离不开QQ巨大的用户基础,这也是社交与游戏相结合的效果。腾讯凭借庞大的用户量优势以及代理海外游戏的经验,成为国内游戏龙头企业。但腾讯游戏自身研发能力不足,同质化问题严重,对游戏品牌的影响也是不利的。随着中国网民数量的不断增加,网络游戏玩家的数量也在持续增长。腾讯想在游戏领域一直处于领先地位,除了继续代理游戏外,开发或并购一款精品游戏也是必不可少的。

2007年,腾讯公司选定以游戏细分市场为发展战略目标,实现了游戏产品的针对性市场投放。腾讯游戏在选定具体目标市场的过程中,整合了本年度游戏产业的市场结构情况,结果发现我国网络游戏市场的主要产品类型是RPG(也就是所谓的角色扮演类游戏)。在这种环境下,腾讯公司需要暂时规避竞争比较激烈的RPG游戏市场,以其他游戏产业类型作为其实现业务拓展的切入点。《DOTA》是在《英雄联盟》之前唯一一款细分市场上MOBA(多人在线战术竞技游戏)类游戏。MOBA过去的端游市场占比非常小,因为其操作复杂,端游用户无法在短时间内快速掌握游戏角色的特性和玩法,所以没有吸引初级玩家的市场竞争力。虽然《DOTA》用户数量庞大,但是由于其自身缺陷,玩家需要的很多功能都无法实现。产品数量的缺少也导致了用户需求无法被满足,由此可以看出MOBA类细分网游市场具有极大的潜力。此外根据调查发现,MOBA类游戏以可操作性强、节奏快的特点吸引了大量以青少年为主的玩家,并且有较大部分是现实中的好友,玩家享受团队合作赢取胜利的感觉。腾讯在2011年拥有7.21亿QQ活跃用户,QQ账号一键登录为腾讯游戏提供了极大的便利,这也是腾讯游戏成功的关键原因之一。

(2) 全球化战略布局

国内网络游戏市场竞争日益激烈,开拓海外网络游戏市场成为国内网络游戏企业的首要目标。中国音数协游戏工委数据显示,我国自主研发的网络游戏海外市场实际销售收入逐年提高,其中2018年高达95.9亿美元,比2017年增长15.8%。除了代理韩国和日本的游戏之外,腾讯还开拓了东南亚地区的市场。腾讯在2008年就收购了越南游戏公司VinaGame约20.2%的股份,并于2009年增至22.34%,后者目前是越南当地最大的游戏运营商,并开发出一款类似微信的通信应用程序Zalo。而在新加坡,腾讯于2012年1月以2 695万美元收购了游戏公司Level Up约49%的股份,之后又进一步增至67%,从而获得后者在巴西、菲律宾等地的游戏发行渠道。腾讯通过海外并购和代理活动,不仅增强了企业的研发能力,而且为企业提供了重要的海外经营经验。2006年完美世界代理网游《完美世界》尝试开拓日本市场,并收购了日本最大的游戏运营公司C&C Media,凭借着本土优秀的技术团队,精准把握了日本市场的动态。拥有国际化战略的企业,竞争力不断提升,环境适应性增强,企业的成长也步入有序轨道。

(3) 技术及智力资本因素

尽管腾讯拥有海量的用户基础优势,但在高精尖技术上与世界顶级的公司还存在较大的差距。技术优势是发达国家顶级公司竞争的核心,因此通过海外并购打破垄断和弥补技术缺陷,从而以最低的风险安全又高效地获得技术上的优势。美国的思科系统公司(Cisco Systems)将并购作为核心战略之一,对于思科系统公司而言,智力资源是其最重要的竞争资产,只有对被兼并收购企业的文化氛围有充分的了解,思科系统公司才能做出准确的评价。思科系统公司自成立起兼并收购的企业超过200家,涉及金额超过700亿美元。思科系统公司在与拟兼并收购对象谈判的过程中,会签订一份排他性合约,要求目标企业只能够和思科系统公司就兼并收购项目进行商谈,禁止其他企业的参与。价值观是思科系统公司评价拟兼并收购主体的核心指标,在具体探讨过程中,思科系统公司主要观察其价值观情况。对于思科系统公司来说,拟兼并收购企业的规模情况会对并购项目的完成进度产生影响。思科并购战略的目标不是技术,而是拥有技术的人才。智力资本通常也被解释为一个公司长期积累的无形资产所拥有的经济价值。智力资本不仅仅是促使腾讯公司竞争优势得以持续提升的优势资源,更是其提升成长能力、实现利润创造的核心资源。2016年年中,腾讯公司开始实行针对游戏公司Supercell的兼并收购计划,经过漫长的谈判和沟通,最终Supercell公司84%的股份被腾讯公司以86亿美元成功收购。但是针对Supercell公司的实际运营,腾讯公司采取的是独立运营方式,Supercell公司的核心管理结构不会发生改变,且有一定的自主权限。腾讯公司这样管理的目的是以Supercell公司的芬兰总部为平台,将腾讯公司的游戏推向全球化市场。同时,腾讯游戏的技术团队也可以学习Supercell公司内技术发展极为先进的互联网社交服务机制，以实现对腾讯自身社交平台的优化调整。拥有优秀的技术和产品的公司是腾讯的首选，通过海外并购将人才和技术一起吸收，这种企业战略既降低了风险，又获得了智力资本和技术。

11.4.2 绩效评价

(1) 并购短期绩效评价

2011年腾讯的第三季度财务报表中披露了收购Riot Games的相关事宜。腾讯公司的财报数据显示，腾讯在6月至9月的收益总金额为74.5亿元，该数值较2010年同期收益增加了43个百分点，环比增长了11.7%。但就移动增值业务这一分项来看，其运营毛收益约为8.51亿元，环比增长了6.7%，该数值较2010年同期收益增长了21.7%。腾讯公司网络游戏项目的营业收入环比增长了15个百分点，效益增长金额高达42亿元。同时，腾讯公司还为"手机浏览器客户端"等服务进行了宣传推广，消费者的反响整体令人满意，但并未达到预期，因此并购之后的短期绩效并不明显，市场反应也不热烈。

(2) 并购财务指标分析

本章以财务指标作为研究腾讯并购游戏公司Riot Games的主要参数，摘取了并购前一年和并购后四年的财务报表中的数据进行分析，以考察腾讯并购Riot Games之后的长期并购收益情况。笔者在分析中国网络游戏产业海外并购行为时，以偿债能力参数、盈利参数、运营能力参数以及成长能力参数为主要研究体系，总结和评价企业财务状况与经营成果，比较并购前后的绩效情况，从而探究腾讯游戏的运营和效益现状。

① 偿债能力分析

对资产负债率指标的分析能够评价腾讯公司资产对负债的偿还情况，如果腾讯公司的资产负债指标较高，那么其债权的偿还能力就比较低；反之亦然，资产负债率和债权偿还能力之间是正向对比关系。评价企业资产负债情况的指标是权益乘数参数，该指标数值和资产负债之间也是正向线性关系，即权益乘数越小，资产负债就越小，相应的债权偿还能力也就越强。由表11.4.1可以看出，2010年腾讯的资产负债率为39.04%，2011年为48.79%，上升幅度较大，说明腾讯并购Riot Games影响了自身的偿债能力。此外，2012—2015年腾讯的资产负债率和权益乘数稳步上涨，这表明腾讯一方面利用财务杠杆合理优化了自身的资本结构，另一方面说明腾讯偿还债务的风险也相应增加。

表 11.4.1 腾讯并购 Riot Games 前后偿债能力指标数值

年份	2010	2011	2012	2013	2014	2015
腾讯资产/亿元	358.3	568.04	752.56	1 072.35	1 711.66	3 068.18
腾讯负债/亿元	139.89	277.16	331.08	487.72	890.42	1 847.18
资产负债率	39.04%	48.79%	43.99%	45.48%	52.02%	60.20%
权益乘数	1.64	1.95	1.79	1.83	2.08	2.51

(数据来源：腾讯年报)

② 盈利能力分析

针对腾讯公司的运营水平分析结果如下：腾讯在 2011 年 6 至 9 月的收益总金额为 74.5 亿元,该数值较 2010 年同期收益增加了 43 个百分点,环比增长了 11.7%。但就移动增值业务这一分项来看,其运营毛收益约为 8.51 亿元,环比增长了 6.7%,该数值较 2010 年同期收益增加了 21.7%。腾讯公司在互联网增值服务项目上的经济收益为 60.041 亿元,环比增长了 11 个百分点,该数值较 2010 年同期收益增加了 45.7%。腾讯公司在网络广告业务上的经济收益为 6.02 亿元,环比增长了 17.4 个百分点,该数值较 2010 年同期收益增加了 57.9%。从以上数据可以看出,为腾讯公司创造大部分运营收益的业务是互联网增值服务项目。腾讯公司在进军网络游戏产业之后,其在端游和手游方面得到的收益也归入了其互联网增值服务分项内,从图 11.4.1 可以明确看出腾讯公司在 2010—2015 年期间增值服务收入、成本和毛利润的变化情况,腾讯始终保持着高水平的盈利能力。

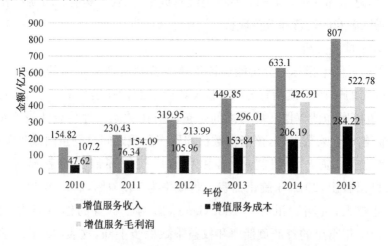

图 11.4.1 腾讯并购 Riot Games 前后增值服务变化情况

(数据来源：腾讯年报)

③ 营运能力分析

营运能力是对公司运营过程中资产效益情况的反馈指标。为了对比分析腾讯公司在兼并收购前后的运营指标情况,对其资产周转率和网络游戏产业内总资产周转率均值进行对比分析。结果发现,网络游戏产业内总资产周转率均值较腾讯公司高,具体见图 11.4.2。由于腾讯近几年并购了很多有前景的公司,这些公司在收购后并不能立刻带来收益,因此腾讯的总资产周转率低于行业的平均水平。但腾讯近几年的总资产周转率呈现上升趋势,说明腾讯在资产的整合和周转方面已经开始有意识地加快步伐。

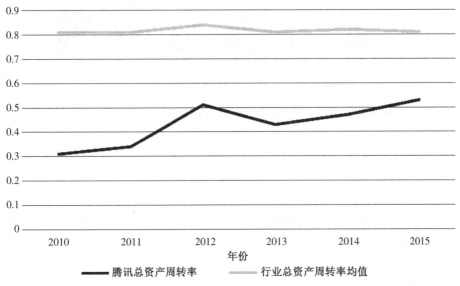

图 11.4.2 腾讯并购 Riot Games 前后总资产周转率变化情况

(数据来源：腾讯年报及中国互联网协会发布的数据)

④ 成长能力分析

所谓的企业成长能力实际上就是企业在特定时间内达到某种发展水平的潜力情况。而成长能力分析指的就是通过科学的方法,以企业的发展现状来预测其未来经济效益增长的潜力情况。笔者在研究腾讯公司的成长能力时,主要的参考因素是营业收入和净利润两个指标。通过比较腾讯并购 Riot Games 前后几年营业收入和净利润的变化情况来分析企业的成长能力。由图 11.4.3 可知,腾讯 2011 年营业收入和净利润增幅并不明显,说明腾讯并购 Riot Games 对当年的收入具有一定的影响,但此后腾讯的营业收入和净利润始终保持着较高的增幅,说明进行海外并购后短期内虽然造成了一定的经济负担,但从长期表现来看,腾讯获得的利润是巨大的,通过积攒的大量游戏玩家,腾讯的成长空间不可估量。

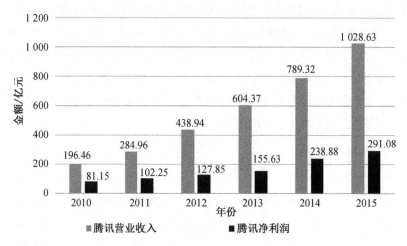

图 11.4.3 腾讯并购 Riot Games 前后营业收入、净利润变化情况

(数据来源:腾讯年报)

11.4.3 小结

以上是对腾讯并购 Riot Games 的案例分析,本节主要从动因和绩效两方面进行对比分析。

11.5 结论及建议

本章通过研究中国网络游戏产业海外并购相关案例,对中国网络游戏产业的发展和中国网络游戏企业海外并购的现状以及海外并购存在的问题进行分析,结合相关理论和文献,从并购动因和并购绩效两个方面入手,观察是否达到并购预期目标,并提出相关建议,为其他企业在参与海外并购时提供参考和经验,从而进一步拓展企业海外并购理论范畴研究以及提升企业国际竞争力。本章研究发现,腾讯对 Riot Games 的并购是基于腾讯开放的发展战略、全球化的战略布局和应对市场趋势转变做出的战略选择,腾讯对 Riot Games 的并购在可供观察的时期内已经产生了正向的并购绩效。案例分析的结论表明,中国网络游戏企业的海外并购是从企业整体战略规划出发的,是基于市场变化和发展阶段做出的选择。传统的电脑客户端网络游戏面临着移动手机游戏的巨大挑战。

因此并购海外的游戏企业,既有助于提升企业的研发能力,布局海外市场,又能利用自身的用户流量优势给企业带来效益,获得规模效应和协同效应。并购是否为企业带来协同效应,是否包含在企业未来发展的战略规划中,这些都是网络游戏企业在海外并购上是否取得成功的重要标准。同时还需要重视对并购过程中各种风险因素的有效管控,资本经济市场因为并购行为产生的变化情况以及并购后企业经营业绩的变化也应当受到关注。

中国网络游戏产业相较于国外起步时间较晚,国内对网络游戏产业海外并购的研究也属于早期阶段。随着中国经济的发展和国民文化娱乐需求的不断增长,中国网络游戏产业始终保持高速增长。互联网的发展使传统的商业模式发生了巨大的改变,国内的网络游戏市场竞争加剧,布局海外市场成为新的趋势,海外并购是网络游戏产业长期维持增长的重要因素以及战略规划。海外并购不仅有助于国内网络游戏企业在市场上保持活跃,还能够提升企业的研发能力,将人才和技术一起吸收,降低企业整合的风险。海外并购作为中国网络游戏产业提高全球市场份额和提升国际竞争力的重要途径之一,受到重视的程度将会越来越高。

参考文献

[1] 郭建鸾,郝帅. 跨国并购目标企业文化整合的影响因素与耦合机制研究[J]. 中央财经大学学报,2015(1):106-112.

[2] 崔恩慧. 地图与互联网:跨界融合满足你想象[J]. 中国测绘,2014(4):32-35.

[3] 薛俊杰. 腾讯海外并购战略动因与绩效研究:以腾讯并购 Riot Games 为例[D]. 深圳:深圳大学,2017.

[4] 龚武. 并不并购?《鬼谷子》之"捭阖之道"[J]. 中国海关,2014(8):79.

[5] 孙华鹏,苏敬勤,崔淼. 中国民营企业跨国并购的四轮驱动模型[J]. 科研管理,2014,35(10):94-100.

[6] 林莎,雷井生,杨航. 中国企业绿地投资与跨国并购的差异性研究:来自 223 家国内企业的经验分析[J]. 管理评论,2014,26(9):139-148.

[7] Anonymous. U. S. leaders need to discuss why U. S. procurement is open to overseas wares, while some foreign acquisition programs are closed to U. S. products:aide[J]. Space & Missile Defense Report, 2008, 9(27):110-115.

[8] Anonymous. Electronics and Hardware:inspur group seeks overseas acquisitions[J]. Interfax:TMT China Weekly, 2009, 11(6):201-217.

[9] Uddin M, Boateng A. An analysis of short-run performance of cross-border mergers and acquisitions[J]. Review of Accounting and Finance, 2009, 8(4):431-453.

12 网络游戏产业出口运行模式与路径研究

12.1 绪论

随着经济的不断发展,越来越多的企业将自身的发展向海外转移,并且在海外市场取得优异的成绩。2016年中国的手机游戏在国内爆火,一方面是由于中国的手机市场不断发展进步,另一方面是由于一些优秀的网络游戏的诞生,如网易出品的《阴阳师》,一度在国内掀起游戏高潮,甚至在国外的反响也令人震惊。此外,2018年网易新出的《第五人格》,加之2018年在亚运会上,中国电竞取得冠军这个优异成绩以及2018年电子竞技俱乐部(IG)取得第一个S赛冠军,这些都在不同程度上促进了中国网络游戏产业的发展。立足国内、放眼国际,网络游戏出口已经成为国内网络游戏企业不约而同的选择,加之中国网络直播平台的不断发展,如斗鱼直播,也为国内网络游戏企业开辟了新的发展空间和领域。同时,经过多年的快速发展,我国网络游戏产业发展成熟度不断提高,网络游戏企业规模迅速扩大,游戏开发、运营等环节的实力与企业品牌影响力得到了显著提升。

2018年可以说是网络游戏的转折年,也是网络游戏开拓最关键的一年。网络游戏业内人士纷纷表示近年来网络游戏产业环境改革优化使得网络游戏出口具有很大的优势,但纵观近几年,中国网络游戏产业整体收入明显趋于平缓。2018年报告显示,相对于整个网络游戏产业而言,网络游戏市场在海外还有十分大的空间,就目前网络游戏市场而言,只有大力开拓海外网络游戏市场,才有利于中国网络游戏产业在海外拥有广阔的发展空间和市场。由于近年来政府政策的号召,中国网络游戏产业的增长速度是文化类其他产业无法比拟的。但是同样从另一面可以看出,国内网络游戏产业出口在中国网络游戏产业的规模中所占的比重仍然很低。

本章主要从网络游戏的发展概况以及现阶段中国网络游戏发展存在的问题入手,与美国、韩国的网络游戏进行对比,分析各自发展的优势及不足之处,通过部分成功游戏案例的分析,基于中国的具体国情,提出一种适合中国网络游戏产业发展的模式。最后根据存在的问题,提出相应的建议方针和举措。相关理论基础有:

差异化战略理论,又称特色优势战略,是指企业力争在顾客广泛重视的一些方面,在该行业内自成一家。它追求产品品质、产品可靠度、产品专利权、产品创新力和品牌的卓越化。差异化战略的实施,一方面可以降低购买者讨价还价的能力,提升自身的盈利水平;另一方面,实施差异化战略,可以使企业不断提升自身的发展优势,更好地服务实体经济,使自身的游戏产品成为具有良好口碑和发展前景的游戏"龙头"。目前,中国网络游戏产业同质化现象严重,只有实施差异化战略,才能确保中国的网络游戏在"走出去"的时候拥有强大的自信。

后发优势理论,又称次动优势,是指较晚进入行业领域的产业拥有较早前进入的产业所不具备的优势,可以通过观摩和学习前者,吸取经验和教训,使自己获得更多的市场优势和发展利益,从而占据市场。如今,中国网络游戏产业必须审时度势,才可以比竞争对手抢先一步获得较多的市场份额和竞争优势。现在中国网络游戏产业可以学习美国、日本和韩国三国先进的经验。韩国就是最具说服力的例子,以"文化立国"为战略目标,不断发展国家的文化产业,同时向别国输出本国优秀的文化产业,虽发展历史短暂,但在这期间,韩国已经创作并研发出许多优秀的文化产品,如《剑灵》《永恒之塔》等。

12.2 文献综述

12.2.1 国外文献综述

Ström 和 Ernkvist[1]对中国、日本和韩国的网络游戏市场进行了详细且深入的研究,分析了中国、日本、韩国的网络游戏产业现状,以及中、日、韩三国相关企业如何利用网络游戏促进各自国家的经济发展,并借此来提升自身的经济发展潜力,实现网络游戏的大规模发展,推动 GDP 的加速增长。该篇文章主要研究了日本过去在电子游戏市场取得成功的原因,并以此来探讨日本如何应对中国和韩国网络游戏产业的崛起。该篇文章认为,中韩两国网络游戏的发展状况是相似的。借助对日本的研究,有利于中国学习日本对于游戏的先进的管理模式,有前车之鉴对中国而言无异于锦上添花。

MacInnes 和 Hu[2]两人另辟蹊径,主要分析了中国目前的几种运营模式,并对此加以比较,进行详细分析;还分析了一些阻碍中国网络游戏飞速发展的问题,这些问题都在不同程度上阻碍了中国网络游戏产业的发展和进步。与此同时,两位学者还研究了世界各国网络游戏产业将来可能会遇到的种种问题,以及这些问题对我国网络游戏产业会产生哪些不同程度的影响。随着未来网络游戏的虚拟世界在经济行为、通信方式、电子商务能力等方面越来越接近现实世界,他们认为未来网络游戏运营商应该不断尝试具有市场潜力的新的盈利模式。这一点在当代这个网络游戏风靡的时代得到了很好的印证。

随着互联网技术的发展和手机智能设备的不断更新换代,网页游戏(网游)和移动游戏(手游)这两类游戏开始飞速发展且规模不断壮大。这两类游戏的快速崛起一方面使得中国的经济迅猛增长,另一方面也暴露出很多问题,而目前这些问题都处于萌芽时期,若不采取相应的积极措施,则很可能会阻碍中国网络游戏产业的出口。

Morahan-Martin 和 Schumacher[3]两人认为游戏制造商和运营商要承担起自己的社会责任,这样才能够在不同的市场采取不同的价格策略,方便企业获取更多的利益,以实现利润最大化和效用最大化。根据不同的需求弹性对游戏玩家加以区分,从而提高出口水平和质量。他们的观点主要是基于对新兴经济体(巴西)出口竞争力下降时期的观察,从中总结出了企业社会责任这个影响因素对经济的影响程度之大。产品差异化相当于产品创新,假如市场上存在过多同质产品,必然会导致恶性竞争,使得产权得不到有效保护,盗版翻版在市面上泛滥。

综上可以发现,相较于国外的学者,国内学者研究的时间起点相对较晚,这在一定程度上与国家对网络游戏的重视程度有很大的关系。

12.2.2 国内文献综述

付雪[4]的文章主要是对网络游戏进行科普式阐述,详细向中国的读者解释网络游戏,分析了中国当时网络游戏所面临的问题,并提出了相应举措。可以说,该篇文章较为系统地对中国网络游戏进行了具体分析,为后面学者的研究整理出一份详细的提纲,同时也让广大社会群众对网络游戏这个行业不再陌生。

孙高洁[5]认为政府应当充分运用市场手段,宏观调控整个网络游戏市场,注意仔细观察周边发达国家的发展现状,推进有良好口碑和发展潜力的网络游戏产业良性发展,以此来确保实现经济的稳定增长。孙高洁从宏观角度对网络游戏的考量,使得中国的网络游戏产业在进出口方面有了一定的理论依据基础,但这些理论都需要国家和有关部门因地制宜、不断权衡利弊,只有这样,才能避免政策与实际操作不相符的局面出现,同时也有利于中国的网络游戏更好地"走出去"。

李华成[6]的分析视角主要集中于西方国家,尤其是欧美国家的文化产业投融资体制的制定这一方向。该文章主要研究的是文化产业的未来发展,认为文化产业的发展特点及其自身的局限性和相关政府的政策限制,使其资金投入难度要高于其他产业,加快文化产业的发展首先要毫不动摇地鼓励、支持、引导对文化产业的投融资,提升文化产业的吸引力和竞争力,使得文化产业由注重数量和规模向注重质量和效益转变。西方发达的资本主义国家通过实施一系列措施,如文化产业优惠政策、金融创新、国际资本国民待遇等有效地解决了文化产业投融资难的问题。当前,国家政策不足以引导社会资金进入文化产业,让其发挥良性作用。因此笔者认为,我国目前必须完善文化产业投资体系,构建良好的文化产业投融资体系。

王海文[7]从文化企业的角度研究了文化企业"走出去"的现状,发现新兴产业(包括艺术、网络游戏、动漫等行业)的"走出去"已经成为一个亮点,中国经济在对外贸易方面位居第一,出口量也位居世界第一,并在产业特征和模式属性上不断创新,挑战极限。在贸易摩擦面前,价格的波动对网络游戏"走出去"产生了不同程度的影响。最后,笔者提出了自己的应对策略。这在一定程度上对现阶段网络游戏的发展产生了积极的借鉴作用,使得中国的网络游戏在出口时有了更加细致且全面的考虑。

12.2.3　小结

以上是本章的文献综述。而现阶段,随着国内移动游戏玩家逐渐增多,产业集中度提升,中小型游戏公司面临巨大的生存压力。中国的网络游戏产业面临着巨大的竞争压力,国内市场趋于饱和,必须转向海外市场,以期促进产业的不断优化发展。例如网易的《阴阳师》、腾讯的《王者荣耀》等游戏产品均在国外市场取得耀眼成绩,这无一不刺激着国内的网络游戏产业不断"走出去",以拓宽自身的游戏市场和发展领域,在国外市场占有一席之地。

12.3　网络游戏产业概述

12.3.1　相关概念

网络游戏,英文名称为 online game,又称"在线游戏",简称"网游"。指以互联网为传输媒介,以游戏运营商服务器和用户计算机为处理终端,以游戏客户端软件为信息交互窗口的旨在实现娱乐、休闲、交流和取得虚拟成就的具有可持续性的个体性多人在线游戏。

12.3.2 网络游戏的分类

目前网络游戏基于的游戏设备可以分为 PC 客户端游戏(端游)、网页游戏(页游)、移动游戏(手游)和其他游戏。根据最近几年的数据,端游所占的比重不如网络游戏刚起步时期多,而本章则是侧重于 PC 客户端游戏,因为这一游戏发展较早,根基较为稳定。

PC 客户端游戏:用户将网络游戏下载至自己的电脑端,才可以进行操作。如多人在线战术竞技游戏中的代表作《英雄联盟》《DIO》。

网页游戏:无须下载客户端,只需在浏览器中检索对应游戏网页即可。如曾经在小学生中风靡的《4399 小游戏》《07073 网页游戏》。

移动游戏:随着智能信息化时代的到来,智能设备的功能越来越齐全,越来越多的游戏支持在移动设备上下载与操作。代表作品就是早年的《俄罗斯方块》《贪吃蛇》。

12.3.3 网络游戏的产业特点

(1) 高投入、高利润、高风险性

作为一种高科技产业,网络游戏在刚进入市场时需要投入大量资金,前期的投入使得网络游戏在市场上能够抢占市场份额,获得巨大的利润;反之,就会使企业前期投入付诸东流,丧失自身优势,造成巨大的成本损失,甚至会使得自身倒闭和破产。

(2) 与科技结合紧密,对人才需求量大

网络游戏产业作为一种高科技产业,需要大量掌握高科技的人才,加之我国在中国国际进口博览会中提出设立科创板并试点注册制,以及最近的 5G 技术和人工智能,这些都在强调中国在不断创新,提高硬件质量,尤其是对人才的需要迫切。网络游戏产业除了前期需要技术人才外,后期在销售和宣传策划及售后服务等方面也需要大量的优秀人才。

(3) 衍生产品多,营销周期长

动漫游戏产业的诞生会带动许多相关产业的发展,例如游戏周边、手办等,这些都吸引了大量的购买者,促使企业能获得丰厚的利润。

12.3.4 世界网络游戏产业发展现状

(1) 美国的网络游戏产业

美国的网络游戏产业发展历史悠久。从其互联网技术的发展到游戏设备的更新换代,美国的网络游戏产业给中国的网络游戏产业提供了一个良好的模板,中国可以借鉴其发展模式,促进自身的发展。

图 12.3.1 为 2014—2016 年美国网络游戏产业市场规模,图 12.3.2 为 2016 年美国网络游戏市场规模构成。单从 2016 年这一年的数据来看,美国网络游戏市场几乎是三足鼎立的局面。主机游戏在 2016 年市场规模为 114 亿美元,

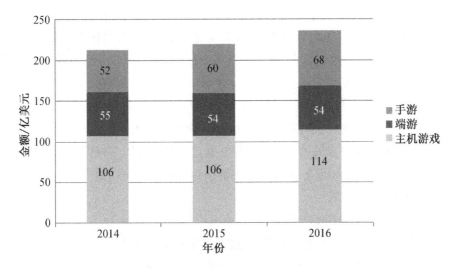

图 12.3.1 2014—2016 年美国网络游戏产业市场规模

(数据来源:2014—2016 年中国网络游戏市场年度报告)

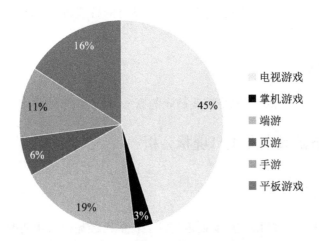

图 12.3.2 2016 年美国网络游戏市场规模构成

(数据来源:2016 年中国网络游戏市场年度报告)

随着智能设备的不断升级和政府对手游的大力支持,手游市场不断发展,2016年市场规模为 68 亿美元。这些变化都从不同程度印证了新型游戏已经慢慢成为现代社会游戏的主流,也反映了美国网络游戏玩家的消费习惯的改变。

(2) 韩国的网络游戏产业

韩国国内的游戏制作及其经营的企业据不完全数据统计达到 2 000 多家,网吧等游戏场所随处可见,且韩国拥有世界一流的游戏产业协会和游戏支援中心。韩国整个网游市场规模在早期因为金融危机等因素的冲击,只有 100～200 亿韩元,进入 21 世纪以来,网络游戏产业迅猛发展,逐步突破万亿韩元。韩国提出以"文化立国"为战略目标,这一政府支持是世界各国都无法比拟的,也是无法超越的。此外,韩国的游戏坚持系统化的发展,这使得韩国一度成为世界上最大的单一游戏市场。且韩国网络游戏发展的重中之重是海外市场的开拓,这一直是韩国网络游戏发展的宗旨与目标。通过多种渠道以多样的形式出口网络游戏,成立相关部门和机构,为韩国相关网络游戏企业和公司提供较为完备的信息,使其占据市场优势。

(3) 日本的网络游戏产业

目前,日本的网络游戏市场不如之前,市场份额急剧下降,但其手机等游戏设备的制造与生产却是全球领先。日本的游戏市场过于专业化和集中,如 GungHo 研发出移动游戏产品《智龙迷城》,多次位列日本畅销榜第一名,Mixi 研发出移动游戏产品《怪物弹珠》,位居其次。虽然两家公司都在投入新的游戏开发,但并没有爆款游戏出现,反观 Colopl 发行的游戏成功率较高,且都持续霸榜并取得了稳步营收。

12.3.5 小结

本节主要简单介绍了网络游戏产业的概念、特点和海外现状。

12.4 网络游戏产业出口现状分析

12.4.1 出口现状

近几年,中国网络游戏产业创造的社会价值已经超出其预期的效益,同时还推动了其他相关产业的发展。中国的网络游戏产业开始逐步在全球市场上拥有话语权,这一方面得益于 WTO 的保护机制,另一方面得益于中国自身对高科技产业的不断创新。但是,网络游戏在中国仍然处于发展阶段,根据《2018 年中国游戏产业报告》中的数据,目前,中国网络游戏市场的主要收入来源是国外游戏市场。报告中称,2018年,中国电子竞技游戏市场实际销售收入达834.4亿元,其中中国移动电子竞技游戏市场实际销售收入达462.6亿元,客户端电子竞技游戏市场实际销售收入达371.8亿元,这是移动电子竞技游戏收入首次超过客户端电子竞技游戏,2018年中国电子竞技用户规模达到4.28亿人。2018年,中国约有145万网络游戏产业从业者,人才需求规模约为441 000人,从事互联网行业的人员月收入高达上万元。图12.4.1为中国自主研发的网络游戏海外市场实际销售收入和中国移动游戏市场实际销售收入,图12.4.2为增长率,图12.4.3为中国电子竞技游戏市场实际销售收入。

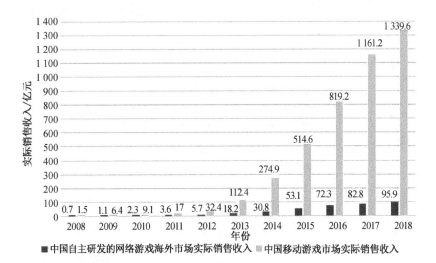

图 12.4.1　中国自主研发的网络游戏海外市场实际销售收入和中国移动游戏市场实际销售收入

(数据来源:2018年中国网络游戏市场年度报告)

12.4.2　政府扶持

经历了亚洲经济危机之后,韩国政府采取措施促进高科技产业的发展,同时制定政策促进网络游戏产业的发展,并将网络游戏产业作为经济发展强有力的支持。在一定程度上,这为中国政府处理网络游戏提供了一定的参考。虽然中国的网络游戏起步较晚,但中国政府也为网络游戏产业提供了政策支持。

(1) 民族网络游戏出版工程和"863"计划

面对世界高科技发展的严峻挑战和日益激烈的国际竞争,我国于1986年3月提出了国家高技术研究发展计划即"863"计划,旨在提高中国科研自主创新

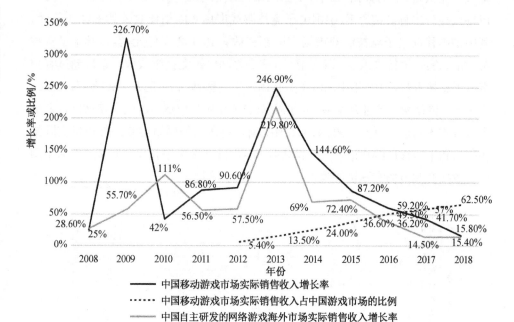

图 12.4.2 增长率

（数据来源：2018年中国网络游戏市场年度报告）

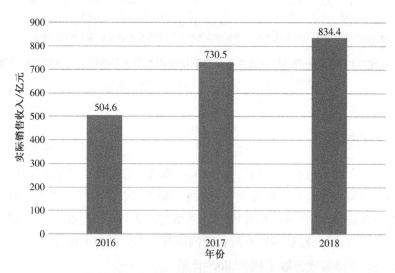

图 12.4.3 中国电子竞技游戏市场实际销售收入

（数据来源：2018年中国网络游戏市场年度报告）

能力和技术水平,充分发挥高科技产业对中国经济的推动作用,促进相关产业的发展。2009年9月,文化部将在线游戏技术研发纳入"863"计划,至此,网络游戏产业就一直专注于"其中关键技术的研发"。自该计划实施以来,中国开始逐步由之前的偏向廉价劳动力的发展转为偏向高科技行业的发展,发展重心逐步向高、精、密产业集中,既缩小了与国外先进国家的差距,又取得了一些具有国际水平的成果,对国民经济和社会发展产生了重大影响。

此外,2004年,中国政府为国家开发的原创网络游戏投入大量资金,积极推出民族网络游戏出版工程,对于有自主知识产权的网络游戏产品,减少政府审批流程,缩短网上产品周期,并提供财税政策优惠和专项国家资金,同时将大量资金投入"星火"等科研项目。民族网络游戏出版工程起到推动作用,该项目可以促进全国网络游戏的开发和发布,使整个行业跨越式发展,使中国的民族游戏产业能够在世界的竞争中占有一席之地和拥有强大的话语权。更重要的是,通过这种具有民族特色的网络游戏产品可以向大多数年轻人传播优秀的中华民族传统文化。启动民族网络游戏出版工程,国家将重点培养与此相关的人才,以支持中国网络游戏从此走上正规化发展的道路。目前,中国的网络游戏大多是从韩国和日本等国家引进来的,针对这一系列问题,国家将重点培养相关人才,推动相关学校开展游戏开发课程,培养基础本科发展人才,支持中国网络游戏产业从此走上正规化的道路。

(2) 中国原创网游海外推广计划

2010年,新闻出版总署提出中国原创网游海外推广计划,积极倡导中国的网络游戏产业加入国际化的进程,同时也欢迎外国网络游戏的运营商到中国开展研发和技术服务。新闻出版总署积极鼓励具有独特创新意识和发展潜力的企业,并在政策上予以大力支持和帮助,在此基础上,旨在打造具有强大影响力的网络游戏平台和网络游戏产品品牌,使中国自主研发的网络游戏产品走出国门,在国外市场创造稳定收益,从而提升中国国内生产总值和经济增长率。此外,政府主管部门应当响应国家的文化自信理念,坚定自身的发展优势,将中国的优秀传统文化同网络游戏完美结合,创新理念,推动网络游戏产业更加专业化发展,增强中国自身的文化软实力,为实现中华民族伟大复兴奠定坚实和雄厚的文化基础。

(3) 中国游戏产业年会和中国国际数码互动娱乐展览会

自2004年以来,国家新闻出版广播电影电视局每年都会对中国游戏产业内具有代表性、影响力和公信力的游戏进行评比颁奖。在中国网络游戏领域,两个最大的活动就是中国国际数码互动娱乐展览会(ChinaJoy)和中国游戏产业年会

(China GIAC)，通过举办游戏产业年会和创办游戏商展，使游戏在国内得到广泛的支持，一改之前提到游戏就"嗤之以鼻"的状态，这在一定程度上大大地促进了数字娱乐产业的发展。中国游戏产业年会每年都吸引腾讯、网易、畅游、金山、巨人等百余家企业高管齐聚一堂，总结一年来中国网络游戏发展现状，以及自身企业的发展情况和下一阶段的发展目标与规划。中国游戏产业年会通过总结经验、表彰优秀、企业交流等活动，成为国内网络游戏产业下一阶段发展的主要指导标杆。

12.4.3 小结

改革开放以来，中国网络游戏产业飞速增长，互联网技术和设备以及相关基础设施不断完善，网民数量也呈现激增的趋势。这主要得益于所有互联网行业的爆炸式增长，中国的网络游戏产业呈现出快速发展的态势。虽然中国网络游戏产业落后于美国和韩国，但网络游戏的整体用户规模仍在不断扩大。与美国和韩国等发达国家相比，近年来我国政府也在不断支持和指导，中国网络游戏厂商成功开发了多项优秀的在线游戏产品，并在中国成功实施了在线收费模式，市场正在快速增长，且在海外市场逐步形成了具有中国特色的经营方式。

12.5 网络游戏出口运营模式分析

12.5.1 独立运营模式

独立运营模式是指设立众多子公司，且子公司分别采取各自运营操作的系统，该模式的主要优点是利润率高、控制力强，但其也存在着潜在的威胁，如高成本投资和高风险。独立运营的最大优点在执行和控制方面。只要海外渠道顺利建成，它将成为公司的内部资源，不仅可以帮助母公司大规模出口游戏，还可以拓展代理业务，获取其他公司产品的运营收入。

从目前的发展趋势来看，具有较强研发能力的企业，如完美世界、金山、搜狐等大型网络游戏公司，未来海外业务发展方向往往是成立独立运营的子公司。其中，北美的完美世界分公司已经开始经营各种自主研发的产品。除自主研发的产品外，搜狐在北美的分公司还代理了像素的《寻仙》。表11.5.1为不同公司的独立运营现状。

表 12.5.1 不同公司独立运营现状

母公司	海外分公司	业务范围	主要产品
完美世界	北美分公司	北美、欧洲完美产品运营，产业投资	《完美世界》《诛仙》《神魔大陆》等
网龙	网龙北美分公司	网龙游戏欧美地区运营	《机战》《征服》等
网龙	网龙日本分公司	网龙游戏日本地区运营	《机战》《征服》等
金山	越南合资公司	研制分销金山软件和游戏产品	《金山词霸》《金山毒霸》
金山	马来西亚分公司	新马泰地区的软件营销	《金山词霸》《金山毒霸》

（数据来源：2018年中国网络游戏市场年度报告）

12.5.2 授权合作模式

授权合作模式的主要运作模式是与当地运营商合作收取版税和随后的股份支付。该模式的主要优点是初始投入成本低、风险低。潜在的威胁是合作伙伴有更高的要求，最初的沟通成本更高，而且主动性无法掌握。

早期中国网络游戏出口的方式主要依赖于授权合作模式。一方面，这种模式可以获得稳定的收入和代理费；另一方面，这种模式可以在与国外市场打交道时拯救中国网络游戏产业，节省大量精力，避免不必要的开支和人员浪费。

但是，这种模式不利于后期企业的业务发展。虽然通过长期合作，企业和海外机构可以建立良好的沟通和信任机制，但始终无法控制产品运作的决策权。此外，低风险决定了低回报，收入也远低于独立运营的运作模式。

12.5.3 合作研发和联合运营模式

合作研发和联合运营模式的主要运作模式是与海外公司共同开发，每个公司负责本地产品的运营。该模式的主要优点是回报高、成本适中、风险相对较低。潜在的威胁主要是当地市场的政策风险。

虽然目前这种模式还没有得到广泛应用，但其优点是不仅可以改变目前国内市场产品本地化程度低的问题，而且可能成为大企业进入高端市场的途径。

12.5.4 建立海外分公司模式

这种模式的主要优点是它可以了解本地网络游戏市场并掌握具体的市场情况，从而使中国网络游戏能够更好地迎合市场，迎合国外玩家的需求。此外，与授权合作模式相比，该模式可以让中国的网络游戏公司获得巨大的市场利润。

然而，由于海外业务的高成本和许多不确定因素，在决定面向海外市场时，网络游戏公司必须具备一定的条件，并有足够的实力和优势。目前，中国许多强大的网络游戏公司都瞄准海外市场，建立海外分支机构等。腾讯等公司已建立海外市场，并建立了海外市场运营链。

12.5.5　平台运营模式

平台运营是指平台管理和操作的工作，以改善平台的服务，开发更多的用户并获得更大的利润。目前，它主要采用 B2B、B2C、C2C、C2B 平台模式。该平台运营模式的主要优势在于它可以结合国外网络游戏的优势和经验，弥补国内网络游戏产业在国外游戏市场的不足。目前，中国正逐步建立平台运营模式，推动更多国内游戏"走出去"，在海外市场取得更好的成绩。

12.5.6　完美世界公司案例分析

（1）完美公司简介

2004 年，完美世界游戏正式创立，凭借其自身的发展优势和先进的技术手段，先后推出了许多优秀的知名电竞产品，不断为全球玩家带来精彩的娱乐体验。

2011—2018 年，完美世界连续 7 次位列中国文化企业 30 强，为全球用户提供优质的互联网娱乐服务内容。

2018 年 3 月，完美世界举行完美世界游戏品牌战略发布会，发布年轻化品牌战略，正式发布了包括《时代的崛起》《我的起源》《射雕三部曲》《非常英雄》（主机和 PC 端）《新笑傲江湖》手游等十余款自主研发的新游戏，涉及领域众多。此次发布会的召开，标志着完美世界在网络游戏产业开发和创新方面正在攀升一个新的高度，以期形成一个较为完备的完美世界游戏环境圈。同时完美世界将通过"Steam 中国"推出更多游戏产品，为中国玩家及开发商提供高品质的内容以及更优质的体验与服务，同时助力中国网络游戏企业，尤其是中小型游戏公司更好地"走向"海外。

（2）出口战略

完美世界的网络游戏产业出口战略主要是全面实施品牌战略，培育一批优秀的游戏品牌，积极开展"完美世界海外行"等活动，创新品牌办展模式，鼓励全国各分公司设立特色部门，组织相关技术人员外出学习调研，同时深化与国内优秀的网络游戏运营商的合作，扩大其对小微出口企业的覆盖面，壮大网络游戏出口集群。

在选择进军海外市场的同时，完美世界要求海外研发部门对海外市场进行划分,制定相应的营销战略与方式,在不同的领域采用不同的价格战术和市场开拓方法,这使得完美世界很快在全球市场上吸取大量的资金,蓬勃发展,成为中国网络游戏产业的领军人。

(3) 营销战略布局

完美世界不断优化自身的发展模式,尤其是在营销战略这方面取得了显著成效。完美世界将依托主机市场的优势,不断拓展海外市场,加强全球化布局。如今市场战略取得了初步成果,年轻化战略效果显著,端游、移动游戏、主机游戏三驾马车持续良好发展。基于网络游戏的发展而研发的游戏设备的升级与更新换代,也促使网络游戏在游戏兼容这方面不断完善。此外,在营销战略方面,完美世界根据不同的游戏设备推出不同类型的游戏模式,为企业带来了良好收益和口碑。

(4) 完美世界国际化经验总结

完美世界拥有国内一流的研发团队,制作实力强、稳定性高、凝聚力强,在全球化及质量战略的指导下,通过战略合作等多种方式加速产业多元化。资本市场从一开始到现在,对网络游戏产业始终抱有很大兴趣,并且出现过多次投资成功的案例。不过,完美世界建议,创业者在寻找投资的时候应该找专业的投资机构,在选择注重业绩或注重概念和题材的投资方时,要做足功课,以长远的眼光求发展。纵观完美世界"走出去"的成功案例发现,网络游戏出口运营要结合海外游戏文化,创办适宜海外玩家的游戏,且尊重文化之间的差异,尊重海外玩家的游戏需求。

12.5.7 小结

本节主要介绍网络游戏公司的运营模式,并以完美世界的经验进行分析。

12.6 提升网络游戏产业出口路径研究

12.6.1 网络游戏产业出口问题分析

在网络游戏产业出口的过程中,出现了很多问题,诸如知识产权保护不足、人才匮乏等,这些问题都需要中国网络游戏产业给予更多关注和适当的预防措施,以稳定网络游戏产业的出口。

(1) 知识产权保护不足

网络游戏现在司空见惯,其虚拟环境非常真实,不受时间和空间限制的互动增强了游戏的可玩性和交互性,令人兴奋的升级模式也刺激了玩家对竞争的渴望。

现阶段知识产权保护力度不足主要表现为盗版泛滥和"私服""外挂"等现象严重。所谓盗版就是未经授权对软件进行复制的行为,网络游戏盗版的根源不在玩家,而是随着科学技术的进步和互联网技术的不断发展,科技人员在编写代码程序的时候代码的重复率过高,使用较为频繁,这就在无形中产生了盗版、翻版的现象,致使许多运营商的合法权益受到伤害,利润亏损。目前中国可以寻求WTO等机制,采取相应措施,完善中国对网络游戏的立法,健全法律体系和制度规则,保护网络游戏运营商和生产商的合法权益。

(2) 人才匮乏

在21世纪这个日新月异的发展时代,技术不断创新,核心竞争力不断加强,而中国目前从事高科技领域的人才匮乏。目前中国很多网络游戏产业采用代理模式弥补这一短板和缺陷,自主研发这一领域,仍然是中国网络游戏产业的"重灾区"。自主研发,首先要求中国配备先进的技术设备和器材,这才是确保进行自主研发的第一步。其次,需要能够灵活且熟练运用这类器材和设备的专业人员,这就要求中国在人才培育这方面要加大扶持力度。一个好的网络游戏需要先进的程序编程、优质的动画设计和精准的游戏策划,目前游戏研发急需这三方面的人才。尤其是在编程和策划领域,中国网络游戏创新存在不足。这也从另一方面说明为何在中国盗版和翻版等侵权现象普遍存在,以及为何网易的《阴阳师》一经开服,就能受到广大游戏玩家的追捧。

目前,对人才的需求处于非常迫切的阶段,一方面是真正的人才稀缺,另一方面是这些真正的人才对企业的要求过高,致使部分企业不能满足这类从事高新技术人才的需求,使得企业和这些人才的发展止步不前,从而不能带动中国网络游戏更好地对外出口和贸易。

随着中国网络游戏产业的迅速发展,网络游戏企业已经从一开始过于粗糙不健全的发展方式逐渐走向了专业化的发展之路,其发展规模也在不断壮大。网络游戏行业在2018年几乎是达到中国网络游戏的巅峰,各类网络游戏比赛的开展和直播平台的助力,都促使网络游戏向更加科学高效的方向发展。这就间接要求从事网络游戏研发的人才在动画特效、背景音乐、游戏角色的"服化道"、操作的流畅程度、服务器的维修护理等方面更加注重细节和质量,因而也就从另一方面要求企业大力培育从事这些领域的技术人才。

(3) 海外市场发展不均衡

当前,中国网络游戏产业不断吸取国外先进的经验,形成自身独特的发展优势,使得其自身的网络游戏产业在创意这一领域拥有强大的优势。随着中国网络游戏产业在海外网络游戏市场的不断开拓,国内网络游戏产业在海外的市场份额逐步加大,且网络游戏产业出口的品质也在不断提升,国外网络游戏市场将成为国内公司新一轮竞争的主要目标。中国音数协游戏工委咨询调研部主任郑南介绍,扩大地域范围和多样化的收入来源,成为国产网络游戏"走出去"并保持稳定增长态势的重要特征。

目前中国网络游戏出口主要集中于东南亚地区的市场,其次为欧美和日韩国家。海外网络游戏市场发展不平衡的原因主要是地区文化差异和市场需求程度不同。东南亚地区的国家在早期就受到中国文化的影响,所以中国的网络游戏关于武侠、神话等背景的题材,在东南亚地区受到较多的追捧。而西方国家由于存在着较大的文化差异,网络游戏题材的自由度也就很大,文化底蕴造成西方玩家对网络游戏的要求也就更加广泛和多样。这就使得出口西方国家的游戏的设计比出口东南亚地区的游戏更加复杂,难度要求更高。

由于文化的差异,中国网络游戏在不同地区的市场需求程度不同。由于东南亚地区的网络游戏发展程度不高,因此其对网络游戏的要求不是很高。而西方国家和日韩在美术设计、游戏动画、硬件配置等方面的要求远高于东南亚地区,这就在一定程度上要求中国网络游戏产业在进入国外网络游戏市场时要审时度势。

(4) 对海外用户了解不足

由于中国网络游戏市场忽视了海外用户的操作习惯,且对海外用户了解不足,因此中国网络游戏很难适应当前的需要。一方面是由于不同国家的地域文化特色和文化背景不一样,另一方面是由于对政治、经济、教育、宗教等了解不够深入,加之海外游戏玩家的需求复杂多样,国内相关从业人员无法深入了解网络游戏市场的具体情况,仅停留于表面层次。由于对海外用户存在一定的认知偏见,以及沟通成本高等原因,国内相关从业人员对目标市场用户和渠道了解不足,因而无法扩大海外市场份额。

(5) 同质化现象严重

目前,网络游戏同质化主要表现为网络游戏类型同质化,如网易推出风靡全球的《阴阳师》,随后又推出《神都夜行录》,首先两者在题材上几乎没有太大差异,且在游戏角色的"服化道"上几乎如出一辙,在网络动画和特效等方面也是大同小异,同质化过于严重,致使一部分玩家从一开始就对《神都夜行录》的兴趣不如《阴阳师》强烈,使得《神都夜行录》在中国网络游戏市场上所占据的份额微乎其微。其次就是两者均采用日本动漫题材,内容没有显著区别,使得玩家在进行游戏选择时陷入困境。最后,如今网络游戏市场不断扩大,相应地对游戏里的衍生品，如皮肤、背景、技能升级等付费产品所采取的收费模式也都大同小异，几乎都是先充值将流通中的现金转化为游戏中的虚拟货币，再进行购买。但是这种单一的模式容易使许多玩家"弃暗投明"，寻求更加新颖的游戏，从而使得整个中国的网络游戏目前处于一个几乎饱和的状态，止步不前，这将阻碍整个中国进一步打开国外网络游戏市场。

12.6.2 提升网络游戏产业出口路径

(1) 创建良好的网络游戏环境

虽然现阶段中国的网络游戏一派繁荣，但是许多网络游戏打着免费的"幌子"，游戏装备和道具却极其昂贵，需要玩家付出高昂的成本和时间精力。而且现在网络游戏工作室在中国盛行，极大地破坏了网络游戏市场的平衡，国内对外挂等违反游戏市场的行为的处罚力度远远低于国外游戏市场。国内网络游戏代理基本很少真正从玩家角度考虑游戏设计，服务器容量小、承载能力低导致可玩性差。国内网络游戏各大开发商、运营商没有真正地想好如何做一个好游戏，而是都在想如何利用这个游戏赚到更多的钱，从而导致市场游戏泛滥，但是玩家却不知道应该玩什么的状况。这就要求国内的网络游戏市场要创建良好的网络游戏环境，创立良好的舆论机制，建立相应的政府机构以提升大众对网络游戏的认识水平。此外，还可以设立相应的奖励机制，帮助大众正确认识网络游戏，树立积极的思想意识，从积极健康正面的角度引导大众。

早前，中国政府就要求中国各个地区的网吧实行实名登记，严禁未成年人进入网吧，此后中国政府又出台相应的政策，要求对网络游戏玩家必须进行身份实名制认证，限制网络游戏时长，以此保护未成年人，防止中国的网络游戏处于过于低龄化的状态，避免未成年人沉迷于游戏，荒废学业。这有悖于社会主义核心价值观，不利于中国文化产业的健康发展。

(2) 知识产权保护

由于网络游戏的编程代码极易复制，致使版权保护受到极大的挑战，且网络游戏是一个高、精、密行业，产品更新换代极其迅速与频繁，因而更需要加大政府监管力度。一方面要鼓励网络游戏产业运营商和制造商勇于创新、不断优化自身产业结构，另一方面要加强政府对其产权的保护，切实维护运营商和制造商的合法权益，避免存在"免费搭便车"的行为。在中国知识产权保护法体系下，《中华人民共和国著作权法》的自动保护原则，使得软件无须任何法律程序就可以得到保护。

互联网文化作为文化产业的一种，是受到法律保护的。因此在文化层面上，中国对网络游戏的保护机制进行了规范化和专业化的处理，并对网络游戏产品的版权引进和出版审批做出明确的规定。

《保护计算机软件示范条例》中,在保护网络游戏方面,协调成员国在游戏保护软件的政策、信息服务和共同市场的建设方面的要求,明确规定专利网络游戏版权受本法保护。对于网络游戏的版权侵权,可以通过相关法律政策向法院上诉核实并进行相关处理。

(3) 实施差异化战略

现在中国的网络游戏企业在网络游戏的代理方面,各自在有限市场上处于领先地位。在开发商和运营商间,采用差异化战略,使得不同的网络游戏在不同的市场上都能够受到游戏玩家的追捧和认可,使所有上市的游戏企业获得可观利润。例如中国的网络游戏品牌网易游戏(如《新大话西游 2》《大唐》等深受玩家欢迎的大型游戏),通过玩家对老牌门户网站的交互和响应,使玩家能够更加准确地切入门户网站。实施差异化战略,避免网络游戏的同质化,提升网络游戏的创新能力,在游戏动画设置、背景音乐、文字动画等方面加以改进,只有在这方面严加改进,采取相应的积极措施,才能够实现网络游戏市场的稳定收益和开创公平竞争的局面。

(4) 专业培养顶尖创意人才

目前网络游戏的营销策划与设计这一领域人才紧缺,因而许多校企合作培养人才。网络游戏产业人才的培养需要时间的酝酿,学校与网络游戏企业之间的合作,最大的价值莫过于借此来选拔具有专业创新能力的网络游戏人才,为网络游戏企业培养批量的实战型人才。此外,中国的网络游戏产业需要举办一些与游戏创作有关的比赛,帮助行业挖掘人才。同时创建良好的竞赛品牌也会相应地吸引更多的高校人才进入游戏行业,产生良性循环,促进国内网络游戏产业更长远地发展,唯有这样中国的网络游戏产业才可以在文化产业这个平台上实现长久的收益。中国的网络游戏产业要注重培养专业顶尖创意人才,在技术等方面加以提升,这样才能使中国网络游戏产业在国际市场占有一席之地。

根据国家提出的中国制造 2025、"互联网+"和中华文化复兴三个主要发展战略,各类高校以设计专业为试点,大力推进国际化与数字化教学改革,形成强有力的人才培养模式,推动网络游戏产业的发展,以期能与海外网络游戏市场顺利接轨。

(5) 文化融合

历史和历史人物的事迹构造出我国传统文化的内核,一批批仁人志士在历史长河里的留驻,积累了源远流长的上下五千年历史。这些历史片段和历史人物是文明得以延续的根本,他们的精神品质激励着后代人不断践行超越。在当代,网络游戏的文化融合在一定程度上促进了艺术形式的创新。中国有很多以古装侠客为题材的作品,网络游戏可以依托这一点,结合中国的历史文化情结,研发具有中国文化特色的游戏产品,这样在出口海外市场时,可以形成不同于其他游戏产品的竞争优势。但在研发网络游戏时既要尊重历史,又要远离色情暴力。

12.6.3 小结

本节主要研究网络游戏产业的出口问题,并以此得出其出口路径。

12.7 结论与建议

现阶段,国际上对于网络游戏产业主要是采取审查制和分级制,从已经公布的 Q3 财报来看,中国网络游戏企业海外市场总体发展势头呈现稳步上升的趋势。

中国的网络游戏产业可以借鉴韩国和美国的网络游戏产业发展经验,在网络游戏产业可以设立相应的组织机构,引进相应的高科技人才,学习国外出口经验。中国要扶持网络游戏产业的发展,首先要学习西方国家做好正确的舆论向导;其次,要向韩国学习,加大对网络游戏产业的财政投入,对于那些自主创新能力强、有良好口碑的游戏公司,政府应当加强对其的关注;最后,政府对这一新兴产业的政策扶持及合理监管是重中之重,与此同时,政府应通过完善法律法规,规范市场,承担起监管者的职责。

参考文献

[1] Ström P, Ernkvist M. The Asian online game wave-changing regional competition in the field of digital cultural industries[J]. Cultural Space and Public Sphere,2006(4):109-112.

[2] MacInnes I, Hu L L. Business models and operational issues in the Chinese online game industry[J]. Telematics and Informatics,2007,24(2):130-144.

[3] Morahan-Martin J, Schumacher P. Incidence and correlates of pathological internet use among college students[J]. Computers in Human Behavior,2000,16(1):13-29.

[4] 付雪. 浅议网络游戏产业发展和规划[J]. 商场现代化,2005(29):208-209.

[5] 孙高洁. 我国网络游戏产业竞争环境分析[J]. 科技管理研究,2007,27(10):53-54.

[6] 李华成. 欧美文化产业投融资制度及其对我国的启示[J]. 科技进步与对策,2012,29(7):107-112.

[7] 王海文. 我国文化企业"走出去":现状、问题及对策[J]. 理论探索,2013(4):103-106.

第 3 部分

文化产业绿色发展与城市群研究

13 影视产品出口影响因素实证研究

13.1 绪论

随着全球经济的飞速发展,各国间的交流合作与日俱增,世界各国的文化呈现渗透融合的发展趋势,影视产品贸易范围迅速扩大。回首过去,我国有文明古国源远流长的文化底蕴;着眼现在,文化产业,特别是影视产业百花齐放、百家争鸣;展望未来,我国影视产品进出口贸易量不断攀升。

习近平总书记在 2019 年亚洲文明对话大会开幕式上的重要讲话中指出,中国愿同有关国家一道,实施亚洲经典著作互译计划和亚洲影视交流合作计划,帮助人们加深对彼此文化的理解和欣赏,为展示和传播文明之美打造交流互鉴平台[1]。由此可看出党中央对发展文化产业、推动优秀影视产品"走出去"以及加强精神文化建设的重视。

文化贸易虽然在整个国际贸易中所占的份额并不多,但具有无限发展潜力,是经济贸易、政治交流发展到一定程度的必然产物,是国际贸易结构优化调整中浓墨重彩的一笔,是国际贸易王冠上的明珠。

在文化贸易进出口中,影视产品的进出口占了一定的比重,但影视产品区别于一般的物质文化产品,它是一种集合了艺术、美学、心理、制作等多方面元素的让人喜闻乐见的精神文化消费品,也是极具魅力的蕴含丰富文化内涵的文化产品。

与呈雨后春笋般产出并销往海外的影视产品相比,国内对出口的影视产品的研究往往稍显滞后。国内相关领域的学者和专家对影视贸易的研究多着眼于理论层面,大部分是从传统国际贸易理论与国际文化贸易理论的特性、联系与区别上进行分析探讨的,而结合实例分析的内容相对较少,特别是结合近几年我国热门影视出口的案例及对国外反响的分析讨论的内容相对更少。

在对外开放的时代大背景下,我国的经济实力、国际地位与综合国力不断提升。Li 等[2]认为,为了走向世界,中国不仅需要将经济作为纽带,还需要将文化作为桥梁。影视节目作为传播文化、弘扬价值的重要载体,彰显了国家的文化价值和艺术魅力。中国影视节目的国际传播是提高我国软实力的重要途径。因此,我国的影视节目作为文化创意产品的朝阳产品,在我国愈加繁荣的进出口贸易中一定会占有举足轻重的地位,所以研究我国影视节目贸易发展尤为重要。

综上,本章拟从影视产品的定义和分类着手,以近几年最新的影视产品为例,研究影响其出口的因素,从而为推动我国更多更好的影视产品走向世界提供理论依据并实现其现实价值。

13.2 文献综述

13.2.1 国外影视贸易研究现状

第一次工业革命之后,西方国家在大力发展经济与科技贸易,进行资本扩张的同时,也将发展的眼光悄悄地放在了影视文化输出上。

作为世界文化之都的法国巴黎成了世界电影的发源地。1895年卢米埃尔兄弟展示了《工厂大门》《火车进站》等多部可以放映一分钟的影片,标志无声电影的诞生。法国电影经济学家克勒通[3]以马歇尔的观点解释说明电影的特殊性:"艺术的实现对于边际效用的逐渐减少是一种例外,举个例子,听音乐的爱好会随着人们听音乐的次数的增多而日益见长。同样,对艺术与试验的兴趣也介入了一种鼓励发现新影片和新导演的文化,这是对与日常消费实践明显不同的社会和体制类型的一种个人投入。"这种观点体现了影视文化贸易在经济体系和结构中的特殊地位。

两次世界大战后,欧洲文化产业饱受摧残,以好莱坞为代表的美国电影工业与影视贸易蓬勃发展。好莱坞名人海斯曾说,人们不要低估美国电影的世界影响力,因为每一英尺好莱坞影片在大荧幕上的放映,都等值于一百美金美国货物在商场里销售成功。伴随着好莱坞的影响力与日俱增,一些学者开始研究好莱坞影视产业发展的奥秘。斯图尔特·莱格与梅迪·休蒂格的研究引人瞩目,他们不约而同地从产业经济学、政治经济学等视角深入探究好莱坞的本质——赚钱之道,揭示了又一资本主义强国发展影视文化贸易的方式与目的:通过疯狂对他国进行文化渗透,在抢夺世界文化霸主地位的同时赚得盆满钵满,进一步巩固其超级大国地位[4]。

第二次世界大战后相对和平的局势给了许多国家宝贵的喘息机会,许多第三世界国家开始了经济与文化建设。受美国好莱坞建设的影响,印度发展了自己的影视工业基地宝莱坞,对亚洲甚至整个世界的影视产业产生了一定影响力。梅特丽·饶、高全军、郭安甸[5]谈到,如格里什导演的《岛》这种以可察觉的感官为特色,具有多层次内涵的古典与激进并存的影片,虽然印度人嗤之以鼻,但却在国外引起轰动并得奖,这给印度电影走向世界提供了合适的思路;而那些充斥着导演自我宣扬、充斥着流行的视觉文化、充斥着脱离现实的浪漫的印度影片,则难以合乎外国观众的口味,票房惨淡,无法给印度影视贸易出口带来太大帮助。这种情况就涉及加拿大学者霍斯金斯和卢米斯所研究的"文化贴现"概念。他们首次对这一概念进行定义和详细解释:由于世界各地各民族生活习惯、发展不同,导致各地文化事象、文化背景差异巨大,因而国际市场中的某一文化产品不被一部分国家或地区受众认可,无法使其产生同理心和共鸣,进而导致这一文化产品贬值。[6] Volz 等[7]在此基础上进一步提出了对"文化距离"的看法:在某个特定的市场中,来自文化距离较大的市场的电影,比来自文化距离较小的市场的电影受欢迎程度更低。

如今,韩国影视产业也在如火如荼地发展,影视文化贸易出口数额巨大。韩国学者 Park 等[8]研究并总结了韩国影视贸易兴盛的原因:国家自上而下出台一系列针对性项目。韩国政府不仅实施了去监管化的影视产业发展方案,而且积极提供各种类型的帮助,在提高竞争力的同时也大大提高了从业者的积极性。例如,韩国政府在 1994 年成立了相应的文化产业局,又于一年后制定了电影促进法,就是为了吸引各类企业对文创影视行业的资金支持。

在全球化已成大趋势的今天,发展以影视贸易为主的文化贸易已经成了许多国家加强对外交流、提高本国国际影响力的主要途径和突破口。

13.2.2　国内影视贸易研究现状

在对外开放国策的大力引导和推动下,我国进出口贸易种类和数额与日俱增。随着我国综合国力的不断增强,人们对美好生活无限渴望,对影视产品的关注度也越来越高。周恩来总理曾经说过这样一句话:"经济建设和文化建设,好像一辆车子的两个轮子,相辅而行。"

我国的对外文化交流自丝绸之路以来,已有数千年历史沉淀。然而,我国的对外文化贸易起步较晚,发展时间不长。换句话说,影视文化产业属于我国的幼稚产业。然而,从民国时期的皮影戏、《定军山》到新中国成立前期的电影《小城之春》,从沐浴改革开放春风蓬勃发展的《红高粱》《疯狂的石头》到如今红遍大街小巷的《满城尽带黄金甲》《红海行动》《哪吒》,可看出我国影视产业的发展劲头强劲、不可小觑。由于近年来文化多元化的格局日趋显现，世界各国间文化交流日益频繁，我国影视产业受到了国内外众多学者和研究专家的广泛关注。通过查阅各种文献资料，分析研究海内外各个专家的观点，发现我国学者对影视贸易的研究各有其侧重点，但大同小异，主要集中于以下三个方面。

第一，对我国影视贸易甚至整个文化贸易发展状况以及我国影视产品出口存在的问题进行的研究。这一系列研究通过分析我国影视产品进出口数据、各个大型网站和社交平台上网友的评价与反馈，结合同期影视产品贸易的相关政策，论述了当下我国影视产品的进出口情况和遇到的困难。比较著名的研究者有贺强、胡智锋和李继东、朱文静和顾江、贾义婷和胡晓冕等，他们将我国影视产品出口现状大致总结为虽然发展很快、潜力很大、后劲很足，但现阶段规模较小、贸易逆差较大、题材较为单一、缺乏有力的代表作，将遇到困难的原因大致总结为以下几点：创意不够、营销渠道不够、制作技术不够以及不可避免的文化贴现问题[9-12]。

第二，对全球各个国家，特别是文化强国的影视贸易的发展现状、趋势以及我国应大力发展影视贸易的原因和意义的研究。这类研究分析了以美国、韩国、西欧为代表的发达国家和地区的影视贸易现状及趋势，以及以印度、泰国为代表的发展中国家的影视贸易现状及趋势，以此来探讨全球影视贸易的格局，并分析我国在此格局中所处的大致位置，进而挖掘出影视贸易的大力发展与我国经济实力增强、产业结构优化、国际地位提高和国内外群众对中华文化的认同感增强等方面具有的正相关性关系。如郭坤荣等[13]讲述了美国影视通过各个时期各种题材下塑造的英雄形象，给人以鼓舞和幻想；叶航[14]认为我国近年来的热播电影《狄仁杰之四大天王》也借鉴了好莱坞的英雄形象塑造方式与魔幻现实的导演方式，讴歌了对真善美的追求，使人性的光辉熠熠闪光，呼应了社会主义现代化建设下我国的价值导向。

第三，对传统贸易相关理论是否适用于影视贸易以及整个文化贸易的研究。学术界目前普遍认为，传统国际贸易理论与国际文化贸易理论之间既有无可争议的共性，又有显著的个体差异性，这在林航、罗鹏、赵建军和陈泽亚的研究中均有提到。这些学者认为，由于文化产品区别于普通的商品，它具有相当的不稳定性，对学术知识积累以及精神格局的培养和形成要求非常高，因此传统的国际贸易理论如比较优势理论在文化贸易中具有明显的局限性和不适用性[15-17]。然而，迈克尔·波特提出的竞争优势理论(包含生产要素、需求因素、相关产业和支持产业、企业战略结构和竞争对手、政府、机遇六大要素的钻石模型),约瑟夫·派恩提出的体验经济理论(企业以服务为宗旨,以商品为媒介,以消费者为中心,创造出能使消费者主动积极参与,并给消费者带来深刻回忆的活动),以及保罗·克鲁格曼提出的战略性贸易理论(如果政府对大型企业或具有代表性的行业进行相应的扶持和补贴,那么就可以提高该企业或行业在国际上的相对竞争力,甚至达成垄断)与影视贸易以及整个文化贸易具有高度契合性[17]。

从目前收集到的国内文献来看,国内相关领域的学者和专家对影视贸易的研究多着眼于理论层面,大部分是从传统国际贸易理论与国际文化贸易理论的特性、联系与区别上进行分析探讨的,而结合实例分析的内容相对较少,特别是结合近几年我国热门影视出口的案例及对国外反响的分析讨论的内容相对更少。

13.2.3 小结

本节首先回顾了国外影视贸易的相关研究,以欧洲、美国、印度、韩国等地的影视产业为例阐述了影视贸易兴起的原因和影响,进而引出国内影视贸易的研究现状,提炼出我国影视贸易发展的问题、趋势和意义。

13.3 相关理论分析

13.3.1 相关概念界定

(1) 文化产业

文化产业与人们的生活息息相关,对于它的定义也多种多样。由于文化本身是一个很宽泛的概念,因此不同国家、不同时期会因为当地文化事象的不同,对文化产业做出不同的阐释。如英国将其定义为:"源自个人的创意、技能和才华,通过创造知识产权来创造财富、增加就业机会的活动";美国迄今为止没有明确文化产业的相关概念,而是认为诸如音乐、影视、绘画、书籍等文化产品都是劳动者享有著作权的人与人之间进行等价交换的劳动商品,其作用是陶冶情操或闲暇娱乐,因此部分学者将其归纳为娱乐产业或版权产业,这等同于他国的文化产业[18]。而我国作为世界四大文明古国之一,又是当今屈指可数的泱泱大国,对于"文化产业"自有其定义。表13.3.1是一种比较常见的定义和分类方式。

表 13.3.1 文化产业的分类

	文化产业			
	定义	特点	细化	举例
分类	狭义文化产业	与"科教文卫"中的"文化"相关的概念,绝大多数是文艺广电业	服务产品 (最主要的表现形式)	表演艺术(音乐、舞蹈)
				语言艺术(文学)
				综合艺术(戏剧、影视)
				表演性演出服务
			实物产品	造型艺术品(绘画、雕塑)
				美术品
				软件光盘
				……
	广义文化产业	物质文明与精神文明的总称	文化艺术业	文化传媒公司
			广播电视电影业	国家新闻出版署
			教育业	学校
	文化相关产业	与文化产品活动有关	工艺美术品批发业	古玩店
			图书报刊零售业	新华书店
			园林绿化业	园林绿化局
			……	……

(资料来源:根据李江帆.文化产业:范围、前景与互动效应[J].经济理论与经济管理,2003(4):26-30整理)

在我国,文化产业可分为狭义文化产业(特指与"科教文卫"中的"文化"相关的概念,绝大多数是文艺广电业)、广义文化产业(此处的"文化"特指物质文明与精神文明的总称)和文化相关产业(与文化产品活动有关的行业)[19]。其中狭义文化产业还可细化为服务产品(最主要的表现形式)和实物产品,而它们各有其应用,在生活中极为常见。广义文化产业中的"文化"荟萃了我国几千年历史长河中传承下来的物质文明与精神文明,较狭义文化来说相对发散延伸,与其他相似或互补产业相结合,发展成为文化艺术业、广播电视电影业、教育业。文化相关产业顾名思义,指人类社会发展过程中与文化产品活动休戚相关的行业,如它与"以经济建设为中心,大力发展生产力"的政策相结合,带动了工艺美术品批发业、图书报刊零售业等的发展;它与"保护环境"的基本国策相结合,加速了园林绿化业的发展……这些产品都属于文化产品,这些产业都属于文化产业。有学者认为,文化产业是改变经济发展方式,促进城市经济结构调整的关键产业之一[20]。

(2) 影视产业

影视产业目前还没有明确的定义,但是根据人们日常生活中的行为习惯和一代代流传下来约定俗成的观点,一般将影视产业分为电影产业、电视剧产业和影视相关产业这几大类。电影和电视有一定的区别:第一,它们的存储媒介不同,电视以磁带为载体,电影以胶片为载体;第二,它们的播放场所和观赏方式不同,电视属于开放性的家庭艺术,电视节目用电视机收看,观赏行为较为宽松和随意,而电影观看限制较大,必须在特定的密闭空间里关灯放映,观众之间不可随意交流,且电影往往投放在大荧幕上[21]。影视相关产业则包括各种与影视产品生产、制作、发行、宣传等活动有关的社会实践活动或社会部门,如编剧行业、导演行业、影娱记者行业以及公关公司等。

(3) 影视产品

影视产品是经济学与文学融合发展的产物,也是物质文明与精神文明的结晶,能让人铭记过去、不忘初心,又展望未来、锐意进取。它集学习知识与休闲娱乐于一体,具有众多的受众与极大的发展潜力。中国特色社会主义制度下的影视产业,作为新兴的朝阳产业和文化产业的重要代表,具有鲜活的生命力,正随着时代的新潮滚滚向前,在带来可观的经济效益的同时也影响着人民群众精神文明建设与中华文化的广泛传播。

(4) 文化贸易

国际货币基金组织(IMF)的国际收支手册中关于文化贸易的描述是"居民与非居民之间,个人文化和文娱服务交往"。国内著名的研究文化贸易的学者李怀亮曾指出,文化贸易是世界各国(或地区)使用货币作为媒介进行的一种文化交流活动,在文化贸易活动中,无论是有形的商品,如声音、录音、出版物,还是无形的商品,如版权、性能等,都是文化链条上与经济有关的产品[22]。因此,通过归纳总结可知,文化贸易是指一个国家或地区所生产的文化产品以及相关服务在国内或国际市场上的输入或输出。

经济全球化已成大势所趋,世界各国间文化交流不断增强,文化产品在国内或国际市场上的流通必然愈加频繁,文化产业的发展必然欣欣向荣,文化贸易必然在经济贸易中占有越来越大的比重。

根据归纳总结,文化贸易顺差是指一个国家或地区在特定的时期内进口的有关文化产品或相关服务的贸易总值小于出口总值。这反映该国或地区这段时期内文化产品丰富,文化贸易发达,文化产业是该国或地区的优势产业,该国或地区在对外文化贸易中处于有利地位。而文化贸易逆差则相反。

我国虽然是世界文明古国和贸易大国,但仍是发展中国家,处于社会主义初级阶段,目前我国文化贸易处在逆差状态,有待于进一步发展。

13.3.2　相关理论分析

由于文化产品区别于一般的商品,它是体力劳动与脑力劳动相结合的产物,是物质文明与精神文明的智慧结晶,文化产品的生产和传播蕴含着特定的人的特殊情感思想,因此文化产品是特殊的商品。很多传统的国际贸易理论如比较优势理论,特别是比较优势理论中的要素禀赋优势的天然性假设和规模报酬不变的假设对它并不完全适用。

经过一代代学者和专家的广泛研究,有四个比较著名的理论应运而生,与以影视贸易为代表的文化贸易具有高度契合性,受到众多学者的认可。

(1) 体验经济理论

约瑟夫·派恩提出了体验经济理论。这种理论是指企业以服务为宗旨,以商品为媒介,以消费者为中心,创造出能使消费者主动积极参与,并给消费者带来深刻回忆的活动。由于文化产品往往具有高度的精神体验特质,因此体验经济理论的重点就在于牢牢把握消费者的心理,引导消费者对文化产品进行"体验",进而促进交易的达成。如各种体验馆、主题园、主题宾馆等,它们以大众耳熟能详且喜闻乐见的文化作为依托,与基础经济建设相结合,并通过广泛接触消费者、与人民群众进行互动,真正实现了"从群众中来,到群众中去"。

(2) 竞争优势理论

迈克尔·波特提出了竞争优势理论。它是在比较优势理论的基础上创立形成的,是传统比较优势理论的继承、引申和创新。竞争优势理论的最大特点是构建了包含生产要素、需求因素、相关产业和支持产业、企业战略结构和竞争对手、政府、机遇六大要素的钻石模型。它着重强调了需求因素和政府对文化贸易发展的促进作用。各个国家和地区的受众由于生长环境、人生经历、文化背景的不同,世界观、人生观、价值观也有不小的差异,因此他们的需求千差万别;而各个国家和地区国情不同、制度不同,对文化贸易发展的重视程度和思路也不同,因此政府如何引导本国以影视产品为代表的文化贸易的发展也需额外研究。竞争优势理论充分考虑了这两点因素,因此适用于文化贸易的相关研究。

(3) 战略性贸易理论

保罗·克鲁格曼提出了战略性贸易理论。它的含义是:如果政府对大型企业或具有代表性的行业进行相应的扶持和补贴,那么就可以提高该企业或行业在国际上的相对竞争力,甚至达成垄断。这与上述竞争优势理论着重强调政府干预的因素有异曲同工之妙。然而,很多资本主义国家对战略性贸易理论断章取义,为了给自身谋取最大利益而曲解这个贸易理论,结合自身国情提出了贸易保护主义理论,这不利于世界各国以影视贸易为代表的文化贸易的交流融合与长足进步。

(4) 引力模型理论

引力模型出自物理学,是牛顿万有引力定律的延伸。根据万有引力定律,任何两个物体之间作用(引力)的大小与它的质量成正比,与它们之间的距离的平方成反比。该定律被引用至国际贸易领域后,相关参数在尊重原定理特性的基础上被进行了合理的类比与改变:用两个国家之间的贸易量类比物理学中两个物体间的引力,用某一个经济体的经济规模(也就是GDP)类比物理学中物体的质量,用国家与国家间的地理距离类比物理学中两个物体间的质心距离。引力模型的意义是指两个国家之间的单项贸易流量与其各自的经济规模(GDP)成正比,与两个国家之间的距离成反比。

Bergstrand[23]认为,由于引力模型缺乏强有力的经济学基础,因此该模型对实际贸易量的计算有很大的局限性。而此后安德森的"纯粹支出系统模型"、伯格斯特兰的"一般均衡世界贸易模型"均试图从主流经济学的理论出发去探索引力模型的理论基础,但由于与国际贸易理论契合不紧密,因此缺乏说服力[24]。

此后,迪尔道夫在无贸易成本和有贸易成本的条件下利用H-O模型推导了引力模型,尝试将引力模型与贸易理论相结合;埃文内特和凯尔乐考虑了不完全专业化生产的情况,在此基础上又将引力模型与李嘉图模型、H-O模型、规模报酬递增模型相结合,将引力模型进一步完善。至此,引力模型在理论分析和实证分析方面都取得了很大的进展,但是诸如行业贸易经常为零、CES偏好与现实数据并不相符的情况依然存在,有待国内外学者和专家的进一步研究。

13.3.3 小结

本节主要介绍了一些基本概念,如文化产业、影视产业、影视产品与文化贸易,以及古往今来一些优秀的国际贸易学者提出的适用于影视产品的相关理论,如体验经济理论、竞争优势理论、战略性贸易理论和引力模型理论,为下文具体研究国内外影视产品出口现状及影响因素分析奠定了理论基础。

13.4 影视产品出口现状分析

13.4.1 影视产品发展历程

作为四大文明古国之一,我国在几千年的历史进程中创造了许多具有典型性和代表性的文化。从秦汉时期"海上丝绸之路""陆上丝绸之路"的往来繁华,可看出我国的对外开放历史由来已久。到了我国唐代,皮影戏登上历史舞台,透过白色幕布后面操纵木偶的灵巧双手,我们不难看出当时的人们对于发展大众喜闻乐见的戏曲影视的模糊概念已露尖尖角。到了明清至民国时期,黄梅戏、豫剧、京剧、评剧、越剧五大戏曲剧种已在民间广泛流传,妇孺皆知,那时人们对于影视戏剧娱乐产品的重视程度已可见一斑。

1905年第一部国产电影《定军山》拉开了我国影视产业发展的大幕,至今已逾百年。这百年影视产品发展的历程可分为以下三个阶段。[25]

第一个发展阶段是从1922年至1937年。19世纪中后期,世界电影在文化之都巴黎初见端倪。随后,作为新兴产品的电影漂洋过海,从当时的不夜城老上海登陆中国。中国明清后期的闭关锁国导致近代中国在科技方面落后于西方。因此,当时电影的制作流程、相应的科学技术等都源自国外。然而华夏大地几千年的文明底蕴犹在,中华民族在经历五四运动后又有奋斗意识的全面觉醒,因此经过蹒跚学步的萌芽期之后,影视行业里人才储备和技术设备运用已渐渐走上正轨,脍炙人口的影视作品《渔光曲》便在那时诞生。

第二个发展阶段是从1937年至1976年。1937年以后,中国人民将重心转移至全民抗战之中。此时,影视行业遭遇重创,著名的明星电影公司消失、联华影业公司解体,老影业逐步零落成泥,中国电影史上的一个黄金岁月被迫在抗日战争的声声炮火中暂时谢幕。

第三个发展阶段是自1976年的"文革"结束后至今。新时期的改革开放国策与中国特色社会主义市场经济体制的建立不仅挽救了几近崩溃的电影经济,还通过加强对外交流,使我国文化产业"面向世界,博采众长",真正朝着多元化方向发展,真正走向世界,走向国际,走向中华民族伟大复兴的道路,使中国影视产业迎来又一春。21世纪初期,国产影片《卧虎藏龙》冲进奥斯卡,《英雄》《十面埋伏》等走向国际,在北美创造了千万美元以上的票房,2019年夏天在内地口碑票房双丰收的《流浪地球》也在国际影坛上收获广泛好评,在北美收获近600万美元的票房,打破近3年出口票房纪录。至此中国影视行业的发展如火如荼,生生不息。

13.4.2 影视产品出口现状

截至 2019 年,我国电视剧贸易量在中国电视节目国际贸易中的占比已经超过 70%,远远超过其他节目形态(如广告节目、综艺节目等)[26],因此具有代表性。而电影产品题材广泛、风格多样,宣传较为到位,且放映时长大都集中在 2 h 左右,情节较为紧凑,不会让人因为过于冗长而产生视觉疲劳感和审美厌烦感,因此电影产品也具有大量国内外受众,在众多影视产品中具有不俗的知名度。综上,我们选取电视剧和电影作为影视产品中的代表进行研究。

(1) 我国电视剧出口现状

关于我国电视剧节目的出口情况,本章将从出口电视剧的数量和总额,以及主要出口国家和地区两个层面进行讨论。

图 13.4.1 为 2008—2016 年中国电视剧出口数量和总额统计图[27]。

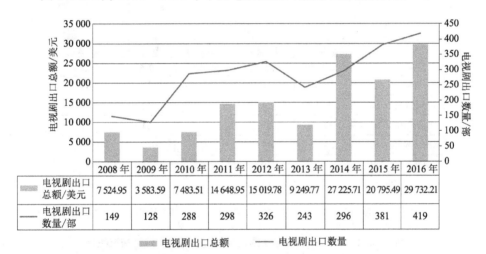

图 13.4.1 2008—2016 年中国电视剧出口数量和总额统计

(资料来源:中国电视剧纷纷"走出去",然而逆袭之路道阻且长. http://dy.163.com/v2/article/detail/DG1HL4FD0517D57R.html)

我国电视剧出口数量总体呈曲折上升趋势。除 2009 年与 2013 年有暂时性下降外,其余每年都是稳步上升,并且上升幅度相当大。

我国电视剧出口总额除 2009 年、2013 年和 2015 年有短暂下滑以外,其余总体也呈曲折上升趋势。从图中可以看出,2011—2012 年我国电视剧出口迎来了小高峰,每年的出口总额约为 2010 年出口总额的 2 倍,当时的热播剧《甄嬛传》成为 YouTube 平台上最早的播放量破亿的国产电视剧,并且改编后出口到了美国。2014—2016年我国电视剧出口迎来了第二个小高峰,每年的出口总额大约是2013年出口总额的2~3倍。据统计,当时的热播剧《微微一笑很倾城》《杉杉来了》《花千骨》与《何以笙箫默》截至2019年上半年仍霸占YouTube平台国产电视剧总播放量排行榜的第1、3、7、9位,总播放量达到8 000万至36 000万不等;就单集播放量来说,最少的《何以笙箫默》也已超过每集250万播放量,最多的《微微一笑很倾城》达到令人咋舌的每集1 219万播放量。

综上我们可以看出,我国近年来每年出口的电视剧总额总体呈上升趋势,且大约每2~3年都会翻一番。

图13.4.2为2012—2016年中国电视剧出口的主要国家和地区统计图[27]。

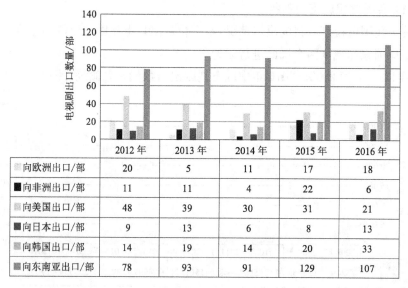

图13.4.2　2012—2016年中国电视剧出口国家和地区情况统计

(资料来源:中国电视剧纷纷"走出去",然而逆袭之路道阻且长.
http://dy.163.com/v2/article/detail/DG1HL4FD0517D57R.html)

从此图可明显看出,我国电视剧出口具有相对偏好性。2013—2016年,出口东南亚国家的电视剧数量占绝对优势,比出口其他国家和地区的数量总和还要多,2015年和2016年甚至都超过100部,且出口数量一直保持相对平稳,比如2016年的热播剧《女医明妃传》在马来西亚七个平台轮番播出,播放量为75亿左右。出口非洲的电视剧数量也不少,但是除2015年的22部外,整体有逐年下降趋势。出口欧洲、美国、日本、韩国这几个国家和地区的电视剧节目数量一直相对较少,最多的美国历年也不超过50部,最少的日本每年也仅有10部左右,且最近几年出口数量没有增长趋势。

由此可见,我国电视剧出口主要面向与我国经济、政治、科技贸易交往相对密切的发展中国家,我国向经济和文化发达国家输出的电视剧数量相对较少。

(2) 我国电影出口现状

关于我国电影节目的出口情况,本章将从出口电影的海外收入情况,以及2019年世界主要国家电影票房统计两个层面进行讨论。

图 13.4.3 为 2005—2016 年我国电影海外收入情况[28]。

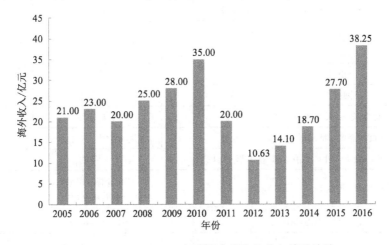

图 13.4.3　2005—2016 年我国电影海外收入情况统计

(资料来源:2017 年我国影视剧行业电视剧进出口情况及影视剧出海市场规模预测.
http://free.chinabaogao.com/chuanmei/201710/10232ac92017.html)

由图可知,我国电影出口规模依旧偏小,电影海外收入有限。这十二年电影海外收入总体变化不大。2005—2010 年是第一个电影海外出口的小高潮,海外收入从 21 亿元上升至 35 亿元。据北美权威票房统计网站 Box Office Mojo 统计,当时李安导演的《卧虎藏龙》《色戒》,张艺谋导演的《英雄》《满城尽带黄金甲》等脍炙人口的电影作品都在北美收获了几百万甚至上千万美元的票房,这几部电影出口国际的票房总量占到全部出口电影票房总数的 10% 左右,电影出口欣欣向荣。随后,2011—2014 年电影海外出口有些不景气,除了 2013 年的《一代宗师》,其余电影在海外票房总量均不超过 50 万美元,每年电影海外收入总量只有 10 多亿元,电影出口进入一个短暂的瓶颈期。经过短暂调整,2015—2016 年,我国电影海外出口进入第二个小高潮,海外收入从 2012 年的 10.63 亿元逐步攀升至 2016 年的 38.25 亿元,创下历年新高,这两年出口票房最多的电影是《美人鱼》;《叶问 3》的海外票房成绩也相当不错。

表13.4.1为2019年世界主要国家电影票房统计。

表13.4.1 2019年世界主要国家电影票房统计表

2019全球电影票房统计			2019中国电影票房统计		
排名	电影名称	票房总量/美元	排名	电影名称	票房总量/美元
1	《复仇者联盟4：终局之战》	28.0亿	1	《哪吒之魔童降世》	7.1亿
2	《狮子王》	16.6亿	2	《流浪地球》	6.6亿
3	《冰雪奇缘2》	12.6亿	3	《复仇者联盟4：终局之战》	6.0亿
4	《蜘蛛侠：英雄远征》	11.3亿	4	《我和我的祖国》	4.4亿
5	《惊奇队长》	11.3亿	5	《中国机长》	4.1亿
6	《玩具总动员4》	10.7亿	6	《疯狂的外星人》	3.1亿
7	《小丑》	10.6亿	7	《飞驰人生》	2.4亿
8	《阿拉丁》	10.5亿	8	《烈火英雄》	2.4亿
9	《星球大战9：天行者崛起》	7.7亿	9	《少年的你》	2.2亿
10	《速度与激情：特别行动》	7.6亿	10	《速度与激情：特别行动》	2.0亿
备注：《哪吒之魔童降世》《流浪地球》排名第11、12位			备注：无		
资料来源：根据Box Office Mojo整理			资料来源：根据电影票房 http://58921.com/film/9371 整理		
2019韩国电影票房统计			2019北美电影票房统计		
排名	电影名称	票房总量/人次	排名	电影名称	票房总量/人次
1	《极限职业》	1 626.5万	1	《复仇者联盟4：终局之战》	8.9亿
2	《复仇者联盟4：终局之战》	1 392.6万	2	《狮子王》	5.4亿
3	《冰雪奇缘2》	1 326.5万	3	《玩具总动员4》	4.3亿
4	《阿拉丁》	1 251.8万	4	《惊奇队长》	4.3亿
5	《寄生虫》	1 008.4万	5	《蜘蛛侠：英雄远征》	3.9亿
6	《极限逃生》	942.5万	6	《阿拉丁》	3.5亿
7	《蜘蛛侠：英雄远征》	836.2万	7	《小丑》	3.3亿
8	《惊奇队长》	580.1万	8	《它：第二章》	2.1亿
9	《白头山》	574.3万	9	《勇敢者游戏2：再战巅峰》	1.9亿
10	《小丑》	524.4万	10	《我们》	1.8亿
备注：韩国电影排名一般按"人次"统计			备注：无		
资料来源：2019韩国电影票房排行榜. https://www.douban.com/doulist/111552765			资料来源：根据Box Office Mojo整理		

由表 13.4.1 可知，2019 年美国电影依然独霸全球电影票房，但我国两部爆款电影《哪吒之魔童降世》与《流浪地球》展现出不俗的竞争力，不仅在我国交出 7.1 亿美元和 6.6 亿美元的惊艳成绩单，而且排到了全球票房榜的第 11、12 位，展现出我国电影无穷的潜力。但是，相比于文化强国诸如美国、韩国，我国电影票房的号召力依然不强，打破近 3 年海外票房收入纪录的《流浪地球》在海外也仅有不到 600 万美元的票房，还不到我国总票房的 1%。而这 600 万美元左右的票房收入，很多还是海外华人华侨贡献的。而其余在 2019 年我国票房榜上排名前十的电影，绝大多数的海外票房总收入都不及我国票房总收入的 0.5%，有的甚至由于海外票房量过低，未参与 Box Office Mojo 北美票房统计。

综上，我国电影产业依然属于我国的幼稚产业，出口贸易额度偏低，出口电影票房表现一般，国产电影知名度偏低，受众国际化程度不高，与文化贸易强国之间还有很大的差距。但是，我国电影产业也是我国的朝阳产业和新兴产业，在大力发展文化事业的政策引导下，在党中央建设文化强国口号的强烈号召下，在中华民族为伟大复兴事业的共同努力下，我国电影节目必将又好又快发展，电影出口贸易额必将稳步提升，我国电影业的明天必将更加美好灿烂。

13.4.3 影视产品出口存在的问题

(1) 国际认可度不够高

由上述图表和分析可发现，我国出口的影视节目的国际认可度始终不高。虽然影视产业在我国发展势头良好，产出节目的数量与日俱增，也收获了一大批相对固定的受众，但是无论是电视剧节目还是电影节目，输往海外，特别是海外发达国家和文化强国的数量很少。即使是 2019 年风靡全国的《哪吒之魔童降世》《流浪地球》这两部匠心巨制，在国际上也没有翻出很大的水花。就《哪吒之魔童降世》这部 2019 年的票房冠军来说，它在中国的票房量突破了 7 亿美元大关，然而 Box Office Mojo 这一权威票房统计网站的数据显示，这部影片在中国的票房量就占了其全球票房的 99.5%，在北美地区的票房量仅有 370 万美元。这也代表了近年来我国出口的影视产品的一大典型特征：在国内受到热捧，在国外相对遇冷。这也导致了我国影视产业海外收入有限。比较图 13.4.4 可看出，近年来我国进口电影的票房占到我国票房总收入的四成左右，由此可得出结论：我国影视贸易逆差严重。

(2) 合拍片效果不够好

电影全球化实际上是新时代经济环境下许多产业的国际化孕育而成的产

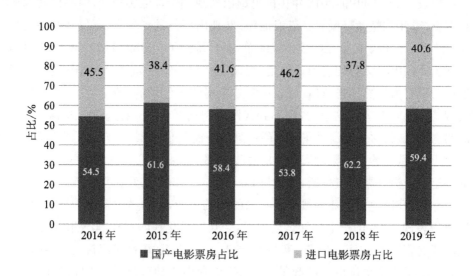

图 13.4.4　2014—2019 年第三季度我国国产电影和海外电影票房占比情况

（资料来源：前瞻产业研究院整理）

物,并且是全球电影业未来发展的趋势之一。这与霍斯金斯等人的结论相同[28]。然而,我国影视产品还存在一个比较明显的问题,就是虽然国际合拍片在出口电影中占比很高,给我国及合作方带来双赢,但是目前中国电影相关企业的话语权还不多,话语分量还不够重,电影内容主体性不够强,所以这种影视产品合拍方式是最初级的,而不是深入合拍[29],我国在合拍片产业中依然处于相对弱势的地位。

从图 13.4.5 及图 13.4.6 中我们可以看出,近几年在我国合拍片票房占总票房的比重,2018 年占比 17%,2016 年占比达到 34%。且我国内地的合拍片主要合作方是香港,近三年合作创收 251 亿美元,代表作有《红海行动》《无双》等,兼具中国内地影片与港片特色。美国与印度也是中国影视产业中的重要合作伙伴,三年来中国与其合作的影片数量达到 27 部,代表作有《功夫瑜伽》等。

然而,由于我国影视产业终究属于新兴产业,与文化强国之间有不小的差距,因此在合作拍片时,虽然我国影视明星、制作团队虚心向学,认真敬业,但影视作品中的中国元素仍不能地道完整地表现出来。蒋丹彤[30]认为,有相当一部分海外受众对从合拍电影中获知的中国文化仍不甚了解,总体上持相对否定态度。这与文明进步、和谐开放的社会主义现代化中国文化形象的传播目标出现错位,令人深感遗憾。

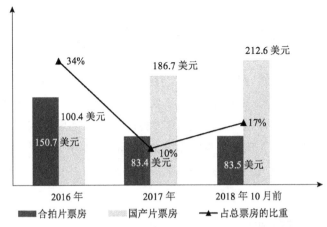

图 13.4.5　2016—2018 年 10 月中国合拍片票房及其占总票房的比重统计
（数据来源：艺恩票房智库）

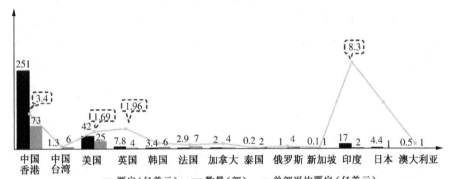

图 13.4.6　2016—2018 年 10 月合拍片来源地（国家和地区）数量、票房和单部平均票房统计
（数据来源：艺恩票房智库。统计周期：2016 年 1 月 1 日—2018 年 10 月 31 日，票房统计不含服务费）

13.4.4　小结

本节主要以介绍我国影视产品的出口现状为主。首先，介绍了我国近代影视产品的发展历程。其次，选取电视剧和电影作为我国影视产品的代表，通过图表分析法、数据分析法、案例分析法等研究方法，分析并总结了目前我国影视产品的出口现状：交易量总的来说呈上升趋势，但总体贸易量偏低，且出口对象大多为发展中国家，在发达国家的市场依旧不大，与影视贸易强国之间存在显而易见的差距。从而进一步分析出我国影视产品出口目前存在的主要问题：第一，国际认可度不够高，文化折扣大，影视贸易逆差严重；第二，合拍片效果不够好，合拍方式是最初级的，中方在合作中的话语权还不够，致使中国元素受合作方影响，不能得到较好的展现。下一小节中，将进一步挖掘造成这些现状的深层次原因。

13.5 影视产品出口影响因素理论分析

由 13.4 节内容可知,我国影视产业存在国际认可度不够高、合拍片效果不够好等问题。本小节作为重点小节,将详细探讨造成这些问题的原因,或者说影响我国影视产品出口的因素。造成我国影视产品出口困境的因素是多方面的,即受经济、政治、科技、文化等多重因素的共同影响。本小节拟从经济角度、政策角度、科技角度和文化角度对影响我国影视产品出口的因素进行理论分析和研究。

13.5.1 经济规模有限

图 13.5.1 是 2018 年世界主要国家服务业支出占 GDP 的比重分析图。图中,横坐标表示该国历史人均 GDP(单位:美元),纵坐标表示处于该人均 GDP 水平的服务支出占比。圆圈表示人均 GDP 为 10 000 美元左右时各国的服务支出占比情况。

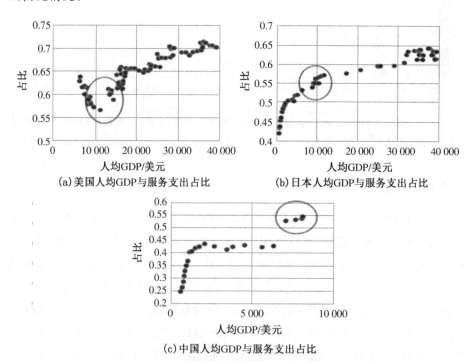

图 13.5.1 2018 年世界主要国家服务业支出占 GDP 的比重分析

(资料来源:2018 年中国消费行业需求及消费结构分析.
http://www.chyxx.com/research/201803/620363.html)

由图 13.5.1 可知,2018 年我国人均 GDP 为 8 000 美元左右,与以美国、日本为代表的发达国家或地区的 20 000 美元甚至 40 000 美元相比仍有较大差距。同时,我国以服务业为代表的第三产业虽较前几年有较大幅度的提升,占比为 0.55 左右,但不及美国的 0.7 与日本的 0.65。这也再次证明,我国正处于并将长期属于社会主义初级阶段,是发展中国家,经济发展和产业转型有待提高,经济水平不够高限制了服务业的发展。

而影视产品,毫无疑问属于服务型产品,是在经济发展到一定水平后的上层建筑。因此,想要影视贸易又好又快发展,归根到底需要良好的经济发展基础,经济发展是一切服务型产品发展的基石。我国"以经济建设为中心,大力发展生产力"的方针完全正确。

13.5.2 文化贸易壁垒的阻碍

文化贸易壁垒的形成源于 20 世纪 90 年代"文化例外"这一观点的正式提出,归根结底是以法国、美国为代表的文化贸易大国担忧在全球化发展的背景下,他国的文化产品大量输入本国,本土文化会遭到入侵,不利于本国文化独立发展,而提出的目的是维护自身利益的主张政策。这个政策的特点是反对把文化相关产品列入一般性服务贸易,认为文化具有相对独立性,所以在文化贸易相关领域不能使用 WTO 贸易自由原则。

随着"文化例外"相关观点的广泛传播,加拿大、西欧等国家和地区出于自身考量纷纷表示赞同。经过不断商讨协定,界定"文化例外"的六条标准随之颁布。与一般性商品的贸易壁垒相似,文化贸易壁垒也有关税、进口配额、出口补贴、进口许可、出口许可等壁垒。以关税为例,大国征收影视产品等文化产品的进口关税带有歧视性,高额的关税有部分会由出口商承担,而不是全部由进口国消费者承担[31],这就给出口国造成了额外负担。

13.5.3 影视产品的制作技术有限

我们以特效技术为例。从表 13.5.1 中国当前主流的影视特效公司成立时间统计中可看出,我国的影视特效公司成立时间大都不长,在 2005 年前后迎来了一批成立小高潮,经过 8 年时间沉淀,又在 2013 年左右迎来了成立的第二春[32]。通过进一步研究我们还可以发现,我国主要的影视特效公司在地域分布上也有自己的特点,它们主要集中在北京、上海这样的一线城市,以及南京、苏州、杭州这样的强二线城市。

表 13.5.1　中国当前的主流影视特效公司成立时间、所在地、代表作品相关统计

名称	成立时间/年	所在地	代表作品
原力动画	1999	南京	《爵迹》《GTA 手五》
华龙数字	2000	北京	《门徒》《大腕》《孔雀》《天下无贼》
PO 朝霆	2003	香港	《桃姐》《全城热恋》《一九四二》
若森	2003	北京	《侠岚》《画江湖》
Base FX	2005	北京	《特种部队2》《王的盛宴》《变形金刚4》等
彼岸天	2005	北京	《大鱼海棠》
玄机科技	2005	杭州	《秦时明月》
视点特艺	2005	北京	《唐山大地震》《满城尽带黄金甲》《集结号》
灵动力量	2007	北京	《齐天大圣前传》《圣徒》等
MOREVFX	2007	北京	《绣春刀之修罗战场》《悟空传》
米粒影业	2012	苏州	《龙之谷：破晓奇兵》《精灵王座》等
聚光绘影	2012	北京	《黄金时代》《大闹天宫》《狼图腾》等
东方梦工厂	2012	上海	《功夫熊猫3》
追光动画	2013	北京	《小门神》《阿唐奇遇》
东方梦幻	2013	北京	《太空学院》
橙视觉特效	2015	尼日利亚	《寻龙诀》《大话西游3》《催眠大师》
天工异彩	2013	北京	《狄仁杰之通天帝国》《画皮Ⅱ》《龙门飞甲》等

（资料来源：2018 年我国电影行业海外市场规模、特效工艺及主创力量分析. http://free.chinabaogao.com/chuanmei/201802/02263216302018.html）

由此可看出我国影视特效公司的短板：相对于美国、西欧这样的影视强国和地区的特效公司来说，我国的影视特效公司较为年轻化，产出不高，经验不足，而且它们大都分布在东部沿海地区的一线或强二线城市，中西部地区及三线城市较少，特效公司资源分布不均匀。

综上所述，影视产品中以特效为代表的科技应用确实会给电影播出后的票房收入带来影响。然而，我国影视产品中特效投入的效果与发达国家之间有显著的差距，特效的制作技术不够成熟，特效的投资回报率明显不及美国这样的影视强国[33]。同时，明显更低的拟合优度说明了国产电影中，特效的运用对拉动票房的增长相对影视强国的电影来说较难一些。许辉[34]也认为，美国

这样的影视发达国家善于利用高科技占领市场,电脑制作的特效是票房的最大保障,它的成本价甚至超过明星的片酬。这也难怪观众对《复仇者联盟》中的爆炸特效、《加勒比海盗》中主人公酷似八爪鱼的面部特效大加赞赏,而对最近几年国产热播剧中具有明显合成痕迹的群演及斩首画面颇有微词,吐槽其为"五毛钱特效"。

13.5.4 文化贴现

文化贴现又叫文化折扣,是指由于世界各地各民族生活习惯、发展水平不同,导致各地文化事象、文化背景差异巨大,国际市场中的某一文化产品不被一部分国家或地区受众认可,无法使其产生同理心和共鸣,进而导致这一文化产品贬值的现象。

各个国家或地区的文化差异可细分为物质文化差异和精神文化差异。

(1) 物质文化差异

公开资料显示,物质文化的通俗含义是指某个国家或地区的人以满足生存和发展需要为目的而创造的物质产品及其所体现的文化内涵,包括饮食、服饰、建筑、交通、生产工具、语言以及乡村、城市等,是文化事象的物质表现形式,是可见的显性文化。弗朗克斯通过实证分析说明了文化距离也会影响海外票房收入。在与美国文化距离较远的国家中,戏剧类影视作品和票房收入之间的负面关系更强。[35] 由于物质文化具有相对独立性,加之影视作品往往是一个国家或地区独特而众多的物质文化的载体,其所表现出来的物质文化内涵与影视产品进口国差异较大,甚至产生对立冲突,进而被进口国受众所排斥,因此文化贴现这一现象普遍存在,且始终影响影视贸易的进出口。

以2019年的动画历史类热播电影《白蛇:缘起》来举例,很多外国观众并不了解白蛇、青蛇、许仙的神话传说,自然也就不能对此部电影中中国古代文学元素的化用与现代言情和科技的结合感同身受。如电影前期的山水布景是按照具有典型喀斯特地貌的阳朔山水风光描绘而成的,也带有浓厚的中国水墨画韵味;而油纸伞这个意象取材于江南地区民间工艺与古代民间文学;"捕蛇村"这个场景的设定与柳宗元《捕蛇者说》中"然得而腊之以为饵,可以已大风、挛踠、瘘疠,去死肌,杀三虫。其始太医以王命聚之"又有异曲同工之妙;而又颇有《聊斋》中聂小倩"摄血以供妖饮"的影子。这些苦心孤诣的中国元素在外国观众眼里,可能都成了过眼烟云,最终这部电影在北美仅收获3万美元票房,仅占我国票房量的0.05%。

(2) 精神文化差异

精神文化,顾名思义,是指人类在进行物质文化基础生产的过程中逐渐形成的一种为人类所独有的意识形态，可以说它是人类各种意识观念形态的集合。精神文化差异影响影视作品的立意，也会对电影票房收入产生影响。下文主要探讨中西方影视文学作品中悲喜剧结尾的差异和英雄主义塑造上的差异。

中国古代和近代著名文学作品多以悲剧结尾，如《红楼梦》《水浒传》《三国演义》，以及《窦娥冤》《桃花扇》《雷雨》等，而到了现代，却常常喜好"大团圆"的喜剧性结局。据我国某著名编剧人介绍，如果影视作品结局是悲剧，很可能影响最终收视率，影响粉丝"二刷""三刷"的兴趣，所以即使故事过程"充满坎坷"，也要给观众留一个好的结局。如郭敬明导演的《小时代》系列以明面上的"众人团聚共唱友谊地久天长"结尾，令人啧啧赞叹，但普通观众却选择性地遗忘最后十几分钟内"走马灯""破碎的墙画"以及《友谊地久天长》这个曲子的真正内涵，而这二重悲剧性结尾才是作者真实想要表达的观点，却不得不隐藏起来。

像美国这样的超级大国，人民充分享受到了科技带来的便利，同时也开始担心科技过度发展的代价以及人工智能失控给世界带来的毁灭性后果[36]，它的影视作品往往以悲剧结尾，如《泰坦尼克号》《后天》《地心末日》等。

中西方文学影视作品中关于精神文化和英雄主义的宣扬历来也不尽相同。从古至今，我国神话传说、民间故事都受到儒家思想"忠""孝""礼""仁""义"等的熏陶，从上古时期的大禹治水"三过家门而不入"、神农氏"遍尝百草"，到儒家思想兴盛时期的"苏武牧羊北海边"、诸葛亮"奉命于危难之间，尔来二十有一年矣"，到明清话本里"吴头楚尾，官禄同归"的"梁山泊好汉"，再到近代《红灯记》里"鸠山设宴和我交朋友，千杯万盏会应酬"的李玉和，我们可以看出，我国古代人民对于英雄人物，不仅注重品行性格的塑造，而且关注对集体主义精神、服从精神和牺牲精神的刻画。可以说英雄人物是一切优秀道德品质和实干才能的"集大成者"，充分体现了普罗大众对"完美主义者"和"理想主义者"的一腔寄托。

而西方影视文学作品中的英雄人物，往往具有强烈的个人主义色彩，是平民英雄[36]，有点"中隐隐于市"的味道，英雄出自平凡，且身上也会有普通人的缺点，更具有现实感。如堂吉诃德是英雄也是可笑的化身；哈姆雷特同时身具人性多重复杂面；《野性的呼唤》中的巴克能英勇地救治主人桑顿，却也是"魔鬼中的魔鬼"；《悲惨世界》中的冉·阿让成为市长后乐善好施，却也有偷走主教家银器的黑历史；推动美国南北战争的《汤姆叔叔的小屋》中为众人敬仰的黑奴汤姆辗转几个主人也会因为不堪折磨而死去；《乱世佳人》的女主角郝思嘉既勇敢拯救塔拉庄园，又曾虚荣伪善欺骗爱人。对英雄主义观念的不同体现出中西方文化中不同的价值观，可能也是今天《哪吒之魔童降世》《战狼2》在国内"大热"却在海外"遇冷"的重要原因。

13.5.5 小结

本节在第四节的基础上,用理论分析的方法,进一步探索了导致我国影视产品出口国际认可度不够高、合拍片效果不够好的原因。经过对多方面资料的收集、整理和研究,总结出了以下几点因素:从我国角度,我国的经济发展有限,致使投放在影视产品这样的服务型产品中的资金相对发达国家来说要少,在一定程度上影响了影视产品的质量;从他国角度,影视贸易强国经过多年的发展和探索,早已颁布了相关政策,限制他国影视产品的进口以保护本国影视产品,从而形成文化贸易壁垒,给我国影视产品出口增添了难度;此外,影视产品毕竟是娱乐性产品,是物质资料生产发展到一定阶段的产物,因此属于"上层建筑",由于经济基础欠发达,我国的科技发展也受到一定限制,表现为影视产品制作技术不够;同时,我国的文化传播也受到一定影响,文化贴现所带来的物质文化差异和精神文化差异也未能得到明显的减少。

13.6 影视产品出口影响因素实证分析——以出口北美为例

13.6.1 变量选取及数据描述

(1) 变量选取

本节主要研究的是我国国产电影出口情况受到哪些虚拟因素影响,结合以往学者的研究与本章写作结构,本章主要考虑电影题材(TC)和企业规模(SIZE)两个因素的影响,选取的因变量则为样本电影在北美的票房。

文章数据主要根据北美权威票房统计网站 Box Office Mojo、CBO 中国票房整理所得,选取的样本电影为 2015—2019 年的所有国产热播片,辅以 2005—2014 年的热播片(不含 Box Office Mojo 上未进行北美票房统计的国产热播片)。上映年份指的是样本电影在北美上映的时间,如果上映年份时间跨度超过 1 年,那么以该部电影最主要的上映年份进行统计;CBO 中国票房上的票房收入统计单位为人民币,按 6.9 的汇率折合成美元进行统计;样本中的电影出品方往往涉及多家企业,主要出品公司的选取是按照企业知名度与企业对电影制作过程的贡献度综合判定的结果。最后样本共包含 62 部电影。样本整理见表 13.6.1。

表 13.6.1 影响我国国产电影出口的虚拟因素——以北美为例

序号	年份	电影名称	题材	主要出品公司	出品公司规模	出品企业注册资本/万美元（人民币折算成美元）	北美票房/万美元
1	2019	《哪吒之魔童降世》	动画/历史	光线传媒	大型企业	42 516	102
2	2019	《流浪地球》	科技/动作	北京文化	大型企业	10 375	588
3	2019	《我和我的祖国》	剧情	博纳影业	大型企业	15 936	236
4	2019	《中国机长》	剧情	博纳影业	大型企业	15 936	71
5	2019	《少年的你》	剧情	阿里影业	大型企业	5 942	192
6	2019	《扫毒2：天地对决》	科技/动作	寰宇娱乐	小型企业	145	61
7	2019	《攀登者》	剧情	阿里影业	大型企业	5 942	49
8	2019	《比悲伤更悲伤的故事》	剧情	好好看文创	小型企业	3	72
9	2019	《叶问4：完结篇》	科技/动作	博纳影业	大型企业	15 936	287
10	2019	《银河补习班》	剧情	光线传媒	大型企业	42 516	8
11	2019	《反贪风暴4》	科技/动作	东方影业	大型企业	1 449	33
12	2019	《白蛇：缘起》	动画/历史	追光动画	小型企业	52	3
13	2018	《红海行动》	科技/动作	博纳影业	大型企业	15 936	154
14	2018	《唐人街探案2》	科技/动作	万达影视	大型企业	10 870	198
15	2018	《捉妖记2》	科技/动作	蓝色星空	中型企业	725	71
16	2018	《一出好戏》	剧情	上海瀚纳影视	中型企业	435	67
17	2018	《超时空同居》	科技/动作	真乐道文化	小型企业	72	75
18	2018	《西游记之女儿国》	动画/历史	星皓影业	中型企业	725	19
19	2018	《黄金兄弟》	科技/动作	耀莱影视	中型企业	725	29
20	2017	《战狼2》	科技/动作	北京文化	大型企业	10 375	272
21	2017	《前任3：再见前任》	剧情	华谊兄弟	大型企业	40 405	84
22	2017	《西游伏妖篇》	动画/历史	华谊兄弟	大型企业	40 405	88
23	2017	《芳华》	剧情	东阳美拉传媒	小型企业	72	190
24	2017	《乘风破浪》	剧情	博纳影业	大型企业	15 936	47
25	2017	《大闹天竺》	科技/动作	霍尔果斯	大型企业	8 116	29
26	2017	《绣春刀Ⅱ：修罗战场》	动画/历史	北京自由酷鲸	小型企业	54	1

(续表)

序号	年份	电影名称	题材	主要出品公司	出品公司规模	出品企业注册资本/万美元（人民币折算成美元）	北美票房/万美元
27	2016	《美人鱼》	科技/动作	华谊兄弟	大型企业	40 405	323
28	2016	《湄公河行动》	科技/动作	博纳影业	大型企业	15 936	80
29	2016	《叶问3》	科技/动作	东方影业	大型企业	1 449	268
30	2016	《从你的全世界路过》	剧情	光线传媒	大型企业	42 516	74
31	2016	《寒战2》	科技/动作	安乐（北京）	小型企业	14	56
32	2016	《铁道飞虎》	科技/动作	耀莱影视	中型企业	725	22
33	2016	《封神传奇》	动画/历史	博纳影业	大型企业	15 936	18
34	2015	《鬼吹灯之寻龙诀》	科技/动作	万达影视	大型企业	10 870	124
35	2015	《夏洛特烦恼》	剧情	开心麻花	大型企业	5 188	129
36	2015	《老炮儿》	剧情	华谊兄弟	大型企业	40 405	142
37	2015	《天将雄师》	动画/历史	华谊兄弟	大型企业	40 405	7
38	2015	《恶棍天使》	剧情	光线传媒	大型企业	42 516	13
39	2015	《我是证人》	剧情	嘉行传媒	中型企业	725	42
40	2014	《心花路放》	剧情	北京文化	大型企业	10 375	78
41	2014	《智取威虎山》	科技/动作	博纳影业	大型企业	15 936	23
42	2013	《狄仁杰之神都龙王》	科技/动作	华谊兄弟	大型企业	40 405	9
43	2013	《一代宗师》	科技/动作	博纳影业	大型企业	15 936	659
44	2012	《人再囧途之泰囧》	剧情	光线传媒	大型企业	42 516	6
45	2012	《消失的子弹》	科技/动作	乐视影业	大型企业	12 127	12
46	2012	《一九四二》	剧情	华谊兄弟	大型企业	40 405	31
47	2012	《画皮Ⅱ》	动画/历史	华谊兄弟	大型企业	40 405	5
48	2011	《金陵十三钗》	剧情	北京新画面	小型企业	14	31
49	2011	《龙门飞甲》	动画/历史	博纳影业	大型企业	15 936	17
50	2011	《不再让你孤单》	剧情	博纳影业	大型企业	15 936	7
51	2011	《战国》	动画/历史	星光灿烂	小型企业	3	7
52	2011	《白蛇传说》	动画/历史	巨力影视	大型企业	3 623	2

(续表)

序号	年份	电影名称	题材	主要出品公司	出品公司规模	出品企业注册资本/万美元（人民币折算成美元）	北美票房/万美元
53	2011	《美丽人生》	剧情	博纳影业	大型企业	15 936	7
54	2010	《狄仁杰之通天帝国》	科技/动作	华谊兄弟	大型企业	40 405	46
55	2010	《刀见笑》	科技/动作	北京创轶环球	小型企业	178	5
56	2008	《赤壁(上)》	动画/历史	中影集团	大型企业	17 942	63
57	2008	《长江7号》	科技/动作	中影集团	大型企业	17 942	21
58	2006	《满城尽带黄金甲》	动画/历史	北京新画面	小型企业	14	657
59	2006	《霍元甲》	科技/动作	感动人生	小型企业	43	2 463
60	2005	《功夫》	科技/动作	华谊兄弟	大型企业	40 405	1 711
61	2005	《十面埋伏》	动画/历史	北京新画面	小型企业	14	1 105
62	2005	《无极》	科技/动作	中影集团	大型企业	17 942	67

其中，企业规模这一变量主要依据《关于印发中小企业划型标准规定的通知》对样本电影的出品公司进行划分，共分为大型企业、中型企业和小型企业三类。在建模过程中利用虚拟变量对不同类型的企业进行划分，由于企业共有三类，本章引入两个虚拟变量，分别记为 $SIZE_1$、$SIZE_2$，基准样本为小型企业，虚拟变量的含义如下：

$$SIZE_1 = \begin{cases} 1 & \text{出品公司为大型企业} \\ 0 & \text{其他} \end{cases} \qquad SIZE_2 = \begin{cases} 1 & \text{出品公司为中型企业} \\ 0 & \text{其他} \end{cases}$$

对于电影题材的划分，由于本章选取样本较少，若按照明细类型进行划分，则会导致每一类的样本数量更少，影响模型结果，因此本章进行了类别的合并。首先，考虑到我国的国产动画往往具有浓厚的历史元素，因此将动画类和历史类合并；其次，考虑到我国的国产动作片里打斗场面往往用到高科技产品（比如新式武器、高新通信设备等），而科技产品的性能也往往需要通过人的动作展现出来，故而将动作类和科技类合并；最后，将主要运用剧情内容和故事线推动影片发展的电影归为剧情类。因此电影类型共分为三类，本章研究同样利用两个虚拟变量对电影题材进行归类，分别记为 TC_1、TC_2。

$$TC_1 = \begin{cases} 1 & \text{电影为动作/科技类} \\ 0 & \text{其他} \end{cases} \qquad TC_2 = \begin{cases} 1 & \text{电影为剧情类} \\ 0 & \text{其他} \end{cases}$$

(2) 数据描述

对本章研究选取的变量进行描述性统计,从而直观了解样本的基本特征。首先对不同题材类型的样本的北美票房进行描述性统计分析,结果如表 13.6.2 所示。

表 13.6.2 不同题材类型的描述性统计

	全样本	动画/历史类	剧情类	动作/科技类
票房平均值/万美元	183.161 3	149.571 4	75.047 6	284.666 7
票房最小值/万美元	1.000 0	1.000 0	7.000 0	5.000 0
票房最大值/万美元	2 463.000 0	1 105.000 0	236.000 0	2 463.000 0
样本量/部	62	14	21	27

从表 13.6.2 中可以看出,在所有的 62 部电影中,平均北美票房为 183.161 3 万美元,票房最高为 2 463 万美元,票房最低为 1 万美元,各电影之间的票房差异较大。动画/历史类题材的电影共有 14 部,平均北美票房为 149.571 4 万美元,票房最低为 1 万美元,最高为 1 105 万美元;剧情类题材的电影共有 21 部,平均北美票房为 75.047 6 万美元,票房最低为 7 万美元,最高为 236 万美元;动作/科技类题材的电影共有 27 部,平均北美票房为 284.666 7 万美元,票房最低为 5 万美元,最高为 2 463 万美元。总体来看,在三类不同题材的电影中,动作/科技类最受欢迎,其次是动画/历史类,最后才为剧情类。

其次对不同企业规模出品的电影的北美票房进行描述性统计分析,结果如表 13.6.3 所示。

表 13.6.3 不同企业规模的描述性统计

	全样本	大型企业	中型企业	小型企业
票房平均值/万美元	183.161 3	148.372 1	41.666 7	363.538 5
票房最小值/万美元	1.000 0	2.000 0	19.000 0	1.000 0
票房最大值/万美元	2 463.000 0	1 711.000 0	71.000 0	2 463.000 0
样本量/部	62	44	6	13

从表 13.6.3 中我们可以看出,所有样本中,大型企业出品的电影共有 44 部,平均北美票房为 148.372 1 万美元,票房最低为 2 万美元,最高为 1 711 万美元;中型企业出品的电影共有 6 部,平均北美票房为 41.666 7 万美元,票房最低为 19 万美元,最高为 71 万美元;小型企业出品的电影共有 13 部,平均北美票房为 363.538 5 万美元,票房最低为 1 万美元,最高为 2 463 万美元。总体来看,三类不同规模的企业中,票房最高的是小型企业出品的,其次是大型企业,最后是中型企业。

13.6.2 模型构建

结合前文选取的变量,本章主要利用多元线性回归方法进行建模分析,模型如下:

$$\ln PF = \beta_0 + \beta_1 SIZE_1 + \beta_2 SIZE_2 + \beta_3 TC_1 + \beta_4 TC_2 + \varepsilon \quad (13.1)$$

式中,$\ln PF$ 表示的是样本电影北美票房的对数值;$SIZE_1$、$SIZE_2$ 表示的是出品企业规模的虚拟变量;TC_1、TC_2 表示的是电影题材的虚拟变量;ε 为模型的随机误差项。

13.6.3 实证分析

利用 SPSS 软件对模型进行估计,为了能具体分析企业规模和电影题材对北美票房的影响,本章建立了三个不同的模型,分别为仅引入企业规模的回归模型、仅引入电影题材的回归模型、同时引入企业规模和电影题材的回归模型,三个模型的因变量均为北美票房的对数值,回归模型结果如表 13.6.4 所示。

表 13.6.4 回归模型结果

	模型 1	模型 2	模型 3
常数项	3.952*** (8.565)	3.050*** (7.282)	3.195*** (5.983)
$SIZE_1$	0.022 (0.041)		−0.179 (−0.349)
$SIZE_2$	−0.350 (−0.427)		−0.604 (−0.765)
TC_1		1.425*** (2.761)	1.473*** (2.780)

(续表)

	模型 1	模型 2	模型 3
TC_2		0.773* (1.830)	0.822* (1.873)
R^2	0.067	0.341	0.354
F 值	3.133	3.888	4.044
Prob（P 值）	0.038	0.026	0.011

注：*、*** 分别表示在 10%、1% 的显著性水平下显著。括号内表示的是系数的 t 值。

表 13.6.4 反映了三个不同模型的回归结果，接下来对每一个模型单独进行分析。

模型 1 主要研究的是出品企业的规模是否会对我国国产电影的北美票房造成差异影响，基准为出品企业为小型企业。从模型 1 的结果来看，模型的 R^2 仅为 0.067，模型的回归拟合结果较差。而模型的 F 值为 3.133，对应的 P 值为 0.038，小于 5% 的显著性水平，表明利用线性回归模型是合理的。从各系数来看，两个虚拟变量 $SIZE_1$、$SIZE_2$ 的系数均不显著，表明相对于基准模型，即小型企业而言，中型企业以及大型企业出品的电影的北美票房并不具有显著优势，各规模之间不存在显著差异，即我国国产电影是否能在北美市场获得突出票房并不受出品企业规模的显著影响。

模型 2 主要研究的是不同电影题材是否会对我国国产电影的北美票房造成差异影响，基准为动画/历史类题材的电影。从模型 2 的结果来看，模型的 R^2 为 0.341，F 值为 3.888，对应的 P 值为 0.026，表明模型是显著的。从具体的系数来看，TC_1 的系数是显著的，系数为 1.425，对应的 t 值为 2.761，系数显著为正，而 TC_1 衡量的是动作/科技类的电影题材，说明相较于动画/历史类题材的电影而言，动作/科技类题材的电影所获得的北美票房要更高，此类题材的电影更容易受到北美市场的欢迎。TC_2 的系数为 0.773，系数对应的 t 值为 1.830，在 10% 的显著性水平下显著为正，而 TC_2 衡量的是剧情类电影，因此可以认为相较于该模型的基准题材（动画/历史类）的电影而言，剧情类电影获得的北美票房也是略高的，但小于动作/科技类所获到的票房。总体来看，三类题材的电影中，最受北美市场欢迎的是动作/科技类，其次是剧情类，最后才是动画/历史类电影。

模型 3 主要研究的是不同电影题材、不同企业规模是否会对我国国产电影的北美票房造成差异影响。从模型 3 的结果来看，模型的 R^2 为 0.354，F 值为

4.044,对应的 P 值为 0.011,表明模型是显著的。从各系数的显著性来看,企业规模的两个虚拟变量系数同样不显著,表明企业规模并不会对北美票房造成显著影响。而电影题材的两个虚拟变量系数分别为 1.473、0.822,分别在 1‰ 和 10% 的显著性水平下显著,并且动作/科技类的系数要高于剧情类的系数,且均为正值,说明相较于动画/历史类电影,动作/科技类电影、剧情类电影均能获得更高的票房,并且动作/科技类电影的受欢迎程度最高。

13.6.4 小结

本小节主要探讨影响我国影视产品出口的虚拟因素。以出口北美的电影为例,以电影题材和出品企业规模为自变量,以该电影在北美的票房为因变量建立多元回归方程,进行实证分析。

根据本小节实证分析可知,模型 1 不成立;模型 2 在不考虑企业因素时,一部动画/历史类电影能带来 3.050 万美元票房,相较于动画/历史类,每部科技/动作类电影能多带来 1.425 万美元票房,每部剧情类电影能多带来 0.773 万美元票房;模型 3 考虑了企业因素,此时一部动画/历史类电影能带来 3.195 万美元票房,相较于动画/历史类,每部科技/动作类电影能多带来 1.473 万美元票房,每部剧情类电影能多带来 0.822 万美元票房。

因此,影视作品题材的选择也是影响出口票房的重要因素之一,且文化折扣相对较低的科技/动作类电影和剧情类电影比文化折扣相对较高的动画/历史类电影更容易收获相对较高的票房。由于美国本土产出大量科幻片的原因,科幻片受欢迎程度还要略高于剧情类电影。

13.7 影视产品出口强国发展历程

第二次世界大战以后,世界各国进入一个相对和平稳定的时期。各国纷纷着力于发展经济、政治,这也带动了以影视产业为代表的文化产业的发展。如今,世界上已经出现了一些影视产品贸易强国,它们的电影和电视作品已出口至各个大洲各个国家,在世界范围内产生了深远的影响。本章选取了西欧、美国、韩国这几个影视产品出口强国和地区,分别作为拥有着全球绝大多数发达国家的欧洲、北美洲、亚洲的典型代表。通过分析研究它们的影视发展历程以及相关经验,提炼出发达国家和地区发展其影视产品出口的策略,对结合我国自身国情,探索适合我国的影视产品出口之路具有重要的借鉴意义。

13.7.1 西欧影视产品出口

在文艺复兴与工业革命的双重影响下,西欧成为影视产业的摇篮,丝毫不令人感到意外。作为世界文化之都的法国是世界电影的诞生地。1895年卢米埃尔兄弟展示了《工厂大门》《火车进站》等多部可以放映一分钟的影片,标志着无声电影的诞生。无声电影具有声音与画面相对脱节、喜剧的倾向性、色调只有黑白两色、故事情节简洁明快、剧情有即兴性、演员表演相对生动夸张的特点[37]。索林和威廉姆斯也得出了相关结论[38]。此后,电影一直在默片时代平稳发展,法国和德国先后兴起"先锋派电影"运动,代表作有《西班牙的节目》《微笑的布迪夫人》等,其特点是不以盈利为目的、反传统叙事结构而强调纯视觉效应。直到1927年,电影《艺术家》最后一分钟开始出现气息声、走路声、言语声等,标志着有声电影时代的来临。

两次世界大战后,世界电影中心转向美国好莱坞,而西欧作为世界大战的主战场之一满目疮痍,百废待兴。随着"马歇尔计划"的实施与欧洲共同体的建立,西欧的各项产业迅速恢复,影视业进入了一个新的发展阶段,"意大利新现实主义"应运而生。意大利新现实主义顾名思义,注重影视作品题材的真实性,又结合文艺复兴运动的底蕴,大力推崇纪实性美学原则,反对影视作品中戏剧化的套路模式与生硬构造的人为矛盾冲突。由于此类电影强调对真实、对本性的追求,因此有人喊出了"把摄像机扛到大街上去"的口号,着眼于实景拍摄而不是虚拟背景靠特效合成,甚至流行雇佣非职业演员。[39]代表作有《罗马,不设防的城市》《游击队》《德意志零年》,这三部影视作品被称作"战争三部曲",标志着新现实主义进入黄金时代。

继"先锋派电影"运动与"意大利新现实主义"运动开展之后,第三次对整个欧洲电影产生巨大影响的运动当属20世纪50年代末兴起的"法国新浪潮电影"运动。它往往用大量镜头渲染人内心世界的彷徨失意,以反映世界的荒诞为主,具有强烈的悲观主义与主观主义思想;同时,它是对新现实主义的继承和发展,电影场景的镜头抓取具有随意性和自由性,跟拍、抢拍、横移等拍摄手法比比皆是。代表作有运动初期的《表兄弟》、中期的《精疲力竭》以及后期的《巴黎属于我们》。20世纪60年代后,新浪潮的模式和风格开始被世界上其他国家广泛采用。

18世纪初期的西欧,默片市场逐渐发展兴盛,法国百代电影公司设计并发展了依托高效分销网络的租赁系统,旨在将出租影片的放映权规范化、市场化。这种机制使电影产业"制片、发行和放映一体化"逐步形成。据统计,当时世界范围内60%~70%的影片都产自巴黎。

第一次世界大战后,西欧影视业遭遇重创,美国好莱坞的崛起对西欧各影视大国造成不小的冲击,这时法国和德国纷纷实行"配额制",对进口的国外影片甚至播放配有本国语言字幕影片的电影院数量进行严格限制,同时大力鼓励本国电影作品的出口,以此保护本国影视业。

第二次世界大战后,美国影片迅速占领了西欧市场,欧洲本土影片的生存受到威胁。于是,法国政府修改了此前与美国签订的"配额制",对进口的美国影片征收额外的附加税,从而使法国本土影片的发展渡过了困难期。随着法国电影对外传播协会的成立,20世纪50年代后,法国输出海外的影片数量也增加至第二次世界大战刚结束那几年的3倍,政府将从海外影视贸易中赚得的钱又投入本国电影的管理和发展,形成良性循环。[40]与此同时,西欧其他国家也对本国影视产业实施各种各样的保护政策。如瑞士成立了电影社,对优秀电影颁发奖金;英国和瑞典为本国影视产品发展和出口提供拨款援助,人均分别拨款1.33美元和2美元。[41]到了20世纪90年代,法国为促使影视产业进军东南亚,每年固定对约20部本土影片在东南亚的发行提供资金补助。此外,戛纳电影节的举办也为法国影视产品出口打通了门路。

进入21世纪,西欧各国紧跟数字化时代潮流,对影视产业结构进行了战略性调整。电影收入中票房和DVD产品比重逐渐减少,而电影在线点播的订阅数量快速增长。还是以法国为例,2013年法国在线点播收入超过2.398亿欧元,比2006年刚起步时增长了17.14倍,票房收入占电影相关产品收入的比重已下降至15%左右。同时,西欧各国对影视产业的财政扶持、税收优惠、版权保护以及一系列出口扶持政策大大推进了各国影视产品出口的发展进程。[42]

13.7.2 美国影视产品出口

美国影视产业的发展从1893年爱迪生发明电影视镜开始。Bilton[43]认为,与西欧一样,19世纪初美国影视作品也以默片为主。此时,电影产业基地主要在纽约,爱迪生成立的电影专利公司牢牢把控着电影产业的命脉。一些中小型的电影公司为了逃避专利公司的高额征税与收益分成,便不得不逃离纽约,四处寻找新的电影基地,最后,他们在洛杉矶郊区的小村庄好莱坞扎根。

从1911年开始的几十年间,好莱坞进驻大量影视公司、制片商与摄影组,从最初只有十来家影视公司的小型影视作品拍摄基地发展成如今的世界电影之都,几乎完全取代了爱迪生影片。两次世界大战的战火均未波及美国境内,这也给好莱坞在本国的长足发展、在世界范围内进行文化渗透带来契机。与西欧影片追求艺术美感与精神世界的展现不同,好莱坞里各大出品商将美国影片定义为"赚钱的工具",而非表达手段。[44]Brookey等[45]也认为,好莱坞的发展策略是专注于市场成功,而非侧重于对创造力的支持。这也致使美国影视早早走上产业化道路,给美国财政带来巨额收入。

好莱坞能取得今天的辉煌成就,与其有效的管理机制和出口政策息息相关。早在美国建国初期,就将知识产权的保护规范化、法律化,美国是唯一将保护专利权和版权写进《宪法》的国家。对知识产权的严密保护维护了市场公平竞争环境,大大激励了科学技术的不断发展,也使科技手段在影视作品中广为应用,如《阿凡达》《碟中谍》系列等。

20世纪初期,明星制的创立也加速了好莱坞的发展。所谓明星制,就是在电影制作过程中以明星为中心的创作机制。好莱坞各公司里有外形、气质、性格、戏路各异的明星,专业的营销团队会根据不同明星的特点,迎合市场需求,对明星进行全方位的包装和宣传,实现明星的资本效益最大化。[46]我国目前明星的"立人设"与此有些类似。

到了20世纪60年代,电影分级制应运而生。它根据影片的不同内容和主题,将电影进行分类和定级,分为大众级、普通级;对于包含成人内容的影片,比如性爱、暴力、毒品、粗俗语言等,将其划分成特定级别——特别辅导级、限制级、17岁及以下观众禁止观看级,并规定每一个级别所允许面对的受众,特别是起到对未成年人观赏影片进行正确引导的作用。这样做虽然会导致一部分观众,特别是青少年观众群体的流失,但站在了道德制高点,维护了本国电影形象,为本国电影运营机制收获了良好口碑,对电影出口也有一定的正向作用。

20世纪末至21世纪初,政府逐步放宽了对电影、电视等影视产业的所有权限制,互联网等行业进入影视文化相关产业,掀起空前的媒体合并狂潮。例如,全球电脑市场的领头羊联想集团与好莱坞巨头之一迪士尼影视公司强强联合,推出了一款由超级IP星球大战改编的AR游戏——《星球大战:绝地挑战》。柏林国际电子消费品展览会期间发布的Lenovo Mirage就是运行此游戏的沉浸式AR设备。[47]通过发展类似手游,不仅拓宽了影视产品的营销渠道,还增添了影视相关产品的多样性和丰富性。

此外,好莱坞的发展还有两个明显的优势——完善的产业内合作机制与明显的顾客需求导向。

产业内合作机制,是指从剧本的挑拣,到一个具体的剧本的开发和改编,再到电影前期筹备、中期拍摄、后期制作、宣发等是一个完整的流程,就好比工厂作业的一整条流水线。在这个完整的过程中好莱坞形成了明确而完善的分工体系,服装部,道具部,制作部,会计部,宣传部等各个部门各司其职,各尽所长,又密切配合,大大提高了影视作品的制作效率,又节省了不必要的成本开支,促使要素聚集、知识溢出等,大大促进了本国影视产品及影视贸易的发展。

顾客需求导向,通俗来说,就是拍顾客想看的,做顾客想买的,一切以顾客为中心。比如美国著名影片供应商 Netflix 通过大数据收集、分析目标受众偏好,精心打造大热美剧《纸牌屋》,收获世界范围内众多观众的好评[48];再比如,很多影迷慕名来好莱坞,想一睹明星风采,但是往往失望而归,为了留住游客,政府在好莱坞旁边建立迪士尼主题乐园,并根据著名电影内容诸如米老鼠、加勒比海盗、睡美人等构建不同的主题游览模块,将虚拟故事带入现实世界,满足影迷粉丝们心理期盼的同时,间接提高了影视作品的知名度。

13.7.3　韩国影视产品出口

韩国是亚太地区为数不多的影视文化贸易强国之一。然而它的发展历程也经历几起几落。

韩国影视的开端是从 1903 年法国卢米埃尔兄弟制作的电影传入国内开始的。1919 年金陶山主演的电影《义理的复仇》成功上映,标志着韩国拥有了自己的第一部本土影视作品。此后韩国又陆陆续续拍摄了约 70 部国产默片电影,迎来了第一次"黄金时代"。[49]此后由于世界大战的缘故,韩国本土电影的发展一直被以日本为代表的国家牢牢制约,影视产业停滞不前。

1953 年底,朝鲜战争正式结束,国内政治环境趋于稳定,经济秩序逐步恢复,政府开始将眼光投入影视发展中。1954—1961 年,李承晚政府和朴正熙颁布了一系列与影视有关的政策和法律,在一定程度上促进了本国影视产业的发展。据统计,在 1961—1969 年间,人均观影次数从 2.3 次增长到 5.6 次。此时的韩国迎来了影视产业的第二次"黄金时代"。

在此后的十年时间里,韩国影视产业迎来寒冬。朴正熙的军人政权统治将魔爪伸向整个影视行业,试图将影视作品沦为军事独裁的傀儡。对《电影法》的第 4 次修订中加大了"双审制"的力度,使一大批优秀导演失去自由创作剧本的权利,流失了一大批影视拥趸。

1980 年后,电影产业的特惠性垄断结构终于被打破。公平化、市场化的竞争随即开始,再一次刺激了沉寂已久的影视行业,各种各样的影片如雨后春笋般一茬一茬生长。这一次,政府不再强制干预影视产业的自由发展,而是竭尽所能提供资金援助与政策支持。在韩国自上而下的文化改革和全民努力下,韩国电影业成功渡过 1997 年亚洲金融危机与 2008 年影视产业泡沫危机,进入全盛时期,并能与好莱坞的文化渗透进行强有力的对抗。

如今,"韩流"作为韩国影视剧、音乐以及文娱相关产业地区性影响的代名词,早已深入我国寻常百姓家。

韩国影视产业的转折和腾飞自20世纪80年代《电影法》第5次修订开始。20世纪80年代,林权泽、林昌东等韩国影视人纷纷留洋,去西欧、美国等地学习先进的影视技术,以期发展韩国本地影视产业。与此同时,韩国高度重视影视教育和影视人才储备。韩国著名的高等学府,如汉阳大学、韩国艺术综合大学都相继开设了电影艺术相关专业,并聘请了国内著名影视人作为兼职导师[50];韩国的"造星流水线"也在逐步发展壮大,著名的SM娱乐有限公司1995年成立,以严苛的选拔制度和培训制度为韩国文化产业输送优质明星。

1997年亚洲遭遇的金融风暴,给各国造成不小的损失。此时,韩国看出发展媒体和流行文化的重要性,便提出了"文化立国"的重要国策,颁布了《文化产业发展五年计划》,并喊出了5年以内要把文化产业市场份额从1个百分点增加至5个百分点的口号,自上而下引导韩国文化产业的改革。同年,文化产业基金会成立。20世纪90年代末至21世纪初的韩国在发展文娱产业上下足了功夫。1994年成立了文化产业局,1995年制定了《电影促进法》,1996年第一届釜山电影节在南浦洞成功举办,1999年政府审议通过了《文化产业振兴法》,2001年建立了韩国文化产业振兴院。这一系列政策和措施大大促进了韩国以影视产业为代表的文化产业的发展,截至2002年,韩国电影出口额达到1 100万美元,约是1995年的50倍;电视剧出口额达到1 693万美元,出口总集数超过12 000集[51]。

2008年后,韩国为了应对影视产业泡沫危机,从对制作"大片"的过度着迷中及时抽身而出,转而着力制作"小而精"的电影以扭转颓势。如25亿韩币投资费的《非常主播》收获825万人次票房,5 000万韩币投资费的《牛铃之声》收获300万人次票房等。

同时,韩国迅速调整影视产业的战略结构,根据数字化时代的特征,大力发展影视相关产业,拓展影视产品附加值市场,特别是注重网络平台和智能手机付费下载业务和旅游业的发展。据统计,2018—2019年利用手机程序收看韩国影视的人是最多的,占比达到63.9%;且韩国影视作品的受众国际化程度很高,近七成新加坡人有收看韩国影视的习惯,超六成马来西亚人和印度尼西亚人是韩国影视的粉丝。在旅游业方面,韩国国土交通部表示,2019年1月航空旅客人数同比增加5.1%,达1 058万人次,创历年1月航空旅客人数的最高纪录,也是继2018年8月以后第二高的单月纪录。值得一提的是,国际航线旅客人数同比增加6.6%,达802万人次[52],这也证明影视产业成功吸引众多外国游客,真正做到走向世界。经过短暂调整,韩国影视重振雄风。截至2019年末,本年内韩国累计电影观影人次已破2亿。

13.7.4 小结

在理论分析和实证分析我国影视产品出口的影响因素后,本章又以西欧、美国和韩国作为研究对象,按照时间顺序,以工业革命、两次世界大战、第二次世界大战后经济复苏时期、第三次科技革命、21世纪等重要历史时期作为论述节点,梳理相关脉络并探讨影视产品出口强国和地区的发展历程及相关经验。

通过查阅相关文献并进行资料整理可知,西欧是影视产品出口的发源地和最早的霸主,"一体化"机制将影视产品规范化、商品化传入世界各地。而美国依靠早早出台保护知识产权的相关法律,富有创造力的明星制以及好莱坞以盈利为目的的经营理念为本国影视产品出口强势崛起奠定了基础。两次世界大战后,美国影视产品抓住机遇,并依靠完善的产业内合作机制与顾客需求导向的战略取代西欧,遥遥领先于其他各国。而依靠历史底蕴逐渐复苏的西欧影视产品和代表影视界"新生代"的韩国影视产品依靠"比额制"和"文化立国"的策略,根据各自国情不断改革,纷纷把本土的影视产品"做大做强",渐渐摆脱了美国影视产品对本国市场的绝对主导,并使之"走出去"与美国影视产品相对抗。这些国家的影视产品出口历程及相关经验对我们国家发展自己的影视产品出口具有很好的借鉴意义。

13.8 结论与建议

随着经济不断发展,世界各国贸易范围不断扩大,影视产品作为我国的新兴产品,以及其兼具商业与文化特性的特点,成为国内许多人的研究对象。

影视贸易的发展需要一代代人的前仆后继,需要各种知识技能和管理体系的积累,量的堆砌才能产生质变,引领我国走上影视产品出口强国之路。由于影视产品的发展道路是曲折性与前进性的统一,而研究影视产品出口又是个螺旋式上升的过程,因此研究者需不断关心影视产品出口的国际动态,不断收集影视产品相关数据,不断分析、探索,紧跟时代潮流,锐意进取,才能真正做好相关研究。

本章所选取的影视作品以及相关数据都截至2019年底。开篇通过简单介绍选题背景与研究意义、国内外影视贸易研究现状,以及与影视贸易相关的概念和理论,对论题做了粗浅的描述,也为接下来的研究、分析和论述打下基础;接着,本章概述了我国影视产品的发展历程,并通过对现有图表等相关数据的收集整理,分析并提炼了以电视节目、电影节目为代表的我国影视产品的出口现状;进而运用图表分析法、实证分析法、比较分析法等常见方法,通过理论分析与实证分析,探索了影响我国影视产品出口的原因。值得一提的是,本章还选取了西欧、美国、韩国这几个影视产品出口强国和地区作为代表,通过分析研究它们的影视发展历程以及相关经验,提炼出发达国家和地区影视产品出口的策略,进而将影响我国影视产品出口的因素与影视贸易发达国家和地区的相关经验制度相结合,并参考我国具体国情,得出我国影视产品出口的应对之策。

对策建议:

(1) 加强影视产业相关政策扶持和法治建设

影视产业相关政策,包括影视作品海外出口支持政策以及国内著名影视基地的建设与发展政策;法治建设,最主要的是完善《中华人民共和国著作权法》。

首先,从本章文化贸易壁垒的阻碍分析和各影视强国发展本国影视产品海外出口的经验来看,政府具有针对性的政策扶持必不可少。

通过查阅资料可知,我国早已成立中国文化基金会、中国国际文化交流基金会、中国电影海外推广公司等专门协会,为国与国间文化交流和具有潜力的国产影视作品进行融资,且资金补助金额颇丰。然而,世界范围内多个国家,尤其是发达国家都纷纷出台自己的文化保护政策,限制每年的影视进口数量,给我国国产影视产品的出口增加了难度。

对此,笔者认为,我们可以效仿20世纪90年代法国为进军东南亚影视产业,对本国优质影片在东南亚的成功发行进行资金补助的做法,不仅在优质影视作品制作过程中进行投资,更着力于对其出口海外进行资金支持,也可出台优秀影视作品海外奖励政策,具体奖金数额与电视节目的海外播放量、电影的海外票房收入和所获海外奖项挂钩。这样可以激发出品方推动影视作品"走出去"的热情,更好地为影视产品的出口"保驾护航",提升其国际竞争力,帮助其更顺利地打入国外市场,特别是发达国家的影视圈。

其次,我们以我国著名影视基地——横店影视城为例论述加快国内著名影视基地的建设与发展政策。通过本章美国好莱坞影视基地发展情况的研究,我们可以发现好莱坞周围已经构建形成了影视集群化模式,吸引了一大群海外游客,他们通过参观游览好莱坞影视城、迪士尼主题公园,对该国电影有了更深层次的了解,成了该国电影的间接"宣传员",促进了该国电影"走出去"。

而我国横店影视城也享有"中国好莱坞"的美誉。但是,截至2019年,我国横店影视城虽然已开发成 5A 级旅游景区,影视城内的文旅商品在特许商品的基础上衍生开发和经营却仍然不够理想。现有的文旅商品同质化严重,并且销售模式单一[53],反反复复开发的相关产品就是些明星海报、影视角色贴纸、影视同款道具、影视角色公仔玩偶、横店影视城纪念册等,似乎只是将其他类型旅游景区的文旅商品和影视明星或角色简单结合,缺乏新意,无法激起消费者强烈的购买欲望。另外,在近几年影视 IP 带来顶级流量的背景下,其衍生商品的开发和销售也尚未成型,未形成较成熟的产业链。根据相关统计,2015 年,迪士尼特许商品经营额高达几十亿美元,其中衍生商品产业收入占比达到 41.62%。相比之下,横店文旅商品带来的收入在横店集团总营业收入中的占比目前可能还不足 1%。

因此,为横店影视城构建适合其发展的影视主题文旅商品开发与营销模式,实现横店文旅商品开发模式的标准化、品牌化是当下亟须解决的核心问题。例如,可以多邀请明星在横店宣发、举办粉丝见面会;可以根据大热 IP 建立主题场景体验馆、举办 cosplay 巡游活动等;也可以与粉丝后援会或明星工作室合作,呼吁粉丝利用微信、微博、粉丝群等网络平台,录制 vlog 或写横店游览攻略,根据视频或文章质量许以一定的门票优惠力度或活动奖品,吸引一些固定游客的同时扩大横店的知名度,充分发挥粉丝经济的作用。

如果借鉴美国好莱坞的建设思路,在横店影视城及其周边大力发展影视相关产业,必能吸引海外游客慕名前来,将我国国产电影和中华文化推广到全世界。

最后,再来谈谈如何完善影视产品出口相关的法治建设。本章认为,通过上一节研究的美国重视对知识产权的保护给影视作品创作带来的收益,并联系我国现有法律考量,我们首当其冲应当完善的就是《中华人民共和国著作权法》。希贝克认为,随着某个经济体从最贫困的阶段进入中等收入阶段,专利保护的强度往往会下降,在中等收入阶段,模仿新技术的能力往往会增强[54]。在我国的影视编剧界,"疑似抄袭"与"被抄袭","原告"与"被告"之争一直层出不穷,这大大影响了国产影视作品的质量,打击了原创作者的积极性,也在一定程度上间接影响了我国影视产品的出口贸易和海外票房量。究其原因,是用于判定"是否存在抄袭"的主要法律依据《中华人民共和国著作权法》不够完善,加之对文字思想类成果是否"抄袭"本来就很难界定,因此才会出现众多的疑似抄袭事件。

从以往的相关案例来分析,判断一个影视剧本是否存在抄袭另一个影视作品的现象,主要依据三个条件是否成立:第一,双方是否有相互接触的证据,这个所谓的证据不只是指剧本曾通过微信、邮箱、云盘等存储交流媒介让另一方接触过,还包括影视作品的公开发表、公映、发行等,上述这些在法律上都算作有所接触;第二,断定抄袭成立还需要有被告方创作时间在对方之后的证据;第三,自己剧作的原始大纲、剧本与对方作品存在多少相似度的测算。如果以上三种情况同时成立,且展示的证据充分确凿有说服力,那么代表对方疑似抄袭。[55]

由此可以看出,目前的《中华人民共和国著作权法》中对于影视作品究竟是思想架构上的相似(未抄袭)还是情节内容上的实质性相似(抄袭)的界定较为模糊,这是因为作品类型立意各异,"实质性相似"很难有具体的量化标准。上述三条界定规则依然存在一些"灰色空间",给了心术不正之人"钻空子"的余地。

对于如何完善《中华人民共和国著作权法》,孙松[56]认为,桥段本身不应受到法律保护,但一部影视作品中众多桥段的排列组合规律,是作品内容和作者构思的真实性体现以及独特性体现,应该受到法律保护。判定是否抄袭,应当具体作品类型具体分析,并运用"超出桥段的合理使用限度,并达到一般公众的相似体验"的判定标准界定抄袭。完善后的《中华人民共和国著作权法》必将最大限度地调动优秀影视创作者的从业积极性,也会使影视作品质量得到大幅提升,从而使我国的国产影视作品更具有国际竞争力。

(2) 完善国产影视作品的海外营销体系

近年来,我国越来越重视影视产品的海外出口,与海外多个国家和地区的线上影视平台、线下影视公司进行深度交流与合作,并积极参加国际著名电影节活动,试图从多角度多方面完善国产影视作品的海外营销体系。然而,从目前的情况来看,我国影视产品的海外发行主要由各个片区的海外发行商负责,营销能力还稍显稚嫩,营销体系还不够成熟。根据2006年成立的中国海外电影推广公司官网上的简介显示,它仅为海外电影宣发设立了五个部门:亚太部、欧非部、美洲部、节展部和综合办公室,且每个部门负责人只有5人左右。

想要完善海外营销体系,不仅要靠政府的政策扶持,还要靠自己。影视作品的制作团队及出品方最了解本产品的优势和卖点,因此可以具体问题具体分析,通过充分调研为自己的产品量身定制最佳的营销模式。李学军和杨婷[57]认为,可以借鉴上海和平影都的"半价销售"模式,在大量影片上映的时候,将一些非顶级制作团队出品的影视作品票价减半进行销售,或根据实际情况灵活调整价格,从而提高其与大制作大IP电影竞争中的竞争力。海外出口的影视作品同理,在遇上西方影视强国大片大量上映时,出品方可考虑适当降低票价,采用"薄利多销"的方式打开海外市场。张艳钗[58]认为,可以根据新媒体时代的特点,充分利用互联网,积极与潜在消费者互动,提高消费者的地位,采取双向式的互动传播系统。笔者认为，可以多到出口地举办些海外发布会、见面会，充分利用影视作品中的"明星效应"进行营销。比如2019年夏天的爆款剧《陈情令》，很多观众是冲着两位男主角来看的，还亲切地给他们起了一个组合名"博君一肖"。在该片出口到泰国时，两位主演亲临现场，引起泰国粉丝的疯狂尖叫，成功给该片出口到东南亚进行"预热"。另外，可以加大在海外热门社交平台上的宣传力度，比如很多韩国影星如金秀贤、李敏镐等都专门开通了新浪微博，通过不定期发博（系统将韩语翻译成中文）维持与中国粉丝的互动。因此，我们的影星、导演甚至制作方和出品方也可以多多在ins、Twitter、YouTube等平台上注册账号，通过定期更新生活动态、个人美图等方式维持海外热度，促进海外营销。再者，我们需要加强与海外著名影视公司的合作，增加合拍片的数量并提高其质量，通过影视作品中外国明星的"露脸"吸引该明星的本国粉丝，充分利用其在当地的号召力促进票房大卖。同时，也可邀请海外著名特效制作公司改善合拍片的特效，增强作品的视觉效果从而提高票房收入。

(3) 加强影视相关产业人才的培养

想要提高影视作品的海外竞争力，还需要加强影视相关产业人才的培养。首当其冲的是加强高等院校的影视教育。James[59]也提出过类似看法。我国著名艺术学校不少，北影、中戏、上戏、央美等每年报录比都极其高，能考上这些艺术殿堂级院校的学生本就具有相当不错的艺术基础与潜力。然而，目前著名高校的影视专业很多采用研究型模式，聘用大量具有博士研究生或硕士研究生学位的导师进行授课，与影视从业者发展的大方向较为脱节。因此，为加强高校影视教育，可多聘请些著名导演、制片人、演员等作为客座教授，加强实战经验的指导。

另外，还应提高明星的专业素养与业务能力。目前，我国部分演员演技不过关、缺乏吃苦精神，还有些明星唱跳能力并不出众却因为本身具有巨大流量和话题量而活跃在舞台上，导致影视作品质量下降的同时也引起观众对从业门槛的质疑。因此，对于非科班出身而又颇具潜力的影视从业人员来说，非常需要对其进行系统化培训，加强基础素质训练，提高其从业能力，才能增加观众的认可度。

值得一提的是，影视相关产业诸如字幕翻译者和特效技能师的能力培养也要得到全方位的锻炼加强。文学翻译本就是各种翻译文本类型中最具挑战性的，因为从业者要克服文化贴现问题，翻译的源语和目的语都要符合当地人民的文化习惯。而如今的行业现状是，很多影视字幕翻译只是对中英文的简单转化，并没有体现出语言的精髓，也没有根据影视故事走向进行译文的雕琢。因此字幕翻译者的培养方案需要优化。另外,也要加强特效技能师的岗位培训。国内还未培养出负责视觉指导的人才,而视觉指导恰恰是导演和特效师沟通的"桥梁人物",其会告诉特效师如何把握特效制作的程度,使之更具表现力。目前国内的特效师缺乏在已有软件上根据具体需求进行软件再开发的技术。中国年轻的特效师虽大量学习好莱坞特效制作技术,但大多只会模仿,缺乏创新和质疑精神。由此可以看出,创新特效技能师的培养模式、培养既懂导演又懂动画制作的视觉指导人才是当务之急。

综上,推动我国影视产品更好地走向海外,也需要影视相关产业的人才如演员、字幕翻译者和特效技能师的共同努力。而只有依据我国具体国情,加强对这些从业者的教育和培训,才能从根本上提高他们的业务能力,提高影视作品的质量与吸引力,增加影视作品海外贸易收入。

(4) 减少文化贴现

文化贴现是影视作品出口海外所遇到的严峻考验。文化贴现不可完全避免,但可通过努力和改进尽量减少。

为了减少精神文化差异带来的文化折扣,我们可以寻找中西方文化思想中的共同点,使影视产品中的立意主旨具有很强的包容性,能够尽量被更多国家和地区的受众所广泛接受。如2018年的热播剧《香蜜沉沉烬如霜》,剧中对女主、男主和男二的塑造兼具中西方英雄人物的特性,他们既有不学无术、公报私仇这些普罗大众的缺点,又有"普度众生方为慈悲""求仁得仁""化天地,见众生"的以苍生为念的神的悲悯;而整个故事高潮至结尾的立意,既有"给蓬羽"这样的情节传达西方文化中对生命的至高敬畏,又有"以身殉道终成无上功德"这样的情节传达东方文化中"舍己为人"的牺牲精神。其中男二和男主相继遭受家破人亡之后,一个锱铢必较、一朝大仇得报却毫无快感,一个以德报怨、看似失去一切却更赢得人心,创作者对个中区别的一贬一褒,也体现出对欣赏包容、对追求和平、对大局观这样的普世道德的宣扬。这样的作品能够尽量减少文化贴现,合乎不同国家和地区观众的文化事象和价值观,更能为海外受众所喜爱,所以它也成为YouTube史上播放量最高的国产电视剧之一。

参考文献

[1] 习近平报道专集[EB/OL]. (2019-05-15). http://www.xinhuanet.com/2019-05/15/c_1124496509.html.

[2] Li K, Lan H. Discussion on improvement of soft power of Chinese culture from the perspective of films and television program[J]. International Journal of Developing

Societies, 2013, 2(2): 68-72.

[3] 克勒通. 电影经济学[M]. 刘云舟, 译. 北京: 中国电影出版社, 2008.

[4] 鲍玉珩. 美国学者对好莱坞的批判[J]. 电影艺术, 2001(2): 22-29.

[5] 梅特丽·饶, 高全军, 郭安甸. 展望宝莱坞, 当代印度电影观察[J]. 世界电影, 2005(2): 171-174.

[6] 王光. 我国影视产品出口的影响因素分析[D]. 北京: 对外经济贸易大学, 2015.

[7] Volz Y, Lee F L F, Xiao G, et al. Critical events and reception of foreign culture[J]. International Communication Gazette, 2010, 72(2): 131-149.

[8] Park J H, Lee Y S, Seo H. The rise and fall of Korean drama export to China: the history of state regulation of Korean dramas in China[J]. International Communication Gazette, 2019, 81(2): 139-157.

[9] 贺强. 我国影视产品走向国际市场的现状与障碍因素分析[J]. 戏剧之家, 2019(12): 107.

[10] 胡智锋, 李继东. 中国影视文化创意产业的三大问题[J]. 现代传播(中国传媒大学学报), 2010, 32(6): 62-64.

[11] 朱文静, 顾江. 我国文化贸易的结构与竞争力之研究[J]. 国际商务(对外经济贸易大学学报), 2010(4): 75-83.

[12] 贾义婷, 胡晓冕. 我国影视文化出口贸易的制约因素与对策分析[J]. 对外经贸实务, 2016(4): 85-87.

[13] 郭坤荣, 冯丽娜, 张烨. 美国电影中的英雄情结及其内涵[J]. 电影文学, 2009(6): 15-16.

[14] 叶航. 《狄仁杰之四大天王》: 奇幻叙事的文化动力[J]. 电影艺术, 2018(5): 71-75.

[15] 林航. 体验经济视角下文化贸易理论构建[J]. 嘉应学院学报, 2018, 36(9): 42-46.

[16] 罗鹏. 论比较优势和竞争优势理论在文化贸易上的适用性[J]. 时代经贸, 2015(13): 103-105.

[17] 赵建军, 陈泽亚. 战略性贸易理论在文化贸易中的运用[J]. 国际贸易, 2008(2): 37-39.

[18] 张斌, 孔令云. "文化产业"界定研究综述[J]. 滨州学院学报, 2011, 27(4): 105-111.

[19] 李江帆. 文化产业: 范围、前景与互动效应[J]. 经济理论与经济管理, 2003(4): 26-30.

[20] Jia A N. Anexploration into the development of new media and integration brand communication of cultural industries[C]//Proceedings of 2013 International Conference on Public Administration(9th) October 1, 2013,Cape Town,South Africa: 699-703.

[21] 电视与电影的不同, 体现在这几个方面[EB/OL]. (2018-03-02). https://baijiahao.baidu.com/s?id=15937972146617235 22&wfr=spider&for=pc.

[22] 文化贸易概念、分类的介绍[EB/OL]. (2016-07-06). http://www.caikuailw.com/news/201607/4663.html.

[23] Bergstrand J H. The gravity equation in international trade: some microeconomic

foundations and empirical evidence[J]. The Review of Economics and Statistics, 1985, 67(3): 474-481.

[24] 史朝兴,顾海英,秦向东. 引力模型在国际贸易中应用的理论基础研究综述[J]. 南开经济研究,2005(2):39-44.

[25] 让你了解中国电影发展历程[EB/OL]. (2019-09-23). http://www.sohu.com/a/342752674_120283877.

[26] 中国电视剧已出口到 200 多个国家和地区[EB/OL]. (2019-11-15). http://paper.people.com.cn/rmrb/html/2019-11/15/nw.D110000renmrb_20191115_5-11.html.

[27] 中国电视剧纷纷"走出去",然而逆袭之路道阻且长[EB/OL]. (2018-4-22). http://dy.163.com/v2/article/detail/DG1HL4FD0517D57R.html.

[28] 2017 年我国影视剧行业电视剧进出口情况及影视剧出海市场规模预测[EB/OL]. (2017-10-23). http://free.chinabaogao.com/chuanmei/201710/10232ac92017.html.

[29] Lu Y. Contemporary American-Chinese film co-production[D]. Beijing: Communication University of China, 2010.

[30] 蒋丹彤. 中美合拍片中的中国文化呈现:基于海外影评的分析[D]. 北京:北京交通大学,2016.

[31] 阮婷婷,欧阳有旺. 文化贸易壁垒的效应分析[J]. 国际商务(对外经济贸易大学学报),2010(5):25-31.

[32] 2018 年我国电影行业海外市场规模、特效工艺及主创力量分析[EB/OL]. (2018-02-26). http://free.chinabaogao.com/chuanmei/201802/02263216302018.html.

[33] 2017 年中国影视特效行业现状及发展趋势分析[EB/OL]. (2017-08-11). http://www.chyxx.com/industry/201708/550040.html.

[34] 许辉. The spread of "Cultural Imperialism" and the rebounds of China's movie & TV[J]. 海外英语,2013(16):217-219,235.

[35] Lee F L F. Cultural discount of cinematic achievement: the academy awards and U. S. movies' East Asian box office[J]. Journal of Cultural Economics, 2009, 33(4): 239-263.

[36] Telotte J P. American science fiction film and television[J]. Technology and Culture, 2011, 52(3): 658-660.

[37] 杨兰. 中西英雄主义在影视作品中的文化差异体现[J]. 传媒论坛,2018,1(18):176.

[38] Hottell R A, Williams A. Republic of images: a history of French filmmaking[J]. Rocky Mountain Review of Language and Literature, 1993, 98(3): 779-796.

[39] 彭磊. 浅谈电影的发展历程[J]. 电影评介,2013(4):31.

[40] 张臻. 法国电影审查与产业运营机制[J]. 北京电影学院学报,2013(3):10-16.

[41] 黄海. 好莱坞与西欧电影比较浅议(下)[J]. 电影评介,1989(2):22-23.

[42] 金雪涛. 21 世纪以来法国电影产业发展及竞争力优势探析[J]. 新闻界,2016(4):

45-49.

[43] Bilton A. Silent film comedy and American culture[M]. New York：Palgrave Macmillan，2013.

[44] 王成军,潘燕,刘芳. 美国电影产业发展对中国文化产业兴起的启示[J]. 中国软科学，2014(5)：49-57.

[45] Brookey R A, Zhang Z Y. How Hollywood applies industrial strategies to counter market uncertainty：the issue of financing and exhibition[M]//Murschetz P，Teichmann R，Karmasin M. Handbook of state aid for film. Cham：Springer，2018：135-150.

[46] 王冉冉. 制度供给对文化产业竞争力的影响机理：以美国电影产业为例[J]. 昆明理工大学学报(社会科学版),2018,18(1)：99-108.

[47] 李诺. 联想携手迪士尼专访：谈首款沉浸式AR[EB/OL]. (2017-09-04). http://tech.hexun.com/2017-09-04/190705495.html.

[48] 亚特兰大——后好莱坞时代崛起的新兴影视城（上篇）[EB/OL]. (2019-03-27). http://www.360doc.com/content/19/0327/20/32324834_8245.

[49] 西四小二. 1903—2014,韩国电影漫长的突围史[EB/OL]. (2015-12-20). https://www.douban.com/note/530100365/.

[50] 王水平,张孝锋. 韩国影视产业振兴的经验分析[J]. 电影评介,2006(13)：49.

[51] 马蕾. 韩国影视业的发展及启示[J]. 北京观察,2005(5)：30-31.

[52] 年增七成顺差近两百亿,韩国文化内容产业如何拓展出口？[EB/OL]. (2019-03-03). http://dy.163.com/v2/article/detail/E9CCG0CR05444UEK.html.

[53] 这些当红炸子鸡们的共同点竟然是——编剧都涉嫌抄袭？[EB/OL]. (2018-08-15). http://www.sohu.com/a/247402803_351788.

[54] 读道文旅携手横店影视城打造全新文旅商品产业链[EB/OL]. (2019-6-29). https://www.360kuai.com/pc/9db1fddbd4bea4aa4?cota=3&kuai_so=1&sign=360_57c3bbd1&refer_scene=so_1.

[55] 郑万青,丁媛. 作品"实质性相似"的判断与认定：从"琼瑶诉于正"谈起[J]. 中国出版,2017(21)：43-46.

[56] 孙松. 论著作权实质性相似规则的司法适用：以琼瑶诉于正案为视角[J]. 中国版权,2016(1)：62-65.

[57] 李学军,杨婷. 国产商业电影后产品营销的再思考[J]. 改革与战略,2011,27(2)：45-46.

[58] 张艳钗. 新媒体时代的微电影广告营销研究[J]. 消费电子,2013(2)：106.

[59] James F N. How film education might best address the needs of UK film industry and film culture[D]. Luton：University of Bedfordshire, 2014.

14 文化创意产业与城市生态承载力协同发展研究
——以长江流域城市群为例

14.1 绪论

随着知识经济的发展,文化创意产业作为知识经济社会中的一种积极形态,已经给社会带来了天翻地覆的变化。以长江流域为例,在长三角地区,以上海为核心的文化创意产业发展迅速,并将产业群延伸至苏州,还带动了南京、杭州一大批与设计、动漫、广告相关的产业园区的发展;以长沙为核心的中游产业群,已将传媒、旅游、文化打造成中部文化创意产业群的三大品牌;而在长江上游,以重庆、成都为核心的文化创意产业群大力发展数字、广播、出版等,形成了成熟的数字娱乐产业链。

由此可见,长江流域不仅承载着传统文化,而且是新时代文化创意产业的摇篮。然而,在经济飞速发展的同时,长江流域的生态系统也受到人类社会活动的影响,亟待采取科学的生态治理措施。在此问题下,文化创意产业的持续发展要坚持自身发展与生态环境相结合,完善文创-生态治理协同机制。

14.2 文献综述

Scott[1]从区域创意资本的角度研究文化创意产业,发现文化创意产业具有显著的规模报酬递增的特征;方立峰等[2]发现不同城市在推进文化创意产业发展时,会产生类似于不同物种间既合作又竞争的生态关系,由此定义文化创意产业生态位;程乾等[3]通过构建空间框架,分析了文化创意产业发展中的网络空间分布和演化规律;曹如中等[4]结合生态位理论,从产业资源、市场环境和产业政策三个方面建立了长三角地区文化创意产业生态位评价体系。

然而,文化创意产业发展过程中,也同样不可避免地引发了"城市病"的相关问题,人口、资源、环境压力日益增加,城市在承载人类活动上不堪重负。杨志峰等[5]通过研究生态系统理论,认为生态承载力是一定条件下生态环境能够持续维持其功能并健康发展的能力;曹智等[6]认为生态承载力是一定区域内各种要素禀赋所决定的生态环境能够支撑人类各种生产活动的能力;宋建波等[7]通过经济-生态的协调评价体系,将长三角地区城市按低水平协调、拮抗、磨合、高水平协调四种水平进行分类;张引等[8]通过将经济发展和生态环境进行耦合,分析了重庆市经济-生态的协调情况。

14.3 研究方法

14.3.1 指标体系构建

本章首先通过研究文化创意产业生态位定义文创发展指数,并通过研究生态承载力内涵定义生态承载力指数。其次对两类指标进行筛选,并选取具有代表性的指标(表14.3.1)。在文创发展指数指标体系中,包括产业资源、市场环境和产业政策共3个准则层,对应6个指标;而生态承载力指数主要包括3个准则层,分别是生态环境稳定度、环境协调改善度和生态文化制度建设,对应6个指标。

表14.3.1 文创发展指数与生态承载力指数综合评价指标体系

	准则层	指标层
文创发展指数	产业资源	博物馆数量
		规模以上文化及相关产业企业单位数
	市场环境	社会消费品零售总额
		国际旅游收入
	产业政策	文化、体育、娱乐业固定资产投资相对于上年的增长率
		文化、旅游、体育与传媒支出/地方一般公共预算支出
生态承载力指数	生态环境稳定度	人均水资源拥有量
		主要城市年均气温
		主要城市年降水量
	环境协调改善度	生活垃圾清运量
		无害化处理能力
	生态文化制度	国家级自然保护区面积

14.3.2 数据来源

根据 2016 年《长江经济带发展规划纲要》,长江流域主要包括上海、江苏、浙江、安徽、江西、湖北、湖南、重庆、四川、云南、贵州 11 个省、市(图 14.3.1)。数据来源主要包括:《中国统计年鉴(2021)》《中国城市统计年鉴(2021)》与《中国文化及相关产业统计年鉴(2021)》。

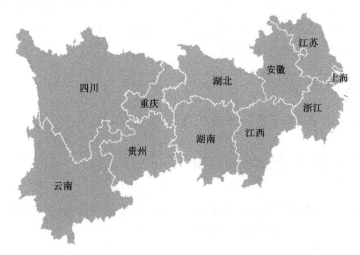

图 14.3.1　长江流域各省、市地理位置

14.3.3 综合功效函数

为消除文创-生态数据间的屏蔽效应与量纲差异,故进行标准化处理:

$$D_{ij} = \begin{cases} (X_{ij} - X_{ij\min})/(X_{ij\max} - X_{ij\min}) & 正指标 \\ (X_{ij\max} - X_{ij})/(X_{ij\max} - X_{ij\min}) & 负指标 \end{cases} \quad (14.1)$$

每个子系统的综合功效通过加权指标求得,指标的权重来自各系统的熵权系数(由于选取的指标来自不同指标层,或来自同一准则层但互相独立,因此取系数为 1/6),其计算公式为:

$$U_i = \sum_j W_{ij} D_{ij} \quad (14.2)$$

由于本章考察两个子系统间的耦合问题,因此公式为:

$$C = 2\sqrt{(U_1 U_2)/(U_1 + U_2)^2} \quad (14.3)$$

将 C 值划分为三个区间,并赋予耦合度内涵。$0 < C \leqslant 0.5$,磨合阶段;0.5

$<C\leqslant 0.7$,拮抗阶段;$0.7<C\leqslant 1$,协调阶段。

本章再引入协调度模型,用于考察子系统的耦合协调度。其公式为:

$$T=aU_1+bU_2 \quad D=(CT)^{1/2} \tag{14.4}$$

将 D 值进行区间划分,并赋予协调度内涵。$0<D\leqslant 0.5$,低度协调;$0.5<D\leqslant 0.7$,中度协调;$0.7<D\leqslant 1$,高度协调。

变量解释:U_1、U_2 分别是文创发展指数、生态承载力指数两个子系统的综合功效;文创发展指数与生态承载力指数同等重要,因此 $a=b=0.5$;D 是协调度;C 是耦合度;T 是综合协调指数。

14.3.4 小结

本节主要介绍指标体系构建、数据来源和相关函数。

14.4 文创-生态耦合协调分析

通过以上方法的探索,本章得到2020年长江流域文创-生态的相关数据(表14.4.1、表14.4.2)、耦合协调度及类型(表14.4.2)。

表14.4.1　2020年长江流域文创发展指数指标数据

省、市	博物馆数量/个	规模以上文化及相关产业企业单位数	社会消费品零售总额/亿元	国际旅游收入/百万美元	文化、体育、娱乐业固定资产投资相对于上年的增长率	文化、旅游、体育与传媒支出/地方一般公共预算支出
上海	107	3 120	15 847.6	8 243.51	28.9	0.019 9
江苏	367	7 315	37 672.5	4 743.56	−21.9	0.022 8
浙江	406	5 134	27 343.8	2 668.24	−14.5	0.022 8
安徽	230	2 353	17 862.3	3 387.69	4.9	0.013
江西	172	1 727	10 068.1	865.38	25.3	0.018
湖北	214	2 845	22 722.3	2 654.16	−20.5	0.017 4
湖南	122	3 701	16 683.9	2 250.87	−8.1	0.016 6
重庆	105	1 045	11 631.7	2 524.83	−17.1	0.013
四川	258	1 867	21 343	2 023.79	7.6	0.020 5
云南	161	731	10 158.2	5 147.36	15.3	0.013 3
贵州	92	625	7 468.2	345.03	−11.8	0.012 7

表 14.4.2 2020 年长江流域生态承载力指数指标数据

省、市	人均水资源拥有量/m³	主要城市年均气温/℃	主要城市年降水量/mm	生活垃圾清运量/万 t	无害化处理能力/(t/日)	国家级自然保护区面积/hm²
上海	235.9	17.8	1 555	868.1	40 046	6.5
江苏	641.3	17.1	1 218	1 870.5	83 051	30.2
浙江	1 598.7	18.3	1 665.4	1 444.9	76 603	14.8
安徽	2 099.5	16.2	1 497.6	660.7	32 242	14.4
江西	3 731.3	19.1	2 140.7	527.5	23 293	26.1
湖北	3 006.7	17.1	2 012.3	987.4	36 597	54.6
湖南	3 189.9	17.5	1 521	797.1	32 355	60.6
重庆	2 397.7	19.2	1 182.9	628.5	19 449	25.5
四川	3 871.9	16.6	1 211.8	1 136.6	39 444	304.9
云南	3 813.5	16.5	1 057.4	487.5	17 195	152.2
贵州	3 448.2	14.9	1 380.5	358.5	18 607	29

表 14.4.3 2020 年长江流域文创-生态的耦合协调度及类型

省、市	U_1	U_2	C	T	D	阶段
上海	0.568 502	0.302 963	0.952 447	0.435 732	0.644 214	中度协调
江苏	0.738 78	0.475 133	0.976 13	0.606 956	0.769 72	高度协调
浙江	0.628 639	0.562 529	0.998 459	0.595 584	0.771 146	高度协调
安徽	0.330 732	0.279 341	0.996 446	0.305 036	0.551 318	中度协调
江西	0.337 557	0.534 688	0.974 126	0.436 123	0.651 796	中度协调
湖北	0.335 11	0.504 482	0.979 441	0.419 796	0.641 222	中度协调
湖南	0.293 255	0.424 435	0.983 153	0.358 845	0.593 97	中度协调
重庆	0.107 032	0.331 146	0.859 303	0.219 089	0.433 894	低度协调
四川	0.456 534	0.565 056	0.994 342	0.510 795	0.712 675	高度协调
云南	0.287 391	0.321 603	0.998 421	0.304 497	0.551 377	中度协调
贵州	0.033 136	0.213 095	0.682 537	0.123 116	0.289 881	低度协调

14.4.1 长江流域文创-生态耦合度结果分析

2020年长江流域11个省、市文化创意产业与生态承载力耦合差异较小,在0.65到1之间,整体处于协调阶段,表明长江流域文创-生态是良性耦合。参照结果,耦合度最高的是浙江,最低的是贵州。浙江、安徽等耦合度数值在0.99以上,表明长江流域在中下游及三角洲地区文创-生态发展良好;贵州耦合值较低,这需要考虑地理和历史因素,长江上游的生态问题一直是流域内的生态治理难点。

14.4.2 长江流域文创-生态协调度结果分析

2020年长江流域11个省、市文创-生态协调度差距较大,在0.28到0.78之间,流域内协调度分布不均。参照结果,江苏、浙江、四川处于文创-生态高度协调阶段,上海、安徽、江西、湖北、湖南和云南处于中度协调阶段,而重庆和贵州则处于低度协调阶段。通过比较耦合度和协调度数值,发现耦合度远大于协调度,且耦合度差距不大的城市,协调度差距很大,这可能与城市的整体经济发展水平有关。

14.4.3 文创-生态耦合协调空间类型

通过以上对长江流域11个省、市文创-生态耦合协调度的研究,将长江流域文创-生态耦合协调空间分布划分为三种类型:文创-生态低度协调区、文创-生态中度协调区和文创-生态高度协调区(图14.4.1)。

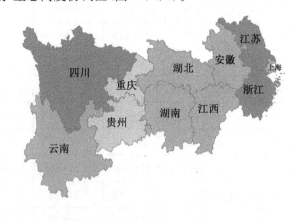

图14.4.1 长江流域文创-生态耦合协调度类型分区

14.4.4 小结

文化创意产业的发展需要与生态承载力相适应,一方面,需要合理规划产业园区的空间结构,这可以将环境承载维持在合理水平;另一方面,文化创意产业的产业结构需要优化,避免不合理的资源利用和开发。此外,文化创意产业园区的开发还需要逐步减少不适宜的国土空间利用,为后续文化创意产业的发展保留绿色空间。长江流域内文化创意产业和生态承载力发展整体处于耦合协调阶段,但区域内协调度差异较大,说明当前流域内部分地区的文创发展方式尚有改进空间。

14.5 结论与建议

主要结论:

(1) 长江流域文创-生态耦合协调空间分布可分为三种类型:文创-生态低度协调区($0 < D \leqslant 0.5$)、文创-生态中度协调区($0.5 < D \leqslant 0.7$)和文创-生态高度协调区($0.7 < D \leqslant 1$)。

(2) 长江流域文创-生态耦合度在 0.65 到 1 之间,整体处于协调阶段。文创-生态协调度在 0.28 到 0.78 之间,整体分布不均,区域内协调度差异大。

建议:

(1) 长江流域的文创-生态协同发展是一项大工程,充分发挥区位优势需要合理利用文化创意产业的发展,立足于文创-生态发展理论,实现投入/产出的最大化;还需要加强流域内与其他产业群间的联系,完善行业的生态、经济预警机制,在多个维度实现联动。

(2) 坚持个体发展与集群发展相统一。长江流域的文化创意产业群都有自身独特的优势,在文创-生态协同发展中,既需要发挥自身独特的优势,又需要立足于整个流域产业集群,避免盲从冒进带来的各种负面影响。

参考文献

[1] Scott A J. Cultural-products industries and urban economic development[J]. Urban Affairs Review, 2004, 39(4): 461-490.

[2] 方立峰,王颖晖. 文化产业生态位内涵与空间格局构建研究[J]. 山东社会科学,2011(12):51-54.

[3] 程乾,方琳. 生态位视角下长三角文化旅游创意产业竞争力评价模型构建及实证[J]. 经

济地理,2015,35(7):183-189.

[4] 曹如中,李心茹,吴蝶,等. 长三角城市群文化创意产业生态位实证测度研究[J]. 丝绸,2021,58(11):58-66.

[5] 杨志峰,隋欣. 基于生态系统健康的生态承载力评价[J]. 环境科学学报,2005,25(5):586-594.

[6] 曹智,闵庆文,刘某承,等. 基于生态系统服务的生态承载力:概念、内涵与评估模型及应用[J]. 自然资源学报,2015,30(1):1-11.

[7] 宋建波,武春友. 城市化与生态环境协调发展评价研究:以长江三角洲城市群为例[J]. 中国软科学,2010(2):78-87.

[8] 张引,杨庆媛,李闯,等. 重庆市新型城镇化发展质量评价与比较分析[J]. 经济地理,2015,35(7):79-86.

15 文化产业集聚与城市化耦合的实证研究
——基于三大城市群比较分析

15.1 绪论

文化产业作为国民经济支柱性产业在经济社会中发挥着越来越重要的作用。文化和旅游部发布《"十四五"文化产业发展规划》,该规划从推动文化产业创新发展、促进供需两端结构优化升级、优化文化产业空间布局、推动文化产业融合发展、激发文化市场主体发展活力、培育文化产业国际合作竞争新优势、深化文化与金融合作等 7 个方面,明确了"十四五"时期文化产业发展的主要方向,并指出到 2025 年,文化产业体系和市场体系更加健全,文化产业结构布局不断优化。文化供给质量明显提升,文化消费更加活跃,文化产业规模持续扩大,文化及相关产业增加值占国内生产总值的比重进一步提高,文化产业发展的综合效益显著提升。我国于 2004 年就开始推行文化产业集群化的发展战略,如今已基本形成以北京、上海和广州为代表的京津冀、长三角和珠三角的文化产业集聚格局[1]。

文化产业有利于促进产业转型升级,提升城市文化品位和素养,并能够和制造业、科技等领域相结合,扩展出新行业、新领域、新业态,为传统行业注入新的生命力,从而带动经济发展,推进城市化进程。文化产业因其先进性、关联性、创意性和强大的经济、政治、社会功能,成为经济向高质量发展转变的突破口。与此同时,城市的发展也为文化产业提供了基础设施、资金、人才等资源,艺术院校、音乐厅、博物馆等设施为文化提供展示的空间,较高水平的购买力带来了更高层次的精神需求,推动了文化产业的发展。文化产业集聚和城市化之间有着紧密的互动关系,因此,本章试图探寻近年来京津冀、长三角和珠三角三大城市群文化产业集聚和城市化之间的耦合关系。

首先,本章有一定的现实意义。一方面,我国的城市化进程发展速度快,同时也面临如人口老龄化、贸易壁垒等诸多挑战;另一方面,文化产业的地位日益凸显。在此环境下,研究不同地区文化产业集聚与城市化水平之间的耦合关系具有重要意义。探寻产业文化集聚、城市化的特征,以及两者互动的时序差异性、空间差异性有助于引导不同经济发展状况下文化产业和城市化的协同发展。其次,本章有一定的理论意义,对于我国三大城市群近年来文化产业集聚和城市化互动关系之间的研究并不充分,本章在一定程度上能够填补这一空缺。

近年来,我国文化产业进入了一个新的战略发展高度,文化产业作为国民支柱产业的地位不断增强,产业集聚的辐射作用不容忽视。在此形势下,文化产业与城市化的互动关系值得深思,而不同区域、不同经济发展水平下,两者的耦合协调度和互动关系皆有不同。本章从文化产业集聚和城市化的互动机理出发,基于2010—2019年京津冀、长三角和珠三角三大城市群的面板数据,构建综合评价指标体系,建立耦合协调度模型进行实证研究;从时序变动、空间分异等角度进行深入分析。研究结果表明:对于2010—2019年文化产业集聚和城市化的耦合关系,京津冀城市群从濒临失调逐渐发展到勉强协调,呈现稳步上升趋势;珠三角城市群基本处于勉强协调状态,2018年之前略有回落,但在2018年后耦合协调度大幅提升;而长三角城市群一直处于轻度失调状态,且耦合协调度整体呈下降趋势。文化产业集聚和城市化对系统耦合协调度的贡献具有区域差异性,在三大城市群中,城市化水平的贡献整体都呈稳定增长态势,但文化产业集聚的贡献各异。基于此,为了更好地推动文化产业集聚和城市化良性互动和协调发展,本章提出了一些政策建议。

15.2 文献综述

15.2.1 文化产业的相关研究

随着经济发展逐渐从高速发展向高质量发展迈进,学术界对于文化产业的研究也较为丰富。在互联网以及数字科技的快速普及下,文化产业呈现出新的生命力,白思和惠宁[2]研究发现,互联网能够推动文化产业的快速发展且其边际效率递增,同时能够缩小文化产业发展的区域间差距;陈宇翔和李怡[3]认为面对数字文化产业的发展,应不断挖掘中华优秀传统文化,创新数字文化技术,摆脱文化隔阂、文化消解和价值弱化等困境。此外,齐骥、亓冉[4]在蜂鸣理论视角下揭示了城市文化产业创新的兴起。而在文化产业集聚方面,众多学者也提出了不同见解:文化产业集聚对文化产业结构具有空间作用,从全国来看,文化产集聚对文化产业结构有着显著的正向作用，而从局域来看，作用的强度由西向东递减[5]；在省域层面，文化产业专业化经济显著而多样化经济弱化，在地级市层面，文化产业专业化经济不显著而城市化经济显著[6]；刘耀彬等[7]基于中国省级层面的面板数据，发现文化产业集聚对绿色经济效率产生先抑制后促进的非线性影响；孙智君和李响[8]则发现文化产业集聚的空间溢出效应存在地域差异性，产业集聚的区域差异性存在β收敛趋势；刘振卫[9]通过比较中国和美国的文化产业集聚和溢出效应，发现中国相较美国仍有差距。

15.2.2 城市化的相关研究

在城市化的不同方面都已有了颇为丰富的研究，但近年来，在城市化与其他相关因素的互动关系方面，研究方向较为单一，大多集中于与生态环境的关系。部分学者针对特定区域研究了城市化和生态之间的关系：赵安周等[10]构建了京津冀城市群"城市化—旅游业—生态环境"综合评价指标体系，发现2000—2017年间三者的耦合协调度整体呈逐年上升趋势；王少剑等[11]研究发现2000—2015年珠三角的城镇化和生态韧性之间由基本协调向基本失调下滑，并从规模韧性、形态韧性和密度韧性角度进行分析；张发明等[12]以2010—2016年的中部城市为例，认为新型城镇化质量与生态环境承载力耦合处于拮抗阶段，耦合水平停滞不前；也有学者从新型城市化对中国二氧化碳排放的影响进行研究[13]。除此之外，在城镇化与外商直接投资(FDI)、技术创新、产业结构转型和旅游经济等方面也有部分研究[14-16]。

15.2.3 文化产业与城市化关系的相关研究

相比之下，文化产业与城市化关系的相关研究较少。吕洪渠和董意凤[17]测算了文化产业发展的Malmquist指数，并发现2006—2016年城市化与三大城市群文化产业效率都存在正向的关系。车树林和顾江[18]基于2005—2016年我国首批国家文化消费试点的面板数据，运用Logistic扩散模型发现城市化可以通过非收入因素和收入因素对城镇居民文化消费产生正向影响。而徐文明和闫颖[19]认为1995—2012年，我国城镇化水平和文化产业发展不存在长期协整关系，城镇化水平对文化产业发展的影响力高于文化产业发展对城镇化水平的影响力。

综上，目前学术界在文化产业和城市化领域都有丰富且深入的研究，而近年来对于文化产业与城市化互动关系的研究相对缺乏。因此，本章将基于我国三大城市群2010—2019年的面板数据，从时序变动和空间分异角度分析文化产业集聚和城市化耦合互动关系。

15.2.4　文化产业与城市化的耦合机理

(1) 文化产业推动城市化进程

首先,文化产业本身是城市化的一个重要部分。传统的城市化是指一个国家或地区社会生产力的发展、科学技术的进步以及产业结构的调整,有人口学、地理学、经济学、生态学和社会学等不同角度的定义。但大量事实证明,仅仅依托基础设施改造和知识经济领域的投资远不能满足对城市的深刻转型要求,文化生产力也是城市化的重要组成部分,基础设施、政策、技术等"硬件"需与文化氛围等"软件"相协调,达到和谐统一。

其次,文化产业集聚有助于经济发展转型升级以及瓶颈的突破。近年来我国经济发展速度逐渐放缓,正处于从经济高速发展向高质量发展转变的阶段,而在此转型过程中,文化产业提供了一个很好的突破口,可促进产业转型升级,提升城市竞争力。

最后,文化产业集聚为城市营造良好的文化氛围,并通过吸引人才、引进投资、完善城市文化功能等方面促进城市化。文化产业集聚实质上是根据知识经济发展规律而组合起来的空间发展[20]。文化产业集聚完善了城市文化功能,催生宽松的文艺环境、倡导创新的政策、带来文化传播的区位优势、形成文化市场的发展空间,同时吸引了大批有想法、有创意、敢于创新的人才。文化产业集聚重塑了对人口的吸引力:一方面,人口的流入直接加速城市化进程;另一方面,流入人口质量较高,间接推动各产业的发展以及城市化进程。

(2) 城市化发展助推文化产业集聚

在供给方面,城市化为文化产业的发展提供了必要的基础设施、人力资本、资金、政策环境等基础。文化产业属于知识密集型产业,比如动漫产业、影视业、出版行业等。在高城市化水平的地区,通信业、互联网、交通运输等硬性条件为文化产业的发展创造了基础条件;研发机构、高等院校等又为其提供了知识、技术和人才,为文化产业发展和集聚提供了源源不断的动力。较为健全的政府职能以及政策的扶持也加速了文化产业集聚。

此外,高水平城市群催生了文化方面的需求。在经济发展程度较高的地区,人民生活质量较高,购买力普遍较强,且人口综合素质较高,对精神文化方面有较高的需求。高文化需求吸引文化产业的进驻,促进规模经济的发展,从而推动文化产业集聚。

15.2.5 小结

综上,文化产业集聚与城市化相互促进、相互成就,形成良性循环和良好的互动关系,如图 15.2.1 所示。但对于不同经济发展状况的地区,互动情况和耦合程度有所不同,下文将对此做详细分析。

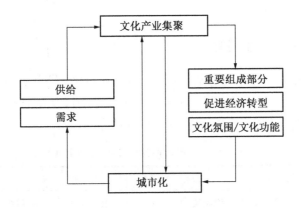

图 15.2.1 文化产业集聚与城市化耦合互动机制

15.3 模型设定与数据说明

15.3.1 数据选取

我国三大城市群(京津冀城市群、长三角城市群和珠三角城市群)是我国经济发展的增长极,也是文化市场生产和消费中心。因此本章选取 2010—2019 年中国三大城市群的面板数据作为研究对象,对其文化产业集聚和城市化的耦合度与耦合协调度进行分析。其中,京津冀城市群包括北京,天津,河北省的张家口、承德、秦皇岛、唐山、沧州、衡水、廊坊、保定、石家庄、邢台、邯郸和河南省的安阳共 14 个城市;长三角城市群选取了上海,江苏省的南京、无锡、常州、苏州、南通、盐城、镇江、泰州,浙江省的杭州、宁波、嘉兴、湖州、绍兴、金华、舟山、台州,安徽省的合肥、芜湖、马鞍山、铜陵、安庆、滁州、池州、宣城共 25 个城市;而珠三角城市群选取了广州、深圳、珠海、惠州、东莞、肇庆、佛山、中山、江门共 9 个城市。本章的数据来源于 2010—2019 年《中国城市统计年鉴》以及国研网的《区域经济数据库》,该数据库的数据来源于国家统计局。对少数缺失值采用均值法或预测的方法估计而得。

本章探究京津冀、长三角和珠三角三大城市群文化产业集聚与城市化的耦合互动关系以及区域差异性,为三大城市群文化产业和城市化协同发展战略提供了依据,同时也为我国其他地区提供了借鉴。数据的不足之处在于:首先,三大城市群样本量的差异可能会在一定程度上影响结果,如珠三角城市群样本较少,内部差异不大,导致整体耦合程度和贡献值较高;其次,囿于数据的可得性,文化产业集聚相关指标(如文化产业就业人数采用文化、体育和娱乐业从业人数)等可能存在一定的偏差。

15.3.2 评价指标体系构建

城市化包括人口城市化、经济城市化、社会城市化和空间城市化四个层面的内容,借鉴史戈[21]、付永虎等[22]、戚名侠和江永红[23]以及姜照君和吴志斌[24]等学者的做法构建了如表15.3.1所示的评价指标体系。

表15.3.1 文化产业集聚和城市化评价指标体系

子系统	一级指标	二级指标	测度方法	类型	单位
文化产业集聚	集聚水平	文化产业集聚度	文化产业区位熵(LQ)	正向	%
	集聚结构	文化产业与第二产业就业之比	文化产业与第二产业就业之比	正向	%
		文化产业与第三产业就业之比	文化产业与第三产业就业之比	正向	%
城市化	人口城市化	人口城镇化率	城市市辖区人口占全市总人口的比重	正向	%
	经济城市化	人均GDP	人均GDP	正向	元
		非农产业产值占GDP的比重	非农产业产值占GDP的比重	正向	%
	社会城市化	社会消费品零售总额	社会消费品零售总额	正向	万元
		每万人拥有公共汽电车数	每万人拥有公共汽电车数	正向	辆/万人
		每万人拥有高校专任教师数	每万人拥有高校专任教师数	正向	人/万人
		每万人拥有医生数	每万人拥有医生数	正向	人/万人
	空间城市化	人口密度	人口密度	正向	人/km²
		城市规模	行政区域土地面积	正向	km²

注:指标来源于国研网《区域经济数据库》和国家统计局《中国城市统计年鉴》。

人口城市化采用人口城镇化率衡量,即城市市辖区人口占全市总人口的比重;经济城市化采用人均 GDP 和非农产业产值占 GDP 的比重两个指标衡量;社会城市化采用社会消费品零售总额反映生活质量,采用每万人拥有公共汽电车数反映基础设施水平,采用每万人拥有高校专任教师数反映科技文化水平,采用每万人拥有医生数衡量医疗卫生水平。文化产业集聚从集聚水平和集聚结构两个角度进行衡量,集聚水平采用文化产业区位熵(Location Quotient,LQ)衡量。区位熵是有效衡量产业集聚程度的常用方法,本章构建的刻画文化产业集聚水平区位熵的计算公式如下:

$$LQ_{ij} = \frac{E_{ij}}{E_i} / \frac{E_j}{E} \tag{15.1}$$

式中,LQ_{ij} 为区位熵值;E_{ij} 表示 j 地区文化产业(文化、体育和娱乐业)从业人员总数;E_i 表示文化产业在全国的总从业人数;E_j 表示 j 地区的年末从业人员总数;E 表示全国总就业人数。区位熵的高低能反映文化产业集聚水平的高低,当 $0 < LQ < 0.5$ 时,文化产业集聚水平较低;当 $0.5 \leqslant LQ \leqslant 1$ 时,文化产业集聚水平处于中等;当 $LQ > 1$ 时,文化产业集聚水平较高。

15.3.3 耦合协调度模型

为研究中国三大城市群文化产业集聚与城市化的耦合关系,本章建立了耦合协调度模型。耦合协调度模型来源于物理学,在文化产业集聚与城市化的耦合中,文化产业集聚和城市化水平通过各自的元素相互作用、相互影响。模型如下:

$$C = 2\sqrt{U_1 \times U_2}/(U_1 + U_2) \tag{15.2}$$

$$U_t = \sum_{j=1}^{m} \lambda_{ij} \mu_{ij} \, (t=1,2) \tag{15.3}$$

$$\sum_{j=1}^{m} \lambda_{ij} = 1 \tag{15.4}$$

式中,C 为文化产业集聚和城市化之间的耦合度;U_1 与 U_2 分别为文化产业集聚和城市化的综合发展水平;μ_{ij} 为第 i 年第 j 项指标的标准值;λ_{ij} 为第 i 年第 j 项指标的权重。

测算耦合度存在一个问题,就是当文化产业集聚和城市化水平都不高且相近的情况下,两者之间的耦合度 C 值也可能较高,从而出现"伪协调"现象,因此需要进一步建立三大城市群先进制造业和现代服务业之间的耦合协调度模型，以反映两者之间的协调发展水平，具体模型如下：

$$D = \sqrt{C \times T} \qquad (15.5)$$

$$T = \alpha U_1 + \beta U_2 \qquad (15.6)$$

式中，D 为耦合协调度，反映中国三大城市群文化产业集聚和城市化的协调发展水平；C 为耦合度；T 为反映文化产业集聚和城市化水平的综合评价指数。此外，文化产业作为一个地区或者国家软实力的体现，在城市发展进程中占据越来越重要的地位，并已提升至国家战略层面，而城市化一直以来都是城市发展的重要目标，因此，借鉴姜照君和吴志斌[24]的做法，本章认为文化产业集聚和城市化对于两者耦合协调度的贡献是相同的，所以本章取 $\alpha = 0.5, \beta = 0.5$。

15.3.4 数据处理与权重计算

在多层次评价系统中，指标权重的计算是研究关键。为了减少主观因素的影响，使得结果更加客观公正、可信度更高，本章采用熵值法，依据指标相对变化程度确定权重。一个评价指标提供的客观信息量越大，其对应的熵值越小，则其被赋予的权重越大，在综合决策中影响越大；反之则越小。具体计算过程如下。

（1）无量纲化。为消除各数据量纲以及单位的影响，首先对各数据进行无量纲化的标准化处理；其次为避免无量纲化后数据为零影响后续的计算，将无量纲化后的数据整体平移 0.0001 个单位长度。式(15.7)和式(15.8)分别为正向和负向的指标标准化计算公式：

$$\mu_{ij} = \frac{x_{ij} - \min\{x_{ij}\}}{\max\{x_{ij}\} - \min\{x_{ij}\}} + 0.0001 \qquad (15.7)$$

$$\mu_{ij} = \frac{\max\{x_{ij}\} - x_{ij}}{\max\{x_{ij}\} - \min\{x_{ij}\}} + 0.0001 \qquad (15.8)$$

式中，μ_{ij} 为标准化以后第 i 年第 j 项指标的数据；x_{ij} 为第 i 年第 j 项指标的原始数据；$\max\{x_{ij}\}$ 和 $\min\{x_{ij}\}$ 分别为第 i 年第 j 项指标的最大值和最小值。

（2）计算第 j 项指标的信息熵。由于本章的研究样本是京津冀、长三角和珠三角三大城市群，考虑到不同城市群的经济发展水平、发展战略以及文化产业政策等各有差异，因此为了分别探讨三大城市群文化产业集聚和城市化的发展关系，本章分别对三大城市群进行信息熵以及后续权重的计算。其中，京津冀城

市群 $n=14$,长三角城市群 $n=25$,珠三角城市群 $n=9$。具体计算公式如下:

$$c_{ij} = \frac{\mu_{ij}}{\sum_{i=1}^{n} \mu_{ij}} \quad (15.9)$$

$$H_j = -\frac{1}{\ln n} \sum_{i=1}^{n} c_{ij} \ln c_{ij} \quad (15.10)$$

式中,μ_{ij} 是第 i 年第 j 项指标的标准值;c_{ij} 是 μ_{ij} 的特征值,当 $c_{ij}=0$ 时,$c_{ij}\ln c_{ij}=0$;H_j 为第 j 项指标的信息熵。

(3) 按照各指标的信息熵为其赋权。京津冀、长三角和珠三角三大城市群各指标的权重如表 15.3.2 所示。其计算公式如下:

$$\lambda_j = \frac{d_j}{\sum_{j=1}^{m} d_j} \quad (15.11)$$

$$d_j = 1 - H_j \quad (15.12)$$

式中,λ_j 为各指标的熵权;d_j 为差异性系数。

表 15.3.2 三大城市群各指标权重(2010—2019 年)

子系统	一级指标	二级指标	权重 京津冀	权重 长三角	权重 珠三角
文化产业集聚	集聚水平	文化产业集聚度	0.267	0.268	0.347
文化产业集聚	集聚结构	文化产业与第二产业就业之比	0.577	0.588	0.503
文化产业集聚	集聚结构	文化产业与第三产业就业之比	0.156	0.143	0.150
城市化	人口城市化	人口城镇化率	0.138	0.117	0.055
城市化	经济城市化	人均 GDP	0.032	0.037	0.106
城市化	经济城市化	非农产业产值占 GDP 的比重	0.018	0.015	0.019
城市化	社会城市化	社会消费品零售总额	0.301	0.350	0.178
城市化	社会城市化	每万人拥有公共汽电车数	0.081	0.076	0.250
城市化	社会城市化	每万人拥有高校专任教师数	0.063	0.113	0.160
城市化	社会城市化	每万人拥有医生数	0.023	0.048	0.044
城市化	空间城市化	人口密度	0.098	0.108	0.109
城市化	空间城市化	城市规模	0.246	0.134	0.079

注:数据来源于国研网《区域经济数据库》和国家统计局《中国城市统计年鉴》,并由笔者计算而得。

15.3.5 小结

本节主要是对数据来源、指标体系构建及函数模型的介绍。

15.4 实证分析

15.4.1 基础分析

根据上文建立的耦合协调度模型、评价指标体系以及协调等级划分标准,各大城市群文化产业集聚与城市化的耦合强度与协调程度如表15.4.2、表15.4.3、表15.4.4所示,表15.4.1为协调等级划分标准。

表 15.4.1 协调等级划分标准

耦合度	协调等级	$U_1 > U_2$	$U_1 < U_2$
$0 < C < 0.1$	极度失调	城市化滞后	文化产业集聚滞后
$0.1 \leqslant C < 0.2$	严重失调	城市化滞后	文化产业集聚滞后
$0.2 \leqslant C < 0.3$	中度失调	城市化滞后	文化产业集聚滞后
$0.3 \leqslant C < 0.4$	轻度失调	城市化滞后	文化产业集聚滞后
$0.4 \leqslant C < 0.5$	濒临失调	城市化滞后	文化产业集聚滞后
$0.5 \leqslant C < 0.6$	勉强协调	城市化滞后	文化产业集聚滞后
$0.6 \leqslant C < 0.7$	初级协调	城市化滞后	文化产业集聚滞后
$0.7 \leqslant C < 0.8$	中级协调	城市化滞后	文化产业集聚滞后
$0.8 \leqslant C < 0.9$	良好协调	城市化滞后	文化产业集聚滞后
$0.9 \leqslant C < 1.0$	优质协调	城市化滞后	文化产业集聚滞后

表 15.4.2 京津冀城市群文化产业集聚与城市化耦合协调度

年份	文化产业集聚综合发展水平(U_1)	城市化综合发展水平(U_2)	耦合协调度(D)	协调等级
2010	0.288	0.178	0.476	濒临失调
2011	0.309	0.166	0.476	濒临失调
2012	0.296	0.173	0.475	濒临失调
2013	0.300	0.190	0.489	濒临失调

(续表)

年份	文化产业集聚综合发展水平(U_1)	城市化综合发展水平(U_2)	耦合协调度（D）	协调等级
2014	0.276	0.188	0.477	濒临失调
2015	0.310	0.200	0.499	濒临失调
2016	0.308	0.217	0.509	勉强协调
2017	0.323	0.237	0.526	勉强协调
2018	0.321	0.222	0.517	勉强协调
2019	0.325	0.227	0.521	勉强协调

注：数据来源于国研网《区域经济数据库》和国家统计局《中国城市统计年鉴》，并由笔者计算而得。

表15.4.3　长三角城市群文化产业集聚与城市化耦合协调度

年份	文化产业集聚综合发展水平(U_1)	城市化综合发展水平(U_2)	耦合协调度（D）	协调等级
2010	0.124	0.202	0.398	轻度失调
2011	0.079	0.210	0.359	轻度失调
2012	0.084	0.213	0.366	轻度失调
2013	0.072	0.220	0.355	轻度失调
2014	0.066	0.229	0.351	轻度失调
2015	0.070	0.238	0.359	轻度失调
2016	0.071	0.245	0.363	轻度失调
2017	0.059	0.252	0.349	轻度失调
2018	0.055	0.258	0.344	轻度失调
2019	0.061	0.269	0.357	轻度失调

注：数据来源于国研网《区域经济数据库》和国家统计局《中国城市统计年鉴》，并由笔者计算而得。

表15.4.4　珠三角城市群文化产业集聚与城市化耦合协调度

年份	文化产业集聚综合发展水平(U_1)	城市化综合发展水平(U_2)	耦合协调度（D）	协调等级
2010	0.336	0.252	0.540	勉强协调
2011	0.311	0.263	0.535	勉强协调
2012	0.287	0.277	0.531	勉强协调
2013	0.205	0.293	0.495	濒临失调

(续表)

年份	文化产业集聚综合发展水平(U_1)	城市化综合发展水平(U_2)	耦合协调度（D）	协调等级
2014	0.230	0.299	0.512	勉强协调
2015	0.227	0.310	0.515	勉强协调
2016	0.216	0.323	0.514	勉强协调
2017	0.196	0.327	0.503	勉强协调
2018	0.183	0.330	0.496	濒临失调
2019	0.314	0.341	0.572	勉强协调

注：数据来源于国研网《区域经济数据库》和国家统计局《中国城市统计年鉴》，并由笔者计算而得。

从表15.4.2～表15.4.4中可以看出，对于2010—2019年文化产业集聚和城市化的耦合关系，京津冀城市群从濒临失调逐渐发展到勉强协调，珠三角城市群基本处于勉强协调状态，但长三角城市群一直处于轻度失调状态。对比文化产业集聚综合发展水平和城市化综合发展水平，可以初步得出以下结论：

在京津冀城市群中，文化产业集聚对两者耦合协调关系的贡献更大，这可能是由于北京、河北等地历史文化底蕴深厚，北京在我国的历史文化方面有着独一无二的地位，曾为六朝都城，河北被誉为"中国成语典故之都"，丰厚的底蕴深刻地影响了当地文化产业的发展；而除北京之外，其他城市的城市化水平相对来说都较低，因此对两者耦合协调关系的贡献较少。

在长三角城市群中，城市化综合发展水平明显高于文化产业集聚综合发展水平，因此两者属于低度协调关系。在长三角地区，高端技术产业、电子信息业、高端装备制造业、纺织业等第二产业以及金融业等服务业是该地区发展的支柱性产业，而文化产业起步则相对较晚。虽不乏如上海、杭州、南京等城市已经形成了较完善的文化产业，但由于长三角城市群城市范围大，文化产业发展水平参差不齐，因此总体文化产业集聚的贡献较少。

而在珠三角城市群中，文化产业集聚和城市化综合发展水平都相对较高。该区域新兴产业发展迅猛，快速推动城市化进程。深圳、广州、东莞和惠州的文化产业增加值占GDP的比重已达到5%以上，符合地区经济支柱产业的一般标准。由于珠三角城市群的样本数量较少，文化产业集聚程度差异性不明显，因此文化产业集聚综合发展水平一直较高。

15.4.2 时序变动分析

为了更直观地比较2010—2019年三大城市群文化产业集聚和城市化耦合

协调的时序变动,绘制了文化产业集聚综合发展水平变化趋势图(图15.4.1)、城市化综合发展水平变化趋势图(图15.4.2)、文化产业集聚与城市化耦合协调度变化趋势图(图15.4.3)。

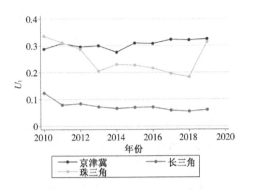

图15.4.1 2010—2019年三大城市群文化产业集聚综合发展水平变化趋势

注:由作者用Stata绘制而成。

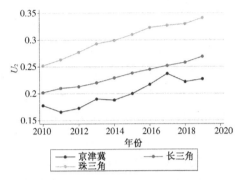

图15.4.2 2010—2019年三大城市群城市化综合发展水平变化趋势

注:由作者用Stata绘制而成。

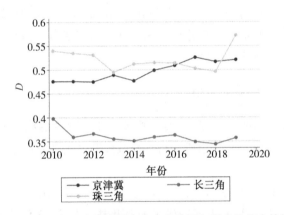

图15.4.3 2010—2019年三大城市群文化产业集聚与城市化耦合协调度变化趋势

注:由作者用Stata绘制而成。

对于2010—2019年文化产业集聚综合发展水平,京津冀城市群发展水平总体最高,且整体呈现平稳上升趋势,但上升趋势不明显;珠三角地区波动较大,在2018年之前整体呈现下降趋势,在2018年之后快速上升,进入较快发展阶段;而长三角城市群的文化产业集聚综合发展水平最低且略有下降趋势,其原因可能是长三角城市群的其他产业(高端技术产业、电子信息业等)发展势头较为迅猛,相比之下,文化产业发展略显落后。

对于2010—2019年城市化综合发展水平,三大城市群都呈现相似的变化趋势,京津冀城市群略有起伏。其中珠三角城市群的城市化综合发展水平最高,而京津冀城市群最低。究其原因,近年来珠三角城市群发展势头较为迅猛,新兴产业不断崛起,经济快速发展带动城市化水平的领先,且珠三角城市群的样本较少,城市间差异较不显著;而京津冀城市群和长三角城市群虽有如北京、上海、杭州、南京等城市化水平较高的城市,但城市群内部发展差异较大,发展水平参差不齐,导致整体上城市化综合发展水平较低。

从三大城市群耦合协调度的变化趋势可以看出,2010—2019年珠三角城市群文化产业集聚与城市化的耦合协调度在三大城市群中总体处于最高状态,且波动幅度较大。在2018年之前,两者的耦合协调度略呈下降趋势,但数值基本维持在0.5以上,在2018年之后,呈现较大的上升趋势,表明在前期两者还处于较长时间的磨合阶段,而在2018年之后两者的协调关系取得较大的突破和进展,逐步迈向协调发展。京津冀城市群2010—2019年的文化产业集聚与城市化的耦合协调度呈波动上升的趋势,两者正逐渐从濒临失调进入勉强协调,正处于由拮抗阶段向磨合阶段过渡的过程,磨合互动的过程较为稳定,且未来仍有上升趋势。与前两者不同的是,在长三角城市群中,2010—2019年文化产业集聚和城市化的耦合协调度基本一直处于0.35~0.4的范围内,两者为低度失调关系,且耦合协调度呈波动下降趋势。

15.4.3 空间分异与互动分析

在不同城市群内部,文化产业集聚和城市化对两者的耦合协调度的贡献与作用都有所不同,因此,本章分别绘制三大城市群文化产业集聚和城市化的耦合互动变化趋势图。

在京津冀城市群中(图15.4.4),文化产业集聚和城市化对两者耦合协调关系的贡献均较为稳定,且基本保持稳步上升趋势。其中,文化产业集聚对两者耦合协调度的贡献更大,贡献值保持在0.3上下,而城市化的贡献值则相对较低,为0.2上下。京津冀城市群历史文化底蕴深厚,拥有众多历史文化名城甚至古都,推动着近年来文化产业的发展;但城市化水平参差不齐,差异较大,除了个别城市,其余城市城市化水平稍显不足。虽然文化产业集聚和城市化综合发展水平略有差异,但两者均呈稳步上升趋势,助推"文化产业集聚-城市化"系统的综合发展。

在长三角城市群中(图15.4.5),城市化对"文化产业集聚-城市化"系统的贡献较为稳定且保持稳步上升趋势,而文化产业集聚的贡献较小并且呈缓慢下降的趋势。长三角城市群的城市数量多,城市间的文化产业发展水平差异较大,故而整体贡献值较低,在0.1上下;且长三角城市群的其他优势产业发展迅速,轻工业、高新技术产业等产业吸纳人员比重较高,因此,即使与其他地区相比,文化产业发展并不落后,但文化产业并非该地区的支柱性产业。

在珠三角城市群中(图15.4.6),与前两者相似,城市化对"文化产业集聚-城市化"系统的贡献较为稳定且保持稳步上升趋势。珠三角城市群具有较好的文化产业基础,是文化市场和文化产业发展的"先行军",数字娱乐、动漫游戏、娱乐业等产业在深圳、珠海等城市有较大优势;但文化产业集聚的贡献波动较大,其变化趋势明显影响了"文化产业集聚-城市化"整体耦合协调度的变化趋势,在2018年之前略有下降,而在2018年以后迅速回弹。

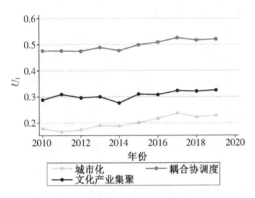

图15.4.4 2010—2019年京津冀城市群文化产业集聚与城市化耦合互动变化趋势

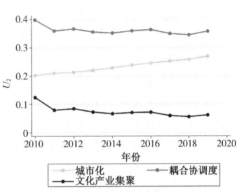

图15.4.5 2010—2019年长三角城市群文化产业集聚与城市化耦合互动变化趋势

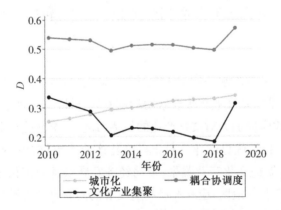

图15.4.6 2010—2019年珠三角城市群文化产业集聚与城市化耦合互动变化趋势

15.4.4 小结

在当下越来越注重精神文明建设的形势下,文化产业集聚与城市化的互动关系值得深思,而不同区域、不同经济发展水平下,两者的耦合协调度和互动关系皆有不同。

15.5 结论与建议

本章探究了文化产业集聚和城市化的互动机理,并基于 2010—2019 年京津冀、长三角和珠三角三大城市群的面板数据,构建了综合评价指标体系,建立了耦合协调度模型并进行实证研究;从时序变动、空间分异等角度进行深入分析。研究结果表明:① 对于 2010—2019 年文化产业集聚和城市化的耦合关系,京津冀城市群从濒临失调逐渐发展到勉强协调,呈现稳步上升趋势;珠三角城市群基本处于勉强协调状态,2018 年之前略有回落,但在 2018 年后耦合协调度大幅提升;而长三角城市群一直处于轻度失调状态,且耦合协调度整体呈下降趋势;② 文化产业集聚和城市化对系统耦合协调度的贡献具有区域差异性,在三大城市群中,城市化的贡献都呈稳定增长态势,但文化产业集聚的贡献各异。基于此,为了更好地推动文化产业集聚和城市化良性互动和协调发展,本章提出以下政策建议:

(1) 推进城市化进程的同时,贯彻文化产业集聚与城市化协调发展的理念。注意利用城市的集聚效应和极化效应促进文化产业发展,同时将文化知识转化为生产力,提高文化产品的附加价值,如以"文化产业+制造业""文化产业+技术"等方式,延长文化产业价值链,同时促进经济结构转型升级,助推城市化进程。

(2) 从三大城市群出发,由点及面,全面带动我国文化产业集聚与城市化的良性互动。我国经济发展水平和文化产业在区域间以及区域内部发展较为不平衡。一方面,要推动文化产业集聚要素的均衡发展,破除文化产业集聚的区域依赖性;另一方面,政府应加大对文化产业的扶持力度,拓宽文化产业的融资渠道。

(3) 合理评估各地优势产业。对于以文化产业为支柱性产业的地区,应大力扶持文化产业,促进文化产业集聚,带动经济发展以及城市化进程;对于文化产业不是支柱性产业的地区,应在经济高速发展的同时合理带动文化产业发展,形成文化产业与城市化的协同效应。

(4) 为文化产业的发展提供健全完善的政策环境,完善行业规范。比如完善和落实包括《中华人民共和国著作权法》《中华人民共和国商标法》和《中华人民共和国专利法》在内的知识产权法,为创意、知识的迸发提供坚实的营垒。健全的制度以及行业规范能吸引文化产业的进驻,为文化产业的持久发展提供良好的保障。

参考文献

[1] 蔺冰. 文化产业集聚对中国区域经济增长的影响研究[D]. 北京：北京交通大学，2020.

[2] 白思，惠宁. 互联网对文化产业发展的门槛效应研究[J]. 统计与决策，2021，37(3)：129-133.

[3] 陈宇翔，李怡. 数字文化产业发展的"双重使命"：逻辑、挑战与路径[J]. 南京社会科学，2021(5)：169-176.

[4] 齐骥，亓冉. 蜂鸣理论视角下的城市文化创新[J]. 理论月刊，2020(10)：89-98.

[5] 张涛，武金爽，李凤轩，等. 文化产业集聚与结构的测度及空间关联分析[J]. 统计与决策，2021，37(8)：112-115.

[6] 陶金，罗守贵. 基于不同区域层级的文化产业集聚研究[J]. 地理研究，2019，38(9)：2239-2253.

[7] 刘耀彬，袁华锡，王喆. 文化产业集聚对绿色经济效率的影响：基于动态面板模型的实证分析[J]. 资源科学，2017，39(4)：747-755.

[8] 孙智君，李响. 文化产业集聚的空间溢出效应与收敛形态实证研究[J]. 中国软科学，2015(8)：173-183.

[9] 刘振卫. 中美两国文化产业集聚与溢出效应检验[J]. 统计与决策，2018，34(19)：154-157.

[10] 赵安周，王冬利，王金杰，等. 京津冀城市群城市化—旅游业—生态环境耦合协调度及障碍因子诊断[J]. 水土保持研究，2021，28(4)：333-341.

[11] 王少剑，崔子恬，林靖杰，等. 珠三角地区城镇化与生态韧性的耦合协调研究[J]. 地理学报，2021，76(4)：973-991.

[12] 张发明，叶金平，完颜晓盼. 新型城镇化质量与生态环境承载力耦合协调分析：以中部地区为例[J]. 生态经济，2021，37(4)：63-69.

[13] 马明义，郑君薇，马涛. 多维视角下新型城市化对中国二氧化碳排放影响的时空变化特征[J]. 环境科学学报，2021，41(6)：2474-2486.

[14] 黄桂林，许如意，苏义坤. FDI、技术创新与城镇化互动关系研究：基于省际面板数据的PVAR实证分析[J]. 数学的实践与认识，2021，51(10)：59-68.

[15] 王卓，王璇. 川渝城市群城市化对产业结构转型的影响研究：基于京津冀、长三角、珠三角三大城市群的比较[J]. 西北人口，2021，42(3)：1-11.

[16] 杜霞，方创琳，马海涛. 沿海省域旅游经济与城镇化耦合协调及时空演化：以山东省为例[J]. 经济纬，2021，38(1)：15-26.

[17] 吕洪渠，董意凤. 对外开放、城市化与文化产业效率的区域差异[J]. 华东经济管理，2018，32(4)：62-70.

[18] 车树林,顾江. 收入和城市化对城镇居民文化消费的影响：来自首批 26 个国家文化消费试点城市的证据[J]. 山东大学学报(哲学社会科学版),2018(1)：84-91.

[19] 徐文明,闫颖. 基于 VAR 模型的我国城镇化水平与文化产业发展关系研究[J]. 中国海洋大学学报(社会科学版),2016(6)：68-73.

[20] 花建. 文化产业集聚发展对新型城市化的贡献[J]. 上海财经大学学报,2012,14(2)：3-10.

[21] 史戈. 中国海岸带地区城市化与生态环境关联耦合度测度：以大连等 8 个沿海城市为例[J]. 城市问题,2018(10)：20-26.

[22] 付永虎,姚莹莹,刘俊青,等. 江苏城市土地利用结构及其效率与城市化耦合协调性测度与评估[J]. 中国农业大学学报,2020,25(9)：187-199.

[23] 戚名侠,江永红. 中国城市化非均衡发展：测度、时空演进及影响因素[J]. 福建论坛(人文社会科学版),2019(4)：178-187.

[24] 姜照君,吴志斌. 文化创意产业集聚与城市化耦合的实证研究：基于系统耦合互动的视角[J]. 现代传播(中国传媒大学学报),2016,38(2)：129-133.

本书重要参考文献

[1] Abramovitz M. Resource and output trends in the United States since 1870[J]. The American Economic Review, 1956, 46(2): 5-23.

[2] Andersen P, Petersen N C. A procedure for ranking efficient units in data envelopment analysis[J]. Management Science, 1993, 39(10): 1261-1264.

[3] Anonymous. Electronics and hardware: inspur group seeks overseas acquisitions[J]. Interfax: TMT China Weekly, 2009, 11(16): 201-207.

[4] Anonymous. U. S. leaders need to discuss why U. S. Procurement is open to overseas wares, while some foreign acquisition programs are closed to U. S. products: aide[J]. Space & Missile Defense Report, 2008, 9(27): 110-115.

[5] Bartle R. Players who suit MUDS[J]. Journal of MUD Research, 1996(7): 34-50.

[6] Scott A J. Cultural-products industries and urban economic development[J]. Urban Affairs Review, 2004, 39(4): 461-490.

[7] Bergstrand J H. The gravity equation in international trade: some microeconomic foundations and empirical evidence[J]. The Review of Economics and Statistics, 1985, 67(3): 474-481.

[8] Billieux J, Chanal J, Khazaal Y, et al. Psychological predictors of problematic involvement in massively multiplayer online role-playing games: illustration in a sample of male cybercafé players[J]. Psychopathology, 2011, 44(3): 165-171.

[9] Bilton A. Silent film comedy and American culture [M]. New York: Palgrave Macmillan, 2013.

[10] Brink M, Cameron M, Coetzee K, et al. Sustainable management through improved governance in the game industry[J]. South African Journal of Wildlife Research, 2011, 41(1): 110-119.

[11] Brookey R A, Zhang Z Y. How Hollywood applies industrial strategies to counter market uncertainty: the issue of financing and exhibition [M]//Murschetz P, Teichmann R, Karmasin M. Handbook of state aid for film. Cham: Springer, 2018: 135-150.

[12] Cai Z Y, Li W M, Cao S X. Driving factors for coordinating urbanization with

conservation of the ecological environment in China[J]. Ambio, 2021, 50(6): 1269-1280.

[13] Cao Y, Downing J D H. The realities of virtual play: video games and their industry in China[J]. Media, Culture & Society, 2008, 30(4): 515-529.

[14] Chiou W B, Wan C S. A further investigation on the motives of online games addiction[C]//National Educational Computing Conference, July 5-7, 2006, San Diego.

[15] Choi D, Kim J. Why people continue to play online games: in search of critical design factors to increase customer loyalty to online contents[J]. Cyberpsychology and Behavior, 2004, 7(1): 11-24.

[16] Chung Y H, Färe R, Grosskopf S. Productivity and undesirable outputs: a directional distance function approach[J]. Journal of Environmental Management, 1997, 51(3): 229-240.

[17] Claussen J, Falck O, Grohsjean T. The strength of direct ties: evidence from the electronic game industry[J]. International Journal of Industrial Organization, 2012, 30(2): 223-230.

[18] Cobb C W, Douglas P H. A theory of production[J]. American Economic Review, 1928, 18(1): 139-165.

[19] Creus A, Clares-Gavilán J, Sánchez-Navarro J. What's your game? Passion and precariousness in the digital game industry from a gameworker's perspective[J]. Creative Industries Journal, 2020, 13(3): 196-213.

[20] Derdenger T. Technological tying and the intensity of price competition: an empirical analysis of the video game industry[J]. Quantitative Marketing and Economics, 2014, 12(2): 127-165.

[21] Ellison N B, Steinfield C, Lampe C. The benefits of facebook"friends:" social capital and college students' use of online social network sites[J]. Journal of Computer-Mediated Communication, 2007, 12(4): 1143-1168.

[22] Schumacher L. Immaterial fordism: the paradox of game industry labour[J]. Work Organisation, Labour and Globalisation, 2007, 1(1): 3-5.

[23] Garnham N. From cultural to creative industries: an analysis of the implications of the "creative industries" approach to arts and media policy making in the United Kingdom[J]. International Journal of Cultural Policy, 2006, 11(1): 15-29.

[24] Gilbert R J, Katz M L. An economist's guide to U. S. v. microsoft[J]. Journal of Economic Perspectives, 2001, 15(2): 25-44.

[25] Gouws A. The game industry demands scientific selection[J]. Stockfarm, 2017, 7(8): 46-47.

[26] Grandadam D, Cohendet P, Simon L. Places, spaces and the dynamics of creativity:

the video game industry in Montreal[J]. Regional Studies, 2013, 47(10): 1701-1714.

[27] Gray G C, Nikolakakos T. The self-regulation of virtual reality: issues of voluntary compliance and enforcement in the video game industry[J]. Canadian Journal of Law and Society, 2007, 22(1): 93-108.

[28] Kerr J F. "Second person: role-playing and story in games and playable media," edited by Pat Harrigan and Noah Wardrip-Fruin[J]. Transformative Works and Cultures, 2009, 2: 11-15.

[29] Hesmondhalgh D. The cultural industries[J]. Sage, 2002, 17(6): 741-762.

[30] Hoskins C, McFadyen S, Finn A, et al. Evidence on the performance of Canada/Europe co-productions in television and film[J]. Journal of Cultural Economics, 1997, 21(2): 129-138.

[31] Hsiao C C, Chiou J S. The effect of social capital on community loyalty in a virtual community: Test of a tripartite-process model[J]. Decision Support Systems, 2012, 54(1): 750-757.

[32] Hsiao C C, Chiou J S. The effects of a player's network centrality on resource accessibility, game enjoyment, and continuance intention: a study on online gaming communities[J]. Electronic Commerce Research and Applications, 2012, 11(1): 75-84.

[33] James F N. How film education might best address the needs of UK film industry and film culture [D]. Luton: University of Bedfordshire, 2014.

[34] Jorgenson D W, Griliches Z. The explanation of productivity change[J]. The Review of Economic Studies, 1967, 34(3): 249-283.

[35] Kim J S, Lee T Y, Kim T G, et al. Studies on the development scheme and the current state of Korea Game Industry[J]. Journal of Digital Convergence, 2015, 13(1): 439-447.

[36] Kim Y, Park H. A study on Senior friendly function Game Industry and Culture Contents Technology (CT) R&D development process [J]. Journal of Digital Convergence, 2009, 7(4): 119-121.

[37] Kshetri N. The evolution of the Chinese online gaming industry[J]. Journal of Technology Management in China, 2009, 4(2): 158-179.

[38] Lee F L F. Cultural discount of cinematic achievement: the academy awards and U. S. movies' East Asian box office[J]. Journal of Cultural Economics, 2009, 33(4): 239-263.

[39] Lee S C, Suh Y H, Kim J K, et al. A cross-national market segmentation of online game industry using SOM[J]. Expert Systems With Applications, 2004, 27(4): 559-570.

[40] Li K, Lan H. Discussion on improvement of soft power of Chinese culture from the perspective of films and television program[J]. International Journal of Developing Societies, 2013, 2(2): 68-72.

[41] Telotte J P. American science fiction film and television[J]. Technology and Culture, 2011, 52(3): 658-660.

[42] Liu J W, Wang Y H, Tsai J C A, et al. Ambidextrous innovation and game market fit performance: feedback from game testers[J]. Journal of Computer Information Systems, 2019, 59(3): 233-242.

[43] Liu K, Jiang H A, Zhou Q A. Spatial analysis of industrial green development and sustainable cities in the Yellow River Basin[J]. Discrete Dynamics in Nature and Society, 2021, 2021: 1-17.

[44] Lu Y. Contemporary American-Chinese film co-production[D]. Beijing: Communication University of China, 2010.

[45] MacInnes I, Hu L L. Business models and operational issues in the Chinese online game industry[J]. Telematics and Informatics, 2007, 24(2): 130-144.

[46] Morahan-Martin J, Schumacher P. Incidence and correlates of pathological Internet use among college students[J]. Computers in Human Behavior, 2000, 16(1): 13-29.

[47] Uddin M, Boateng A. An analysis of short-run performance of cross-border mergers and acquisitions[J]. Review of Accounting and Finance, 2009, 8(4): 431-453.

[48] Park B I, Choi J. Foreign direct investment motivations and knowledge acquisition from MNEs in overseas subsidiaries[J]. Revue Canadienne Des Sciences De L'Administration, 2014, 31(2): 104-115.

[49] Park J H, Lee Y S, Seo H. The rise and fall of Korean drama export to China: the history of state regulation of Korean dramas in China[J]. International Communication Gazette, 2019, 81(2): 139-157.

[50] Ji Q F. Study on information security issues of e-commerce[J]. IOP Conference Series: Materials Science and Engineering, 2018, 452(3): 1-5.

[51] Scott A J. The cultural economy of cities[J]. International Journal of Urban and Regional Research, 1997, 21(2): 323-339.

[52] Scott A J. Cultural-products industries and urban economic development[J]. Urban Affairs Review, 2004, 39(4): 461-490.

[53] Sezgin S. Digital games industry and game developers in Turkey: problems and possibilitie[J]. Moment Journal, 2018(2): 17-18.

[54] Shankar V, Bayus B L. Network effects and competition: an empirical analysis of the home video game industry[J]. Strategic Management Journal, 2003, 24(4): 375-384.

[55] Solow R M. Technical change and the aggregate production function[J]. The Review of

Economics and Statistics,1957,39(3):312-320.

[56] Beckerman W. The sources of economic growth in the United States and the alternatives before us[J]. The Economic Journal,1962,72(288):935-938.

[57] Hottell R A,Williams A. Republic of images:a history of French filmmaking[J]. Rocky Mountain Review of Language and Literature,1993,98(3):779-796.

[58] Storm P,Enikviste M. The asian online game wave changing regional competition in the field of digital cultural industries[J]. Cultural Space and Public Sphere,2006(4):109-112.

[59] Subramanian A M,Chai K H,Mu S F. Capability reconfiguration of incumbent firms:Nintendo in the video game industry[J]. Technovation,2011,31(5/6):228-239.

[60] Thomas J B,Peters C O,Tolson H. An exploratory investigation of the virtual community Myspace.com:what are consumers saying about fashion?[J]. Journal of Fashion Marketing and Management:An International Journal,2007,11(4):587-603.

[61] Wang N,Liu W. From the industry perspective of China's game industry research quantitative analysis[J]. Statistics and Application,2017,6(2):138-145.

[62] Whang L S M,Chang G. Lifestyles of virtual world residents:living in the on-line game"lineage"[J]. Cyberpsychology and Behavior,2004,7(5):592-600.

[63] Williams D. Structure and competition in the U.S. home video game industry[J]. International Journal on Media Management,2002,4(1):41-54.

[64] Wynne D. The cultural industry:the arts in urban regeneration[M]. Aldershot:Avebury,1992.

[65] Xia F,Walker G. How much does owner type matter for firm performance? Manufacturing firms in China 1998—2007[J]. Strategic Management Journal,2015,36(4):576-585.

[66] Yamaguchi S,Iyanaga K,Sakaguchi H,et al. The substitution effect of mobile games on console games:an empirical analysis of the Japanese video game industry[J]. The Review of Socionetwork Strategies,2017,11(2):95-110.

[67] Zhou Y Y. Bayesian estimation of a dynamic model of two-sided markets:application to the U.S. video game industry[J]. Management Science,2017,63(11):3874-3894.

[68] 鲍玉珩. 美国学者对好莱坞的批判[J]. 电影艺术,2001(2):22-29.

[69] 毕钰. 基于社会网络的网游用户消费行为研究[D]. 哈尔滨:哈尔滨工业大学,2012.

[70] 曹清峰,王家庭,杨庭. 文化产业集聚对区域经济增长影响的空间计量分析[J]. 西安交通大学学报(社会科学版),2014,34(5):51-57.

[71] 曹祎遐,黄艺璇. 文化创意产业与现代农业融合发展的耦合协调度及空间相关分析:基于2012—2017年中国31个省区市相关数据的研究[J]. 复旦学报(社会科学版),

2021,63(2):169-177.

[72] 曹智,闵庆文,刘某承,等. 基于生态系统服务的生态承载力:概念、内涵与评估模型及应用[J]. 自然资源学报,2015,30(1):1-11.

[73] 钞小静,薛志欣. 新时代中国经济高质量发展的理论逻辑与实践机制[J]. 西北大学学报(哲学社会科学版),2018,48(6):12-22.

[74] 车树林,顾江. 收入和城市化对城镇居民文化消费的影响:来自首批26个国家文化消费试点城市的证据[J]. 山东大学学报(哲学社会科学版),2018(1):84-91.

[75] 陈爱平,许晓青,高少华. 网络游戏发展迅猛电视与游戏融合模式受期待[N]. 财会信报,2013-06-17(C06).

[76] 陈党,冯白帆. 中国网络游戏政策发展轨迹与形成逻辑探究[J]. 吉林工商学院学报,2016,32(1):103-107.

[77] 陈建军,葛宝琴. 文化创意产业的集聚效应及影响因素分析[J]. 当代经济管理,2008,30(9):71-75.

[78] 陈静. 云游戏平台处于爆发前夜[J]. 理财周刊,2019(43):38.

[79] 程晶晶,夏永祥. 基于新发展理念的我国省域经济高质量发展水平测度与比较[J]. 工业技术经济,2021,40(6):153-160.

[80] 程乾,方琳. 生态位视角下长三角文化旅游创意产业竞争力评价模型构建及实证[J]. 经济地理,2015,35(7):183-189.

[81] 戴钰. 湖南省文化产业集聚及其影响因素研究[J]. 经济地理,2013,33(4):114-119.

[82] 丹增. 大力发展文化产业培育新的经济增长点[J]. 中国流通经济,2009,23(3):10-13.

[83] 单世联. 中国文化产业政策面临的挑战[N]. 文汇报,2013-11-04(010).

[84] 邓宗兵,宗树伟,苏聪文,等. 长江经济带生态文明建设与新型城镇化耦合协调发展及动力因素研究[J]. 经济地理,2019,39(10):78-86.

[85] 丁文武. 净化网络游戏环境保障青少年健康成长[J]. 北京邮电大学学报(社会科学版),2005,7(4):17-19.

[86] 杜霞,方创琳,马海涛. 沿海省域旅游经济与城镇化耦合协调及时空演化:以山东省为例[J]. 经济经纬,2021,38(1):15-26.

[87] 付永虎,姚莹莹,刘俊青,等. 江苏城市土地利用结构及其效率与城市化耦合协调性测度与评估[J]. 中国农业大学学报,2020,25(9):187-199.

[88] 高嘉阳. 基于钻石模型的中韩网络游戏产业竞争因素对比分析[J]. 现代经济信息,2015(5):395.

[89] 高嘉阳. 网络游戏产业的政府行为与企业市场决策[J]. 学术研究,2015(3):74-84.

[90] 耿鹏. 文化创意产业发展对产业结构优化升级的影响研究[J]. 中国市场,2018(26):55-57.

[91] 宫汝娜,张涛. 区域高质量发展的内涵与测度研究:九大国家中心城市的实证分析

[J].技术经济与管理研究,2021(1):105-110.

[92] 郭建鸾,郝帅.跨国并购目标企业文化整合的影响因素与耦合机制研究[J].中央财经大学学报,2015(1):106-112.

[93] 郭新茹,陈天宇.文化产业集聚、空间溢出与经济高质量发展[J].现代经济探讨,2021(2):79-87.

[94] 郭新茹,谭军.相关性产业关联互动、企业分蘖机制与文化产业空间集群演化研究[J].江苏社会科学,2014(6):184-190.

[95] 韩顺法.文化创意产业对国民经济发展的影响及实证研究[D].南京:南京航空航天大学,2010.

[96] 贺俊.创新平台的竞争策略:前沿进展与拓展方向[J].经济管理,2020,42(8):190-208.

[97] 侯阳平.中国网络游戏产业本土化发展策略探析[D].长沙:中南大学,2009.

[98] 胡惠林.论20世纪中国国家文化安全问题的形成与演变[J].社会科学,2006(11):5-18.

[99] 花建.文化产业集聚发展对新型城市化的贡献[J].上海财经大学学报,2012,14(2):3-10.

[100] 华夏.中国网络游戏发展史研究[D].沈阳:辽宁大学,2018.

[101] 黄桂林,许如意,苏义坤.FDI、技术创新与城镇化互动关系研究:基于省际面板数据的PVAR实证分析[J].数学的实践与认识,2021,51(10):59-68.

[102] 黄俊杰.手机游戏中的文化营销创新策略:以《阴阳师》为例[J].商业经济,2017(8):87-92.

[103] 黄漫宇.从盛大看网络游戏运营企业的主要商业模式[J].中南财经政法大学学报,2005(4):114-118.

[104] 姜琳.大数据时代背景下文化创意产业知识产权保护策略分析[J].法制与社会,2021(11):25-26.

[105] 蒋丹彤.中美合拍片中的中国文化呈现:基于海外影评的分析[D].北京:北京交通大学,2016.

[106] 蒋志洲.从"OEM"到"自主品牌":中国网络游戏产业的必经之路[J].质量与标准化,2013(5):22-24.

[107] 金元浦.我国当前文化创意产业发展的新形态、新趋势与新问题[J].中国人民大学学报,2016,30(4):2-10.

[108] 康鹏,赵素华.网络游戏产业面临的机遇和挑战[J].辽宁大学学报(自然科学版),2008,35(1):89-93.

[109] 李季.技术与市场催生文化产业新变革[J].中国传媒大学学报,2006,10(6):62-71.

[110] 李江帆.文化产业:范围、前景与互动效应[J].经济理论与经济管理,2003(4):26-30.

[111] 李姝仪. 网络游戏互动传播研究[D]. 沈阳：辽宁大学,2019.

[112] 李汶纪. 新制度主义理论与产业政策分析框架探讨[J]. 社会科学研究,2003(1)：27-30.

[113] 李学军,杨婷. 国产商业电影后产品营销的再思考[J]. 改革与战略,2011,27(2)：45-46.

[114] 李勇刚,张鹏. 产业集聚加剧了中国的环境污染吗：来自中国省级层面的经验证据[J]. 华中科技大学学报(社会科学版),2013,27(5)：97-106.

[115] 李治国,郭景刚. 基于因子分析的我国网络游戏产业竞争力实证研究[J]. 企业经济,2012,31(9)：102-105.

[116] 李治国,郭景刚. 基于因子分析的我国网络游戏产业竞争力实证研究[J]. 企业经济,2012,31(9)：102-105.

[117] 李子叶,韩先锋,冯根福. 我国生产性服务业集聚对经济增长方式转变的影响：异质门槛效应视角[J]. 经济管理,2015,37(12)：21-30.

[118] 林蕾. 中国游戏产业发展与潜力分析[J]. 市场研究,2020(5)：65-69.

[119] 蔺冰. 文化产业集聚对中国区域经济增长的影响研究[D]. 北京：北京交通大学,2020.

[120] 刘娉. 文化创意产业对经济增长的影响：评《文化创意产业的经济效应》[J]. 当代财经,2020(7)：2.

[121] 刘习平,宋德勇. 城市产业集聚对城市环境的影响[J]. 城市问题,2013(3)：9-15.

[122] 刘洋,杨学成. 中国网络游戏玩家的消费行为及其影响因素分析[J]. 中国社会科学院研究生院学报,2010(3)：84-89.

[123] 刘耀彬,袁华锡,王喆. 文化产业集聚对绿色经济效率的影响：基于动态面板模型的实证分析[J]. 资源科学,2017,39(4)：747-755.

[124] 刘一郎,王喆. 网络游戏交互设计研究[J]. 工业设计,2021(2)：45-46.

[125] 刘由钦. 我国网络游戏发展及其内容生产偏向：基于大型多人在线游戏的考察[D]. 武汉：武汉大学,2017.

[126] 刘元发. 促进我国文化产业发展的财税政策研究[D]. 北京：财政部财政科学研究所,2014.

[127] 刘展,屈聪. MATLAB在超效率DEA模型中的应用[J]. 经济研究导刊,2014(3)：86-87.

[128] 刘振卫. 中美两国文化产业集聚与溢出效应检验[J]. 统计与决策,2018,34(19)：154-157.

[129] 克勒通. 电影经济学[M]. 刘云舟,译. 北京：中国电影出版社,2008.

[130] 吕洪渠,董意凤. 对外开放、城市化与文化产业效率的区域差异[J]. 华东经济管理,2018,32(4)：62-70.

[131] 吕鹏. 我国网络游戏产业市场绩效研究-SCP范式的应用[D]. 济南：山东大学,2009.

[132] 马明义,郑君薇,马涛. 多维视角下新型城市化对中国二氧化碳排放影响的时空变化特征[J]. 环境科学学报,2021,41(6):2474-2486.

[133] 马莹莹. 同质化竞争下中国网络游戏的发展策略研究[D]. 西安:陕西科技大学,2013.

[134] 茆训诚. 我国网络游戏产业结构变化和企业行为选择:基于产业价值链竞争部位价值弹性的视角[J]. 当代财经,2007(8):98-102.

[135] 茅蕾. 中国网络游戏产业运营模式探析:以美韩中三国的比较分析为例[D]. 济南:山东大学,2010.

[136] 饶,高全军,郭安甸. 展望宝莱坞,当代印度电影观察[J]. 世界电影,2005(2):171-174.

[137] 潘文卿,刘庆. 中国制造业产业集聚与地区经济增长:基于中国工业企业数据的研究[J]. 清华大学学报(哲学社会科学版),2012,27(1):137-147.

[138] 钱争鸣,刘晓晨. 中国绿色经济效率的区域差异与影响因素分析[J]. 中国人口·资源与环境,2013,23(7):104-109.

[139] 乔蓝聪. 游戏行业并购中高业绩承诺风险与防范[J]. 经济研究导刊,2019(32):20-22.

[140] 阮婷婷,欧阳有旺. 文化贸易壁垒的效应分析[J]. 国际商务(对外经济贸易大学学报),2010(5):25-31.

[141] 沙凡茹. 新媒体时代的微电影广告营销研究[J]. 传播力研究,2019,3(28):7-8.

[142] 邵帅,张可,豆建民. 经济集聚的节能减排效应:理论与中国经验[J]. 管理世界,2019,35(1):36-60.

[143] 石凯. 政策结果的多面向:寻访新政策网络理论[J]. 社会科学研究,2008(5):33-38.

[144] 史戈. 中国海岸带地区城市化与生态环境关联耦合度测度:以大连等8个沿海城市为例[J]. 城市问题,2018(10):20-26.

[145] 舒畅. 中国网络游戏产业可持续发展策略研究[J]. 中国产业,2012(10):48-49.

[146] 宋建波,武春友. 城市化与生态环境协调发展评价研究:以长江三角洲城市群为例[J]. 中国软科学,2010(2):78-87.

[147] 宋玮. 中国网络游戏产业发展研究[D]. 北京:首都经济贸易大学,2012.

[148] 宋子健,陈家乐,赵家悦. 手机游戏广告对消费者游戏意愿和消费意愿的影响因素:基于Logistics回归和SEM模型[J]. 现代经济信息,2019(13):129-131.

[149] 孙红旭,周圆. 文化产业发展对经济增长全要素生产率的影响研究[J]. 文化产业研究,2020(1):147-164.

[150] 孙智君,陈敏. 习近平新时代经济高质量发展思想及其价值[J]. 上海经济研究,2019,31(10):25-35.

[151] 孙智君,李响. 文化产业集聚的空间溢出效应与收敛形态实证研究[J]. 中国软科学,2015(8):173-183.

[152] 谭娜,黄伟. 文化产业集聚政策带动地区旅游经济增长了吗?：来自文创园区评选准自然实验的证据[J]. 中国软科学,2021(1)：68-75.

[153] 陶金,罗守贵. 基于不同区域层级的文化产业集聚研究[J]. 地理研究,2019,38(9)：2239-2253.

[154] 佟贺丰. 关于我国网络游戏产业的SWOT分析[J]. 科技管理研究,2006,26(8)：54-55.

[155] 庹祖海. 大力净化网络游戏市场构建和谐网络文化环境[J]. 北京邮电大学学报(社会科学版),2005,7(4)：15-17.

[156] 王光. 我国影视产品出口的影响因素分析[D]. 北京：对外经济贸易大学,2015.

[157] 王君. 中国移动游戏市场的SCP研究[D]. 上海：上海社会科学院,2020：4-8.

[158] 王灵利. 空间溢出效应下研究文化产业集聚对经济增长的影响[D]. 昆明：云南大学,2019.

[159] 王少剑,崔子恬,林靖杰,等. 珠三角地区城镇化与生态韧性的耦合协调研究[J]. 地理学报,2021,76(4)：973-991.

[160] 王晓明. "文化创意＋乡村旅游"产业融合发展策略[J]. 当代旅游,2021,19(12)：42-43.

[161] 王媛. 网络文化产品感知对消费意愿的影响研究：以网络游戏产品为例[D]. 西安：西安建筑科技大学,2020.

[162] 王卓,王璇. 川渝城市群城市化对产业结构转型的影响研究：基于京津冀、长三角、珠三角三大城市群的比较[J]. 西北人口,2021,42(3)：1-11.

[163] 温卢. 网络游戏消费行为的影响因素分析：基于南京高校学生的实证研究[D]. 南京：南京财经大学,2019.

[164] 徐文明,闫颖. 基于VAR模型的我国城镇化水平与文化产业发展关系研究[J]. 中国海洋大学学报(社会科学版),2016(6)：68-73.

[165] 许强. 我国网络游戏产业的特点和发展趋势[J]. 经济管理,2007,29(9)：67-69.

[166] 严佩诗,赵依雪. 5G时代云游戏布局的思考与探索[N]. 国际出版周报,2020-08-17(011).

[167] 晏旭. 我国网络游戏产业链的优化之路：以腾讯和暴雪公司为例[D]. 南昌：江西财经大学,2019.

[168] 杨建华,范伟. 基于"生态美学"视角下的文创产品创新设计研究[J]. 今古文创,2020(43)：53-54.

[169] 杨志峰,隋欣. 基于生态系统健康的生态承载力评价[J]. 环境科学学报,2005,25(5)：586-594.

[170] 叶忠,褚劲风,顾怡. 上海游戏产业空间集聚及演化研究[J]. 世界地理研究,2019,28(3)：155-162.

[171] 应冬乐. 网络游戏广告研究[D]. 南京：南京师范大学,2007.

[172] 于斌斌. 金融集聚促进了产业结构升级吗:空间溢出的视角:基于中国城市动态空间面板模型的分析[J]. 国际金融研究,2017(2):12-23.

[173] 袁连升,傅鹏. 文化产业发展助力区域经济增长的双重效应:基于中国省际面板的经验数据[J]. 产经评论,2018,9(1):75-87.

[174] 岳书敬,邹玉琳,胡姚雨. 产业集聚对中国城市绿色发展效率的影响[J]. 城市问题,2015(10):49-54.

[175] 张春华,温卢. 网络游戏消费行为及其影响因素的实证研究:基于高校学生性别、学历的差异化分析[J]. 江苏社会科学,2018(6):50-58.

[176] 张翠菊,张宗益. 产业和人口的空间集聚对中国区域碳排放强度的影响[J]. 技术经济,2016,35(1):71-77.

[177] 张发明,叶金平,完颜晓盼. 新型城镇化质量与生态环境承载力耦合协调分析:以中部地区为例[J]. 生态经济,2021,37(4):63-69.

[178] 张梵晞,苏慧. 网络游戏品牌营销传播策略:以"腾讯游戏"为例[J]. 商场现代化,2012(11):35-38.

[179] 张林. 新制度主义[M]. 北京:经济日报出版社,2006.

[180] 张娜,赵雪纯,蔺冰. 文化产业集聚对区域经济增长的影响:基于我国省级层面数据的空间溢出效应分析[J]. 文化软实力,2021,6(1):79-88.

[181] 张平淡,屠西伟. 制造业集聚促进中国绿色经济效率提升了吗?[J]. 北京师范大学学报(社会科学版),2021(1):132-144.

[182] 张蔷. 中国城市文化创意产业现状、布局及发展对策[J]. 地理科学进展,2013,32(8):1227-1236.

[183] 张任之. 竞争中性视角下重点产业政策实施效果研究[J]. 经济管理,2019,41(12):5-21.

[184] 张涛,武金爽,李凤轩,等. 文化产业集聚与结构的测度及空间关联分析[J]. 统计与决策,2021,37(8):112-115.

[185] 张宪昌. 习近平关于高质量发展重要论述及其当代价值[J]. 中共福建省委党校学报,2018(12):14-21.

[186] 张亚平. 文化产业集群对区域经济增长影响的实证研究[D]. 西安:西安建筑科技大学,2019.

[187] 张引,杨庆媛,李闯,等. 重庆市新型城镇化发展质量评价与比较分析[J]. 经济地理,2015,35(7):79-86.

[188] 张云飞. 城市群内产业集聚与经济增长关系的实证研究:基于面板数据的分析[J]. 经济地理,2014,34(1):108-113.

[189] 张兆为. 基于政策视角的我国网络游戏产业合理化发展研究[D]. 武汉:武汉大学,2019.

[190] 章浩芳. 网络游戏顾客价值感知要素实证研究[D]. 杭州:浙江大学,2006.

[191] 赵安周,王冬利,王金杰,等. 京津冀城市群城市化—旅游业—生态环境耦合协调度及障碍因子诊断[J]. 水土保持研究,2021,28(4):333-341.

[192] 周杰文,张云,蒋正云. 创新要素集聚对绿色经济效率的影响:基于空间计量模型的实证分析[J]. 生态经济,2018,34(6):57-62.

[193] 周鹏飞,沈洋,朱晓龙. 制造业产业集聚对城市绿色经济效率的影响:机理、测度与路径[J]. 城市发展研究,2021,28(3):92-99.

[194] 周芹. 基于收益分成法的网络游戏著作权价值评估[D]. 武汉:中南财经政法大学,2017.

[195] 周世军,赵丹丹,史顺超. 文化产业集聚会抑制经济增长吗?:基于分工视角的一个解释[J]. 文化产业研究,2020(2):135-150.

[196] 周泽,翟清华,朱闪闪. 我国网络游戏企业SWOT分析[J]. 中国报业,2013(6):96-97.

[197] 周志健. 游戏版号审批暂停对互联网游戏行业的影响及原因的研究[D]. 北京:北京外国语大学,2020.

[198] 卓武扬. 网络游戏产业研究[J]. 江西财经大学学报,2004(1):51-55.

[199] 邹亮. 基于SCP范式的我国网络游戏产业发展研究[D]. 哈尔滨:哈尔滨商业大学,2014.

后 记

  2012年以来,作者先后指导15个研究生完成了文化产业方向的毕业论文。在相关学术论文先后发表的基础上,确定把文化产业绿色发展作为本书的研究方向,重点研究文化产业绿色发展与经济增长、网络游戏产业和城市群关系等。"双碳"战略背景下的文化产业内外延正不断演变,呈现出线下向线上发展、实体向虚拟转变、现场体验向沉浸体验进阶的演化路径。这就要求将绿色发展理念融入文化产业发展的全过程中,文化产业的发展则应充分体现绿色发展理念,两者相辅相成,相得益彰。在文化产业绿色发展与经济增长关系方面要研究的是,我国各地区文化产业绿色效率值或高或低,但具体效率水平是何种状况,文化产业绿色发展又具体受到何种因素的制约和影响。在文化产业绿色发展与网络游戏关系方面要研究的是,如何推动网络游戏产业生态在当代健康有序生长和理性建构;政府如何发挥主导作用,加强对网络游戏内容的监管,创造良好的网络游戏产业发展环境,促使网络游戏产业转型升级,提高网络游戏产业的核心竞争力。城市群是文化产业绿色发展的重要空间载体。城市群文化产业一体化绿色发展有助于发挥集聚作用和辐射作用,对优化供给侧、拉动需求侧、推动科技文化成果共享、促进文化创意人才流动等具有重要的价值链溢出效应。在文化产业绿色发展与城市群关系方面要研究的是,为推动城市群文化产业一体化绿色发展,如何优化文化资源配置,探索差异化发展路径,构建现代统一文化市场;如何发挥产业关联、文化资源共享、创新技术共生等优势,构建城市群文化产业一体化绿色发展创新生态系统,推动文化、科技、数据等要素资源优化整合与联动发展。

  本书的出版得到东南大学经济管理学院2022"双一流"出版基金支持,在本书编写的过程中,我指导的研究生朱少杰、张雅婕、高涵、周颖、甘家昊等参与了本书的文献和数据的收集和整理工作,朱少杰、张雅婕协助我进行统稿工作,在这里表示深深的感谢!最后对东南大学出版社相关编辑表示感谢,感谢他们对本书出版每个细节的严格把关。